Meinem lieben alten Freunde

Franz Weineck,

Realschuldirektor zu Lübben i. d. Lausitz.

Freund, mach dich auf, mit mir zu wandern
Durch unsrer Unstrut grünes Tal,
In dem wir einer mit dem andern
Gewandert sind so manches Mal!
Wie in der Jugend frohen Tagen
Lass uns beginnen unsern Lauf,
Gieb acht, dann schweigen unsre Klagen
Und unsre Freuden wachen auf.

Vorwort.

Mein Führer durch das Unstruttal von Artern bis Naumburg ist zuerst in den Mitteilungen des Vereins für Erdkunde zu Halle a. S. (zugleich Organ des Thüringisch-Sächsischen Gesamtvereins für Erdkunde) in den Jahren 1892 und 1893 und ausserdem mit einigen Ergänzungen als Sonderausgabe in Kommission bei J. Finke in Freyburg a. d. U. erschienen. Da das Format ein unhandliches und die kleine Auflage bald vergriffen war, so wäre eine zweite Auflage eigentlich schon längst einem Bedürfnis entgegengekommen, wenn nicht teils gleichzeitig, teils bald nachher noch mehrere andere Führer erschienen wären, die sich die Aufgabe stellten, auf diese mit Unrecht lange vernachlässigte Gegend die Aufmerksamkeit zu lenken.

Wenn ich nun jetzt von meinem Führer eine zweite Auflage ausgehen lasse, so geschieht es in dem Bewusstsein, meinen Lesern, wie schon in der ersten, so noch mehr in dieser zweiten Auflage neue Ergebnisse meiner Forschung zu bieten und vieles bisher Unbeachtete in das ihm gebührende Licht gerückt zu haben. Im besondern habe ich mir angelegen sein lassen, die geographische und geschichtliche Eigenart der von mir wiederholt durchforschten Gegend namentlich durch Deutung der Ortsnamen zu erhellen und bisher unklare Verhältnisse kritisch zu beleuchten. In erster Reihe wird mein Führer, so hoffe ich, den Erforschern der Ortsgeschichte, in zweiter aber jedem Gebildeten, der auf diesem Gebiete die Erweiterung seiner Kenntnisse erstrebt, willkommen sein.

Zu besonderem Danke weiss ich mich dem Verein für Erdkunde zu Halle und im besondern seinem hochverdienten Vorsitzenden, Herrn Geheimrat Professor Dr. Kirchhoff, für die mir gütigst erteilte Erlaubnis verpflichtet, die von der rühmlich bekannten Kunstanstalt Wagner und Debes in Leipzig hergestellten Druckplatten für die beigegebene Karte abermals zu benutzen, welche ich übrigens einer teils berichtigenden, teils ergänzenden Durchsicht unterzogen habe.

Eisleben, im September 1903.

Der Verfasser.

Allgemeine Bemerkungen

über das Unstruttal von der Sachsenburger Pforte bis zur Unstrutmündung.

Das Unstruttal von Artern bis Naumburg ist, obwohl in der Luftlinie nur etwa 7 deutsche Meilen lang, nicht nur durch eine Fülle schöner, freilich mehr anmutiger und lieblicher, als großartiger Landschaften ausgezeichnet, sondern auch durch einen ungewöhnlichen Reichtum geschichtlicher Erinnerungen, die hier weiter, als in irgend einer andern Gegend des innern Deutschland in die Vergangenheit zurückreichen. Eine geschichtlich merkwürdige Stätte reiht sich hier dicht an die andere, denn von den Stürmen der Völkerwanderung an bis auf die Zeit der Befreiungskriege war diese Strecke des Unstruttals der Schauplatz merkwürdiger Begebenheiten. Kalbsriet und Ritteburg, Roßleben, Memleben, Wendelstein, Burgscheidungen, Freiburg sind auch der großen Masse zumeist wohlbekannte Namen, aber in ihnen erschöpft sich die reiche geschichtliche Vergangenheit des Tales nicht. Auch die Sage hat einen reichen Blütenkranz um die Örtlichkeiten dieser Talstrecke geschlungen; auf Schritt und Tritt geht hier der Wanderer auf merkwürdigem Boden.

Bei der Wanderung empfiehlt es sich, den Weg zu Tal, also die Richtung von Artern nach Naumburg einzuhalten, weil so eine allmähliche Steigerung der landschaftlichen Schönheit und zugleich auch einigermaßen ein geschichtlicher Zeitfortschritt erreicht wird. Der erste Teil dieser Schrift wird das obere Tal von Artern bis Nebra zum Gegenstande der Betrachtung machen, und zwar zunächst das südliche Gelände bis Memleben, dann das nördliche bis Wendelstein, zuletzt das Gelände zu beiden Seiten der Steinklöbe, der Durchbruchstelle der Unstrut; im zweiten Teile werde ich den Leser durch das untere Tal von Bitzenburg bis zur Unstrutmündung führen, muß ihm aber hier, wie im oberen Tale, überlassen, die Orte, welche er besuchen will, selbst auszuwählen und ihre Reihenfolge zu bestimmen.

Der Name des Flusses (urkundlich Onestrudis, Unstrode, Unstrude, Unstruot, Unstrôt, Onestrôd und ähnlich) ist wiederholt auf seine Bedeutung hin untersucht worden. Ältere Erklärer, so zuerst Mart. Christ. Laurentius[1]) und nach ihm z. B. Wilhelm,[2]) haben in der Unstrut, unter Berufung darauf, daß sie „ein schleicherdes Wasser" sei, einen Fluß „ohne Struth", d. h. „ohne Strudel" erkennen wollen. Dieser auf den ersten Blick sehr ansprechenden Auffassung steht jedoch nicht nur die Tatsache entgegen, daß die Unstrut trotz ihres schleichenden Ganges doch Strudel aufzuweisen hat, sondern auch der Umstand, daß diese Deutung den Lautgesetzen widerspricht, weil Strut und Strudel nicht ohne weiteres gleich gesetzt werden können. Ganz im Gegensatz zu Wilhelm hat Lohmeyer[3]) in dem Namen Unstrut die Bedeutung „eilender Fluß"

---

[1]) Laurentius, Monumenta Romanorum in Thuringia, Pars II, p. 40. Gotha, 1704.

[2]) Mitteilungen des Thüringisch-Sächsischen Altertums-Vereins V, 73.

[3]) Lohmeyer, Beiträge zur Etymologie deutscher Flußnamen. Göttingen, 1881.

gefunden, eine Erklärung, die — ganz abgesehen von sprachlichen Bedenken — so wenig wie möglich zutrifft, wie jeder zugeben wird, der den langsam dahin schleichenden Fluß aus eigener Anschauung kennt. Noch absonderlicher ist es, wenn der Linguist Pott den Namen gar für einen slawischen erklärt, da ja der Fluß schon lange, bevor die Slawen die Grenze von Thüringen erreichten, seinen Namen Unstrut trug[1]). Der Ortsnamenforscher Förstemann dagegen sah sich zwar aus sprachlichen Gründen veranlaßt, das Wort Strut durch Bach oder Fluß zu erklären, neigt aber aus Rücksicht auf die mannigfachen Zusammensetzungen, welche das Grundwort eingegangen ist, schließlich mehr der Bedeutung „Wald oder Gebüsch“ zu, welche natürlich noch weniger zulässig ist. Auch G. Reischel[2]) kommt, obwohl er gegen Förstemann Stellung nimmt und die Frage gründlich zu erledigen bemüht ist, schließlich doch zu der doppelgesichtigen und darum nicht befriedigenden Erklärung „Waldbach, ein aus einem sumpfigen Walddistrikte kommender Bach“. Auf der richtigen Fährte befindet sich Werner,[3]) der durch seine Untersuchung zu dem Schlusse gelangt, der Name Strut müsse Wasser bedeuten, ohne jedoch den Namen Unstrut erklären zu können. Auch nach dem Ergebnis meiner Forschung[4]) ist das Grundwort Strut, worauf ja

[1]) Dies macht schon Schade, Althochdeutsches Wörterbuch S. 884 gegen Pott geltend.

[2]) G. Reischel, Zur Erklärung des Namens Unstrut. („Aus der Heimat“, Jahrgang 1886, II Nr. 45.)

[3]) C. Werner, Zur Erklärung des Flußnamens Unstrut. („Aus der Heimat“, Jahrgang 1886, II Nr. 47.)

[4]) H. Größler, Die Bedeutung des Namens Unstrut. (Ebenda Nr. 46.)

schon mancher meiner Vorgänger gekommen war, und wozu schon der Umstand nötigt, daß wir es mit einem Gewässer zu tun haben, ein Wassername, sei nun ein stehendes oder fließendes gemeint. Die Hauptschwierigkeit aber liegt in der Erklärung des Bestimmworts. Ich erkenne in demselben einfach die bekannte Vorsatzsilbe un (= one), welche in der Mehrzahl der Zusammensetzungen das Gegenteil des Wortes ausdrückt, dem sie vorgesetzt ist, in nicht wenigen Fällen aber auch eine Verstärkung des Grundbegriffs zu böser Bedeutung bewirkt. Letzteres ist bei dem Namen Unstrut der Fall. Wie Unwetter nicht etwa Heiterkeit des Himmels, sondern ein gewaltsames, zerstörendes Wetter; Unfall nicht das Unterbleiben eines Falles, sondern einen unangenehmen, schmerzlich empfundenen Fall; Untier nicht ein untierisches Wesen, sondern ein die sonst bekannten Grenzen seiner Art überschreitendes, Furcht einflößendes Tier; Unmensch nicht etwa einen Engel, soudern einen auf Böses sinnenden und Übles vollbringenden Menschen bezeichnet, so auch Unstrut eine böse, üble, unangenehme Strut, d. h. einen versumpften See, der hinsichtlich seiner Länge, Breite, Beschwerlichkeit und Gefährlichkeit alle andern wasserreichen Sümpfe des Landes, welche man sonst mit dem Namen Strut belegte, übertraf und darum verdiente, die Unstrut zu heißen. Ganz derselbe Sprachgebrauch ist es, wenn im Mittelhochdeutschen das Wort ungebruoche einen argen Bruch oder Sumpf, das Wort ungesühte eine zu hohem Grade gelangte, unheilbare Krankheit oder Sucht (gesühte) bedeutet. Unter Unstrut verstand man also ursprünglich den langgestreckten und mannigfach verzweigten Sumpf, welcher, von der Quelle des Flusses bis zur Sachsenburger Pforte reichend, durch die Gewässer der Hainleite, des Hainichs und der Fahnerschen Höhen gespeist wurde. Nachdem jedoch die Wassermasse das Naturwehr zwischen Hainleite und Schmücke durchbrochen hatte, wurde der Name des großen Mittellandsumpfes „Unstrut" auch auf den aus ihm abfließenden Fluß übertragen, ein Vorgang, der sich naturgemäß an der zweiten Durchbruchstelle, der Steinklöbe bei Wangen, wiederholte.

Die Wassermassen der Unstrut haben bereits in diluvialer Zeit den Nordrand des Thüringer Mittellandbeckens bei der Sachsenburger Pforte durchnagt, sind dann in nordöstlicher Richtung in die nordthüringische Mulde eingetreten und haben als Fluß ihren Lauf nach dem Einsturzbecken des Mansfelder Salzigen Sees hin genommen, dieses ausfüllend, um sich zuletzt in der Gegend von Salzmünde in die Saale zu ergießen. Von Artern aus hat die Unstrut eine Strecke lang das Bett der jetzigen Helme benutzt und dann das Rohnetal hinauf am Hornburger Sattel hin den salzigen See erreicht. Der Hauptbeweis für diese Annahme ist die Tatsache, daß sich im Gebiete der die Mansfelder Seen entwässernden Salze oder Salzke Thüringer-Wald-Gerölle finden, die nur die Unstrut dorthin geführt haben kann zu einer Zeit, wo es noch keine Seebecken in der Mansfelder Mulde gab.[1])

Die die Unstrut auf ihrer Nordseite begleitende Höhe trägt den Gesamtnamen Forst (ahd. forest, vorst), welcher einen dem Wildbann unterworfenen, aber nicht eingezäunten Wald bedeutet.

---

[1]) Fr. Regel, Thüringen, ein geographisches Handbuch. Jena, Fischer 1892, 8°. I. S. 306 u. 307.

Die Urbedeutung ist vielleicht die eines Waldes mit Föhrenbestand (von ahd. foraha = Föhre). Aus dem vorgelagerten diluvialen und alluvialen Schwemmlande zwischen Forst und Unstrut ragen noch an mehreren Stellen Schollen älterer (permischer) Gesteine empor:

1. Aus jüngerem (unterem) Buntsandstein bei dem Kirchhofe von Artern mehrere dem oberen Zechsteine angehörige Inseln von Gips, unter welchen ein etwa 130 m mächtiges Steinsalzlager liegt, welchem die Soolquelle von Artern entspringt;
2. zwischen Kalbsriet und Schönewerda ein Hügel von Zechstein, der durch Diluvialmassen von der folgenden Erhebung geschieden ist;
3. eine von NW nach SO sich hinziehende elliptische Kuppe von 2000 Schritt Länge und 800 Schritt Breite zwischen Eßmannsdorf und Bottendorf, in welcher neben der Zechsteinformation Gesteine des Rotliegenden erscheinen, die der Abtragung besser widerstanden haben, als erstere.
4. Endlich tritt noch weiter nach SO jenseits Roßleben eine durch Anschwemmungen des Sülzenbaches in zwei Teile geschiedene Zechsteinscholle mit einem weißen Gipsberge hervor, auf deren Steilrande sich Schloß Wendelstein erhebt.

Die Haupterhebung dieser älteren Gesteine ist der nördlich von Bottendorf sich erhebende Spatberg mit kennzeichnendem Namen. Das mhd. Wort spat (= Alaun, Marienglas, krystallisch blätterig angeschossenes Gestein) tritt erst im 12. Jahrh. auf und ist wahrscheinlich während der Kreuzzüge aus dem Orient (Edessa) eingeführt. Zechsteinschichten ziehen sich rings um das in der Mitte der Kuppe des Spatberges hufeisenförmig hervortretende Rotliegende herum.[1])

Der an den nordwestlichen Flügel des Forstes sich anschließende und nordwärts streichende Bergrücken der Wüste, welcher den unteren Lauf der Helme im Osten begleitet, urk. 1154 terra inculta frutectis tantum et arbustis occupata quae Wustene vocatur, 1209 Wostene, 1363 dy Wüstene (ahd. wuostinna, wuestinna, wôstinna) bezeichnet eine wüste, öde, nur mit Buschwerk besetzte Gegend. Von anderen Namen wird später gelegentlich die Rede sein.

Auch über Beschaffenheit und Namen der den Fluß südlich begleitenden Erhebungen der Finne, Schrecke und Schmücke mögen einige allgemeine Bemerkungen hier vorangeschickt werden.

Die Finne, ein in der Richtung von SO nach NW etwa 20 km weit sich erstreckender, bis zu 270 m mittlerer Höhe sich erhebender und durchschnittlich 15 km breiter Bergrücken zieht von der Saale bis zum Quellgebiet der Lossa[2]) und Heldra. Ihr im östlichen Teile breiterer, aber niedrigerer, im Westen dagegen schmalerer, aber auch höherer Rücken besteht im wesentlichen aus Buntsandstein, an dessen Rändern schmale Streifen von Muschelkalk hervortreten, und ist auffallend sumpfig, eine Erscheinung, die durch

---

[1]) Regel, a. a. O. S. 284 u. 285.

[2]) Der Name der Lossa (1140 und 1157 rivulus Laz), abgeleitet von ahd. mhd. laz = träge, laß, matt, faul und ahd. lazôn, lazzên = säumen, träge sein, bedeutet einen träge dahinschleichenden Bach. Denselben Namen trägt übrigens auch der zwischen Wiehe und Wendelstein sich hinziehende und darum mit der oben erwähnten Lossa nicht zu verwechselnde Loßgraben (1270 fluvius Laze).

die Zusammensetzung dieses Bergrückens aus fast wagerechten, mit Mergel- und Tonschichten wechselnden Buntsandsteinbänken bedingt ist, welche ein natürliches Hindernis gegen das sofortige Einsickern der Niederschläge bildet und somit auf den Boden versumpfend wirken muß. Ihr Name (urkundl. 1107 Vin, 1142 Vinne, 1168 Uinna) drückt diese Beschaffenheit aufs klarste aus, denn ahd. diu fenna oder fenni, ags. fänn, fenn bezeichnet Kot, Sumpf, Moorweide, schmierigen Erdboden oder auch eine von wässerigem Boden getragene, grasbewachsene dünne Erdrinde. Vgl. auch franzöſ. fange = Schlamm.

Vom Quellgebiete der Lossa und Heldra aus entsendet die Finne zwei nebeneinander herlaufende, durch das Tal der Heldra getrennte Bergrücken von Dammform in der bisher eingehaltenen Richtung weiter nach NW bis zur Unstrut. Der nördliche dieser beiden Rücken, die aus Buntsandstein bestehende, im Großen Berge eine Höhe von 330 m erreichende und zumeist schön bewaldete Hohe Schrecke, deren Name bisher aus Urkunden nicht belegt, aber doch wohl kein bloßer Büchername ist, bezeichnet, wie viele den gleichen Namen (Schreck oder Schröck) tragende Felsen in den Alpen, einen steil aufragenden, gleichsam emporspringenden Berg (von ahd. scricchan oder scrëcchôn = springen; vgl. auch nhd. erschrecken = aus Furcht oder Überraschung in die Höhe springen, und ahd. hewiscrëchjo = Heuschreck, Heuspringer) und verdient auch diesen Namen wegen ihrer Steilheit. Wie Herr Oberförster John in Burgwenden, ein genauer Kenner der Gegend, mir mitteilte, spaltet sich die Finne keineswegs schon bei Lossa, sondern erst 5—6 km weiter westlich bei dem wüsten, am Ostabhange des „Großen Bergs“ gelegenen Dorfe Wetzelshain, dessen Hofstätten mit umgebendem Schutzwalle noch deutlich erkennbar sind. Diese Örtlichkeit könnte auch um deswillen als Ende der Finne in Frage kommen, weil hier die Hochflächengestaltung und damit die Neigung zur Versumpfung ihr Ende hat. Zum letzten Mal tritt letztere hervor in dem bei Wetzelshain gelegenen Bezirke „Große Sümpfe“. Gleichwohl ist das, was man jetzt Hohe Schrecke nennt, lediglich ein natürlicher Ausläufer der Finne. Will man diesen aber durchaus von der Finne abtrennen, so dürfte es nur da geschehen, wo die oberen Ausläufer des Heldratales (das Mühltal) und des Garnbacher Tales (Rehtal und Kasparloch) sich auf nicht ganz 500 m nähern. Dieser fast vollständigen Abschnürung folgt wenig über 1 km weiter nördlich eine andere durch das Emsental einerseits und das Borntal andererseits, und diese Erscheinung wiederholt sich in rascher Folge immer wieder bis nach Reinsdorf hin, nur daß die Seitenriegel immer kürzer werden. Jeder dieser Riegel trägt seinen besonderen Namen und nur einer von ihnen heißt „Hohe Schrecke“; dieser Name kommt also, genau genommen, nicht dem ganzen nördlichen Ausläufer der Finne, sondern nur einem ihrer nördlichen Seitenriegel zu. Von der Höhe zwischen Emsental und Borntal läuft auf dem Rücken des Ausläufers bis nach Reinsdorf hin der Rennweg, die alte Grenze zwischen den Herrschaften Heldrungen und Wiehe.

Der ebenfalls aus Muschelkalk bestehende, bis zu 320 m mittlerer Höhe sich erhebende südliche Ausläufer, die Schmücke, deren höchste Erhebung der 384 m erreichende Kinselsberg über Schloß-Beichlingen ist, beginnt bei dem Burgwendener Taleinschnitte. Ihr aus Urkunden bisher ebenfalls nicht belegter Name ist offenbar wurzelhaft mit den Wörtern schmiegen (ahd. smiugan, smiukan), Schmiege (mhd. smiuge, bekannter Kunstausdruck für sanfte Abschrägung), Schmuck (abgepaßter Zierrat) und schmücken (mhd. smucken = zart andrücken, sich ducken) verwandt und bezeichnet also in bewußtem Gegensatz zu der steil aufsteigenden Schrecke einen sich schmiegenden, sanft ansteigenden, den Aufstieg nicht zu sehr erschwerenden Berg oder Bergrücken, eine Bezeichnung, die freilich nicht an allen Stellen des dammartigen, ja zumteil dachförmigen Rückens der Wirklichkeit entspricht, sich also, wie es ja auch bei der Hohen Schrecke der Fall war, ursprünglich nur auf einen Teil desselben bezogen haben kann, bei dem sie zutreffend war.

Die den untersten Teil des Unstruttales begleitenden Berge tragen keinen Gesamtnamen. Soweit die Namen gewisser Erhebungen beachtenswert erscheinen, wird von ihnen an geeigneter Stelle gelegentlich die Rede sein. Nur der auf der hier behandelten Talstrecke in die Unstrut mündenden Gewässer mag noch kurz gedacht sein. Es sind ihrer außerordentlich wenige mit älteren Namen.

Bei Kalbsriet und Ritteburg mündet in die Unstrut die Helme, deren Name im Grunde derselbe ist, wie der der Ilm. Er lautet im 10. Jahrh. Helmana, der der Ilm im 8. und 9. Jahrh. Ilmina, beide nur mundartlich von einander abweichend. Das Bestimmungswort ëlm, mhd. ëlme, ilme bedeutet Ulme. Letztere Form hat sich durch Anlehnung an das lateinische ulmus in der nhd. Schriftsprache Geltung verschafft. Der Name bezeichnet also einen zwischen Ulmen fließenden, mit Ulmen bewachsenen Fluß. Weiter abwärts ist auf der linken Seite nur noch der Siedebach zu bemerken, welcher bei Reinsdorf in die Unstrut fällt. Eine urkundliche ältere Form des gar nicht seltenen Namens ist mir von dem hiesigen nicht bekannt, doch darf man in Erinnerung daran, daß Namen vieler fließenden Gewässer eine Hindeutung auf die Ähnlichkeit mit der Erscheinung des Backens, Kochens und Siedens enthalten, unbedenklich seinen Namen von den durch eiligen Lauf des Gewässers aufgeworfenen Blasen ableiten, indem der Bach zu sieden schien. (Das ahd. siodan wird nämlich auch intransitiv gebraucht.) Also = Blasen aufwerfender Bach. Als Vertreter eines weit verbreiteten Namens wäre auf der linken Seite der Unstrut vielleicht noch der Klinkborn zu erwähnen, welcher unterhalb des Karsdorfer Bahnhofes entspringt und nach kurzem Lauf in die Unstrut fällt. Während der Siedebach von einer Wirkung auf das Auge Zeugnis ablegt, spricht der Name Klinkborn von einem Eindrucke auf das Ohr, denn er bezeichnet einen klingenden, mit hörbarem, hellem Geräusch dahin fließenden Bach (ahd. clingo (masc.) und chlinga, klinka, mhd. klinge (fem.) von ahd. clingan klingen, rauschen, rieseln).

Noch spärlicher sind die Zuflüsse auf dem rechten Ufer der Unstrut. Der Name der Lossa zwischen Wiehe und Memleben, deren Bett jetzt den Unterlauf des zwischen Reinsdorf und Schönfeld beginnenden Flutkanals abgiebt, ist schon oben erklärt. Der Name der Wiehe, von welcher die Stadt Wiehe ihren Namen hat, wird an geeigneter Stelle besprochen werden und ebenso der Name der Dissau bei Wennungen und der Blinde bei Tröbsdorf. Der Name des Biberflusses (urspr. bibaraha), bei klarem Wetter der Possenturm bei Sondershausen wie auch an der Stelle, wo die Hainleite steil zur Unstrut abfällt, die Sachsenburg hervortritt. Südwärts erhebt sich das westliche Ende des Bergzugs der Finne, die Schmücke, den das Auge bis zu dem den Gasthof zur Wespe tragenden Orlasberge im SO verfolgen kann, wie auch nach derselben Richtung hin das nördlich davon sich hinziehende, geschichtlich so merkwürdige Unstruttal dem Blicke sich eröffnet, das im O die Steinklöbe mit den Bergen bei Groß-Wangen abschließt. Besonders lieblich ist der Blick nach NO, wo sich über dem nicht selten überschwemmten Tale der großen Helme der Bergrücken des Forstes bei Ziegelrode und der Wüste bei Allstedt erhebt, aus welchem deutlich sichtbar nach W zu das Allstedter Schloß hervorspringt, während sich weiter nach N zu das Schloß Beyernaumburg und die Türme der Stadt Sangerhausen erkennen lassen. Übrigens ist wegen des nördlich vorliegenden Höhenrückens die Aussicht nach dieser Seite hin am meisten beschränkt.

An besonders klaren Tagen, denen in den meisten Fällen Regenwetter folgt, kann man auch zwischen der hohen Schrecke und der Hainleite hindurch noch über dem Steigerwalde bei Erfurt ganz am äußersten Ende des Gesichtskreises den Inselsberg im Thüringer Walde erkennen, ja sogar, freilich nur mit Hilfe eines guten Fernrohrs, das auf dem Gipfel desselben gelegene Haus, falls die Sonne dasselbe gerade genügend beleuchtet.

Nach W, S und O hin war Artern von Sümpfen, bei den nicht selten eintretenden Überschwemmungen aber ist es noch jetzt manchmal von einer meilenweit sich ausdehnenden Wasserfläche eingeschlossen. Nur nach N zu, wohin sich eine Hügelreihe erstreckt, hat es und hatte es von jeher gesicherte Verbindung.

Folgende Sagen beziehen sich auf die Umgegend von Artern: „Der Königsstuhl bei Artern", „Der Hahnstein", „Hufeisen am Tore", „Die Schlüsselmarte" (Größler, Sagen der Grafschaft Mansfeld, Eisleben 1880, Nr. 250, 251 und 252 S. 211 und Nr. 253 S. 212).

Artern ist einer der ältesten Orte der goldenen Aue. Er ist, wie schon der Name bekundet, eine uralte Stätte des Ackerbaues (got. arjan, ahd. erjan bedeutet ackern, pflügen). Schon im Breviarium des Lullus wird es (im 8. Jahrh.) in der Form Aratora erwähnt. 1136 heißt es Artern, auch 1309 Artern. Davon ist das mhd. art (= Ackerbau, Ackerland) abgeleitet, und von diesem artari, aratari = der Ackerbauer, Pflüger. Der Name bedeutet also: „zu den Ackerbauern". Während des Mittelalters gehörte es in den thüringischen Nabelgau; später, nach dem Verfall der Gauverfassung, in die Grafschaft Bockstedt;[1]) in kirchlicher Hinsicht gehörte es zu dem Erzstift Mainz.

Bis zum Jahre 1268 waren die Grafen von Bockstedt, die sich später Grafen von Stolberg nannten, hier die Landesherren. 1268 aber verkaufte Graf Friedrich von Stolberg die Herrschaft Bockstedt und mit ihr Artern an das Erzstift Magdeburg, unter dessen Oberlehnsherrlichkeit die Stadt bis zum Jahre 1579 verblieb, in welchem sie von Kursachsen durch Tausch erworben wurde. Aus kursächsischer Lehenshoheit kam sie 1815 unter preußische Herrschaft.

[1]) Diesem Ortsnamen liegt der Personenname Vocco (Fuchs) zu Grunde. Die jetzige Schreibung Voigtstedt beruht also auf grobem Mißverständnis und Verwechselung mit fogat = advocatus.

Im Jahre 1303 erkaufte Graf Heinrich IV. von Honstein Artern, welches er und seine Nachfolger von dem Erzstift Magdeburg zu Lehen trugen. Doch blieben die Honsteiner Grafen nur kurze Zeit im Besitz; schon 1310 wurden die edlen Herren von Heldrungen ihre Besitznachfolger. 1390 verkaufte Gerlach von Heldrungen Amt, Stadt und Schloß Artern an den Edlen Bruno IX. von Querfurt, dessen Nachkomme Bruno XI. Artern mit Vockstedt 1448 wieder an die Grafen von Honstein verkaufte. Als Zubehör von Artern werden genannt Voigtstedt (Vockstedt), Gehofen, Katarinenriet, Nicolausriet, Ritteburg (Rieteburg), Schönfeld und Kastedt. Bis 1452 besaßen die Honsteiner Artern allein, von 1452 bis 1477 gemeinschaftlich mit den Grafen von Mansfeld. Nachdem von 1477—1483 wieder die Grafen von Honstein die alleinigen Besitzer gewesen, kam es 1483 abermals an die Grafen von Mansfeld, die es dann bis 1780 erst unter magdeburgischer, dann unter kursächsischer Lehnshoheit besessen haben.

Eine Zeit lang (von 1563—1570 bzw. 1585) hatte hier eine besondere Linie der Grafen von Mansfeld-Vorderort ihre Residenz. Von 1570 bis 1808 bildete Artern ein gesondertes kursächsisches Amt, wurde aber 1808 dem Amte Sangerhausen einverleibt und 1815 ein Bestandteil des Königl. Preußischen Kreises Sangerhausen.

Zu einer Stadt hat sich Artern schon ziemlich früh entwickelt; schon um 1370 wird der Ort als Stadt bezeichnet. Da nun die Soolquelle zu Artern erst 1450 entdeckt worden sein soll, wie denn auch erst 1477 zum ersten Male des Arternschen Salzwerks Erwähnung getan wird, so kann Artern seine Erhebung zu einer Stadt nicht erst der Ausnutzung der dortigen Soolquelle verdanken, wohl aber wird es sich infolge derselben einigermaßen über die Bedeutung einer gewöhnlichen Land- und Ackerstadt erhoben haben.

Von dem vermutlich in der zweiten Hälfte des 14. Jahrhunderts (bald nach 1370) von den Grafen von Honstein erbauten, dann im 16. Jahrhundert von den Grafen von Mansfeld erneuerten und erweiterten alten Schlosse, dessen Kern eine kleine Wasserburg bildete, haben sich keine besonders merkwürdigen Reste erhalten, da gerade der älteste Teil niedergerissen worden ist.

Artern besitzt zwei Kirchen, die vermutlich beide den Mönchen des Klosters Hersfeld, welches hier schon im 8. Jahrhundert Grundbesitz hatte, wenn nicht schon dem Bonifatius oder dessen Schülern, ihren Ursprung verdanken.

Die Kirche der Altstadt, welche dem h. Veit geweiht ist und zu den nicht zahlreichen Kirchen in Thüringen und Sachsen gehört, die einen Turm über der Vierung zeigen, wird jetzt nur noch als Scheuer benutzt. Sie ist in ihrem jetzigen Bau eine im Übergangsstile um die Mitte des 13. Jahrhunderts erbaute Kreuzkirche mit rechtwinkelig geschlossenem Chor und Kreuzarmen. Der Altarraum und die Kreuzverzierung sind von spitzbogigen Kreuzgewölben überwölbt; das einschiffige Langhaus dagegen und die Kreuzarme lassen keine Spur einer Wölbung erkennen und sind jetzt nur von einem offenen Dache überdeckt. Die drei noch vorhandenen Giebelseiten der Kirche und die Schalllöcher des Turmes haben gekuppelte Spitzbogenfenster. Einige alte Grab- und Wappensteine mit Inschriften werden noch in der Kirche aufbewahrt.

Die Marienkirche (Beatae Mariae Virginis)

in der Neustadt, welche letztere lange Zeit als besondere Gemeinde neben der Altstadt bestand, ist angeblich ursprünglich ebenfalls eine Kreuzkirche gewesen, doch sind jetzt gar keine Spuren einer solchen Anlage wahrzunehmen. Der älteste Teil dieser Kirche ist der in der Mitte stehende, der Übergangszeit angehörige Turm, dessen Seiten im Erdgeschoß von zwei Spitzbogen durchbrochen sind, wie dieses auch mit einem spitzbogigen Kreuzgewölbe überdeckt ist. Im oberen freiliegenden Teile hat er auf der breiten Seite je drei gekuppelte, durch ein Säulchen getrennte Rundbogenfenster; auf den schmalen je eins dergleichen. Der östlich daran stoßende, mit spitzbogigem Kreuzgewölbe überdeckte Chor hat rechtwinkeligen Schluß. Eine im Jahre 1860 entdeckte rundbogige Lichtspalte in der südlichen Mauer des Chors beweist, daß derselbe ursprünglich ein romanischer Bau war, der erst zu Anfang des 15. Jahrhunderts überwölbt worden ist. Das in den Jahren 1608 bis 1620 neu aufgeführte einschiffige Langhaus hat einen Westchor, eine Anlage, die sich fast nur bei sehr alten Kirchen (so in Gernrode, Drübeck, Naumburg a. d. Saale) findet, was ebenfalls für ein ursprünglich hohes Alter der Kirche spricht. Die spitzbogigen Fenster ohne Maßwerk freilich sind Beispiele der spätesten Anwendung des Spitzbogens und verdanken dem erwähnten Um- und Erweiterungsbau ihre Entstehung.

Kalbsriet und Ritteburg.

Wer von Artern aus Kalbsriet und Ritteburg besuchen will, hat von dem Gasthofe zur Sonne 4 km zu gehen. Die Heerstraße führt auf einem durch das Riet aufgeschütteten Damm zunächst nach Kalbsriet. Bei dem Kilometersteine 3,8 vor Kalbsriet erreicht man den Scheid- oder Partesgraben, welcher die Grenze zwischen Preußen und Sachsen-Weimar bildet. Kalbsriet liegt nämlich in Sachsen-Weimar. Von der über den Scheidgraben führenden langen Brücke hat man einen hübschen Blick auf den westwärts kegelförmig sich erhebenden Kyffhäuser.

Hier war es auch, wo man beim Einstoßen der Rostpfähle für die lange Brücke beim Bau der Chaussee von Artern nach Querfurt in einer Tiefe von 7 Fuß im Riete kleine Hufeisen gefunden hat, die, wie man anzunehmen geneigt ist, an den Hufen magyarischer Rosse gesessen haben, deren Reiter in der Ungarnschlacht des Jahres 933 hier verunglückt sein mögen.

Etwas weiter hin, dicht vor dem Dorfe Kalbsriet, erreicht man unweit ihrer Mündung in die Unstrut die Helme, auf deren rechter Seite unmittelbar am Flusse der einige Morgen große Domgarten liegt, welchen die Chaussee in zwei Teile zerschneidet. Das links von der Straße gelegene Domhaus, zu welchem der Domgarten gehörte, war ein Lehn des Domstiftes S. Crucis in Nordhausen; daher rührt angeblich der Name. Mehrere Jahrhunderte hindurch haben die Herren von Kalb Kalbsriet besessen; nach ihnen nannten die Umwohner das Dorf zum Unterschiede von den übrigen Rietdörfern, die sämtlich nach den Heiligen ihrer Kirchen benannt sind, Kalbsriet, wie ja auch Hackpfiffel von der Familie von Hacke seinen Namen erhalten hat, um es von dem nicht sehr weit entfernten Mönchpfiffel sicher unterscheiden zu können. Das erwähnte Domhaus hat übrigens eine sonderbare Vergangenheit. Im Jahre 1750 nämlich wurde es — vielleicht in einem Anfluge von Selbstironie von einem Herrn v. Kalb in einen Gasthof verwandelt und „zum goldenen Kalb" benannt. Nachdem aber die Familie v. Kalb in Konkurs geraten war und ihr Gut hatte verkaufen müssen, wurde der Name des Gasthofs umgeändert, welcher nunmehr das Roß hieß. Heutzutage trägt er nach abermaliger Umtaufe den Namen „Gasthof zum drei Lilien." (!)

Einer der letzten Besitzer aus dieser Familie war der Präsident von Kalb, der Schwager der bekannten Freundin Schillers, Charlotte v. Kalb. Im Jahre 1821 gelangte das Schloß in den Besitz des preußischen Generals von Wolzogen, dessen Schwägerin, die Schriftstellerin Karoline von Wolzogen, eine Schwester von Schillers Gattin Lotte war.

Da Kalbsriet — abgesehen von litterarischen Erinnerungen — sonst nichts Merkwürdiges aufzuweisen hat, wenden wir uns von hier gleich nach Ritteburg. Um dorthin zu gelangen, geht man über die Helmebrücke bis zum Scheidgraben zurück und gelangt in 5—10 Minuten in das Nachbardorf mit dem verwandten, ja im Grunde gleichen Namen. Dasselbe liegt auf einer von der Unstrut und dem Nebenarme des Mühlgangs gebildeten Insel. In alten Zeiten muß das Dorf und auch die weiter abwärts gelegene Kartenburg erheblich höher gewesen sein, als die Umgebung, weil nur diese beiden Stellen kein Schwemmland sind, während ihre ganze Umgebung aus stark aufgeschwemmtem Boden besteht.

Das Dorf Ritteburg ist ohne Zweifel sehr alt. Bereits im Jahre 932 stellte hier in dem Flecken Riet (locus Reot), falls nicht das benachbarte Kalbsriet diese Ehre für sich in Anspruch nehmen darf, König Heinrich I. am 1. Juni d. J. eine Urkunde aus. Eins der beiden Dörfer ist auch sicherlich derjenige Ort Riade, bei welchem nach Widukinds von Corvey Bericht König Heinrich I. im Jahre 933 gegen die Ungarn sein Lager aufschlug und in dessen Nähe er seinen herrlichen Sieg über die Ungarn errang, von dem bei dem Flecken Gehofen die Rede sein wird.[1]) Im Jahre 1000 übereignete Kaiser Otto III. die Burg (civitas) Riede in Thüringen, das ist eben unsere Ritteburg, samt ihrem Burgbezirke, jedoch ausschließlich des Dorfes und der Mark Vockstedt (Vocstedi), dem Erzstifte Magdeburg, welches seit dieser Zeit die Landesherrlichkeit über den verkürzten Burgbezirk besaß. Ursprünglich umfaßte derselbe also die Mark Vockstedt mit; doch kam diese im Jahre 1268 auch noch an Magdeburg.

Fragen wir nun, wo denn eigentlich die alte Burg im Riet gelegen, so ist dieselbe nach Aussage des Ortsschulzen keinesfalls im Dorfe selbst zu suchen, weil hier keine Spuren ehemaliger Befestigung gefunden worden seien.[2]) Wohl aber lag vormals weiter abwärts vom Dorfe in einer durch Geradelegung des Flußlaufs jetzt beseitigten Unstrutschlinge eine alte Erdburg, die Kartenburg, von deren Umwallung jetzt aber nichts mehr zu sehen ist, da sie der Besitzer zu Acker gemacht hat. Der Name selbst scheint geradezu Burg im Riet zu bedeuten, wenn man annehmen darf, daß das Bestimmwort Karten aus dem lateinischen carectum

---

[1]) Neuerdings hat Fabarius versucht, Reidcburg an der Reide bei Halle, Küstermann dagegen die Gegend von Vesta a. d. Saale bei Merseburg als Ort dieser Schlacht zu erweisen, aber diese Versuche sind mißglückt.

[2]) Andere freilich behaupten, der Ort habe vormals Mauern und sogar Türme gehabt. Adhuc sub iudice lis est.

(= Riet) verderbt worden ist. Unter dem Namen Kartenburg begreift man aber in weiterer Ausdehnung auch noch das nahegelegene Nachtfleck (als Pferdeweide bei Nacht benutzt) und „das alte Schloß“, welches zwar nahe bei der eigentlichen Kartenburg lag, aber gleichwohl nicht mit ihr zusammen fällt. Denn das alte Schloß, an dessen Stätte ansehnliche Fundamente, auch Schutt und Ziegeln in Menge gefunden worden sind, war nach Angabe des Besitzers, des Ortsschulzen Karl Helm in R., welcher sich auf die Volksüberlieferung stützt, ehemals ein Jagdschloß der Grafen von Mansfeld, ist also viel jüngeren Ursprungs als die Kartenburg, aber mit ihr jetzt fast spurlos verschwunden. Mit Artern stand übrigens, „das alte Schloß“ durch den in gerader Richtung dorthin führenden „alten Weg“ in Verbindung.

Innerhalb des Dorfes selbst ist nur die dem Apostel Jakobus d. Ält. geweihte Kirche beachtenswert. Es ist dies eine von den eigenartigen romanischen Kirchen, welche, wie die S. Kilianskirche in Schönefeld bei Artern, ihren den Altarraum enthaltenden Turm im Osten haben. Obwohl nun die obere Hälfte des Turmes im Jahre 1782 erneuert worden ist, so verrät doch ein kleines, schmales, rundbogiges Fenster in der Ostwand des Unterteils die ursprünglich romanische Anlage, wie auch der die Mauer des Erdgeschosses durchbrechende Triumphbogen die romanische Halbkreisform aufweist. Auch die Grundmauern des Langhauses zeigen noch alte Quadermauerung. Der Oberbau dagegen ist ziemlich neu, wie sich aus einer über der Kirchtür angebrachten Inschrift ergibt, deren Zahlbuchstaben die Zeit der Erneuerung angeben, und welche folgendermaßen lautet:

In noMIne IesV aeDes IaCobaea
rItebVrgensIs faCta non sVbIto.

D. S. D. G.
B. H. { I. C. A. Z. A.
G. H. P. R.

Die Zahlbuchstaben MDCCVVVIIIIII ergeben die Jahreszahl 1722, die abgekürzten Namen sind vermutlich die des Patrons und des Pfarrers, vielleicht auch der Kirchenväter, als der Bauherren (B. H.).

Doch auch die Ostwand des Chors enthält auf der Außenseite eine auf die Erbauung der Kirche bezügliche Inschrift. Über einer Mauernische, welche angeblich das Bild des h. Jakobus, tatsächlich aber ein aus Holz geschnitztes weibliches(!) Brustbild enthält, welches wohl erst als Ersatz in die Nische gesetzt worden, nachdem das Jakobusbild verloren gegangen war, steht zu lesen:

Gegründet Oct. 1718,
Auffgerichtet d. 21. Aug. 1720,
Vollendet . . . .
Eingeweihet . . . .
Gott beschütze . . . . ICUB.

Das Datum der Vollendung und der Einweihung hat man vergessen. Über der Nische steht:

Sanct Jacob sich hier selbsten weist,
Der Tempel drum St. Jacob heißt.
Wer sich ein Jakobit erweist,
Denselben mann glückselig preist.
Seid Thäter des Worts und nicht Hörer allein.
Jac.

Das Siegel der Kirche zeigt eine Kirche auf einem Schiffe, gewiß eine wunderliche Verbindung. Nicht unerwähnt möge bleiben, daß an dieser Kirche der Großvater des berühmten Geschichtschreibers Leopold von Ranke 45 Jahre lang Pastor gewesen ist.[1])

Beachtenswerte Örtlichkeiten auf Weimarischem Gebiete unmittelbar links der Unstrut am Fußwege von Kalbsriet nach Schönewerda sind das etwa 20 Min. von Kalbsriet entfernte heilige Grab,[2]) vermutlich eine Betstation in katholischer Zeit, von welcher sich jedoch weder Reste, noch gegeschichtliche Überlieferungen erhalten haben, und der Dörfling, ein mächtiges Hünengrab aus vorgeschichtlicher Zeit.

Um nach Gehofen zu gelangen, überschreitet man die Unstrutbrücke hinter Ritteburg und beginnt beim Kilometersteine 0,7 die Wanderung auf dem Damme quer durch das Riet. Unterwegs — zwischen den Steinen 1,6 und 1,7 — trifft man bei einem Kreuzwege auf einen Denkstein, der zur Erinnerung an die große Flut des Jahres 1871 gesetzt worden ist. 1,60 m über dem Scheitel des beträchtlich den Rietgrund überragenden Dammes zeigt derselbe eine schwarze Merklinie mit der Inschrift:

Wasserstand | am | 29. Juni | 1871.

Daraus ergiebt sich, daß an jenem Tage das ganze Riet in der Nähe der Helmemündung ein See von gewaltiger Ausdehnung und beträchtlicher Tiefe gewesen sein muß.

Gehofen.

Der Marktflecken Gehofen (1815: 120 Häuser, 650 Einw.; 1890: 1059 Einw.) mit seiner weithin sichtbaren neugebauten gotischen Kirche wird

---

[1]) Sage vom klugen Pfarrer von Ritteburg in meiner zweiten Nachlese (Mansf. Blätter IV, S. 147).

[2]) Siehe ebenda.

bei dem Straßensteine 2,7 erreicht. Die Entfernung von der Ritteburger Unstrutbrücke beträgt also genau 2 km. Gehofen ist ein uralter, schon 786 im Breviarium des Lullus unter den Besitzungen des Klosters Hersfeld aufgezählter Ort. Der Name (786 Hovun, 1188 Gehoven) bedeutet „zu den Höfen“; demnach muß der Ort schon von Anfang an aus mehreren Höfen bestanden haben. Ob darunter die noch jetzt vorhandenen 3 Rittergüter zu verstehen sind, muß dahin gestellt bleiben, doch ist es wahrscheinlich. Da Gehofen zu dem Burgbezirke Ritteburg, bezw. zu der Herrschaft Artern gehörte, so hat es politisch das Geschick derselben geteilt. Lehnsherren waren nach einander die Grafen von Honstein (bis 1391), seit 1391 die Edlen von Querfurt, seit 1448 wieder ein Graf von Honstein, der 1449 eine Hälfte an die Grafen von Mansfeld verkaufte. 1483 wurden die Grafen von Mansfeld alleinige Besitzer. Ein Geschlecht von niederem Adel, dessen Mitglieder von der Mitte des 13. bis zur Mitte des 15. Jahrhunderts in den Urkunden erwähnt werden, nannte sich nach dem Orte. Als im Jahre 1448 der Edle Bruno IX. von Querfurt die Herrschaft Artern mit Bockstedt und Gehofen verkaufte, waren bereits die Familien v. Hacke und v. Kannewurf in Gehofen ansässig. Letztere besaßen den Hauptrittersitz, das Schloß, auch blauer Hof genannt, welcher später an die Familie von Harras überging und darum auch jetzt noch im Volksmunde der Harrashof heißt: erstere besaßen ein freies Siedelgut, welches nach ihnen bis auf heutige Zeit der Hackenhof oder auch, weil eine Zeitlang ein Domherr, Anton Albrecht v. Eberstein, der Besitzer war, der Domhof genannt wird. Außerdem gab es aber noch ein drittes Rittergut, welches der Familie von Trebra gehörte und darum der Trebraische Hof genannt wurde; nachdem jedoch 1662 auch dieser, wie (seit 1529) die übrigen beiden Güter in den Besitz der freiherrlichen Familie von Eberstein übergegangen und das Herrenhaus neugebaut worden war, empfing es den Nebennamen „der neue Hof“. Im Jahre 1720 wurde von dem Hackenhof auch noch das Teichdammgut abgezweigt.

Auf den Antrag des Feldmarschalls Ernst Albrecht von Eberstein, welcher im 17. Jahrhundert ganz Gehofen erworben hatte, erhielt nach 1671 das bisherige Dorf zwei Jahrmärkte und wurde seitdem ein Marktflecken. Den Übergang des Trebraischen Hofs an die Familie von Eberstein hat eine Sage[1]) festgehalten, nach welcher der Feldmarschall Ernst von Eberstein den Besitzer des Trebraischen Hofes ums Jahr 1656 im freien Felde erschlagen hätte, obwohl ihn derselbe knieend flehentlich um sein Leben gebeten habe. Zum Andenken daran sei dem Ermordeten dann in der Gehofener Kirche ein Denkmal gesetzt worden, auf welchem derselbe knieend dargestellt ist. Dieser knieende Ritter heißt in Beziehung auf jene Sage allgemein der Betmann von Gehofen. Natürlich ist die Sage ohne geschichtlichen Grund; Tatsache ist nur, daß ein Ritter namens Betmann von Trebra, ein Zeitgenosse des Feldmarschalls, mit diesem über Besitzverhältnisse in Gehofen Streit gehabt hat.

Auf dem Trebraischen oder Neuen Hofe hat sich auch im Jahre 1683 mit der Ehefrau Georg Sittigs von Eberstein jene von Zeugen beschworene

---

[1]) Größler, Mansfelder Sagen, Nr. 258, S. 215.

Gespenstergeschichte zugetragen, die drei Universitäten in Aufregung und viele Federn in Bewegung gesetzt hat. Auch Gellert gedenkt ihrer in seinen Fabeln mit den Worten:

„Ein solches Tier,
Als zu Gehofen ehedessen .
Die Küch' im Edelhof besessen,
'Dies sind Gespenster, glaube mir."

Der erwähnten Edelfrau soll nämlich ein Gespenst in Gestalt einer weißgekleideten Nonne erschienen sein und sie sowohl bei Tage wie bei Nacht gebeten haben, ihr zu folgen, damit sie einen in wilder Kriegszeit von ihr vergrabenen Schatz hebe. Aber weder Bitten noch Drohungen noch Mißhandlungen konnten die Monate lang Gepeinigte bewegen, mit dem Gespenste nach der bezeichneten Stelle zu gehen oder sich den Schatz, von welchem drei Ringe dem Eberstein'schen Geschlechte beständiges Glück bringen sollten, durch Werfen irgend eines Gegenstandes auf den sich zeigenden zu sichern, bis endlich der Geist, weil er einsah, daß er bei der Frau von Eberstein doch nichts ausrichten würde, im Frühjahr 1684 plötzlich und für immer Abschied nahm.[1])

Früher besaß Gehofen eine uralte romanische Kreuzkirche mit rundbogigen Fenstern und Türen, welche dem h. Johannes dem Täufer geweiht war. Als dieselbe bald nach 1825 einer Reparatur unterzogen wurde, beging der erst kurz zuvor eingeführte Pastor Wollweber eine Tat unglaublicher Rohheit. Dem königlich dänischen Feldmarschall Ernst Albrecht von Eberstein, welcher im Jahre 1659 den Sieg der Dänen über die Schweden bei Nyborg

---

[1]) Ausführlich behandelt diese Geschichte Düval in „Thüringen und der Harz" V, S. 237—240.

auf Fünen hatte erfechten helfen, war nämlich nach seinem Tode († 9. Juni 1676) in dem Erbbegräbnisse der Familie an der Südseite des hohen Chors der alten Kreuzkirche und mit ihm seiner Gemahlin Ottilie Elisabeth von Ditfurt ein prachtvolles Grabdenkmal aus Marmor und Alabaster errichtet worden, welches von einem Schüler des berühmten Bildhauers Norseni gearbeitet worden war und die für jene Zeit außerordentlich hohe Summe von 6000 Talern gekostet hatte. Dies herrliche Werk ließ der Pastor Wollweber, der dem ihm entgegengebrachten Wohlwollen der Familie von Eberstein seine ungewöhnlich einträgliche Stelle verdankte, von den zum Abbruch der Kirche bestellten Arbeitern in Stücke schlagen, und nur dürftige Bruchstücke davon sind noch vorhanden. Schade, daß dieser Barbar im Chorrocke nicht gerichtlich belangt worden ist!

Am 1. Febr. 1859 wurde mit dem Abbruch der alten Kirche begonnen und in den Jahren 1866—1868 eine neue in gotischem Stil nach einem Entwurfe des Oberhofbaurates Persius in Berlin, des Vollenders der Burg Hohenzollern, aus Nebraer Sandstein aufgeführt. Übrigens ist die Flur von Gehofen mit höchster Wahrscheinlichkeit die Stätte, auf welcher im Jahre 933 König Heinrich I. seinen herrlichen Sieg über die Ungarn erfochten hat, da verschiedene Namen der Flur auf dieses Ereignis hinweisen. Zwischen dem Gasthofe zur goldenen Aue und dem Bahnhofe führt von der Heerstraße „der lange Rain“, der zuletzt als ein Talgrund verläuft, nach Süden. Östlich von demselben, etwa $1/4$ Stunde von der Chaussee entfernt, erhebt sich der Schlachtberg, welcher aus dem Gebirge der Finne bastionsartig hervorspringt, und früher einige Erhöhungen trug, welche man für Schanzen hielt. Ostwärts schließt sich an denselben die Leichengebreite an, an deren Fuße eine erhabene Stelle die Kanzel heißt. Der westliche Abhang führt den Namen Totenberg. Alle diese Namen deuten offenbar auf eine Schlacht hin, welche vorzeiten hier stattgefunden haben muß. Eine solche behauptet auch die Sage. (Vgl. „Der h. Bonifatius in der Ungarnschlacht", Größler, Sagen der Grafsch. Mansfeld, Nr. 254, S. 212.) Waffen in Menge sollen auf dem Schlachtberge gefunden worden sein. Aber auch auf einer andern nahegelegenen kleinen Anhöhe, der Bickingergebreite, sind im Jahre 1833 viele Gräber aufgedeckt worden, in denen man Schädel fand, die auf einer oder beiden Seiten, anscheinend durch Streitäxte, eingeschlagen waren. Die Gräber selbst waren sehr klein, an den Seiten mit Steinen ausgesetzt; die Körper waren zusammengedrückt beigesetzt worden, so daß die Kniescheibe das Kinn berührte, und lagen auf der rechten Seite so, daß das Gesicht gegen Morgen gewendet gewesen war. — Der Schlachtberg ist jetzt zu Ackerland gemacht und ohne irgendwelche sichtbare Merkwürdigkeit.

Zwischen Gehofen und Nausitz (1890: 283 Einw.) bei dem Steine 4,3 führt ein Fahrweg südwärts zu dem etwa 7 Minuten entfernten, mit Bäumen bepflanzten, terrassierten Galgenberge, von welchem man eine schöne Aussicht auf das Unstruttal haben soll.

Donndorf.

(Die Entfernung von Donndorf nach Bottendorf beträgt ungefähr 20 Minuten. Das Dorf hatte 1890: 907, das Kloster 145 Einw., beide zusammen 1052.

Bei dem Steine 8,5 erreicht der Wanderer das Dorf Donndorf. Wer zu Fuß von Gehofen her kommt, wird gut tun, rechts von der Straße abbiegend, zunächst das auf einem Vorsprunge der Finne höchst malerisch über dem Tale gelegene Kloster aufzusuchen und dann erst ins Dorf hinabzugehen. Der hübsche schattige Garten der vor der Klostereinfahrt gelegenen Restauration ladet den Wanderer zur Rast ein und gewährt einen schönen Ausblick über den westlichen Teil des Unstruttales. Links im Hintergrunde erblickt man den Kyffhäuser, vorn Nausitz, weiterhin Gehofen, noch weiterhin Ritteburg und Kalbsriet. Mehr gerade vor zeigen sich die Dörfer Schönewerda, Eßmannsdorf, Bottendorf und Roßleben, deren Fluren der waldige Rücken des Forstes begrenzt. Den östlichen Teil des Tals kann man von hier aus nicht erblicken, wohl aber vom Klosterparke aus; doch ist dieser Ausblick minder schön.

Schon lange, bevor ein Kloster in Donndorf bestand, besaß nach Angabe des Liber de fundacione monasterii Gozecensis das Kloster Goseck durch Schenkung der Pfalzgrafen von Sachsen aus dem Hause Goseck praedia in Tundorf, die jedoch Pfalzgraf Friedrich IV. (geb. 1085, † 1125) an sich gerissen haben soll. Zwar versprach er schon bei Lebzeiten, von seiner Ungebühr abzulassen („ab invasione praediorum in Tundorpce cessare spopondit"), aber erst auf dem Totenbette soll er diese Ungerechtigkeit gegen das von seinen Vorfahren so freigebig beschenkte und so gnädig beschützte Kloster Goseck bereut und demselben (pro animae suae remedio) Tundorp zurückgegeben haben. Wann und auf welche Weise dann das Kloster Goseck seine Besitzungen in Donndorf abermals verloren hat, ist nicht bekannt.

Übrigens nimmt Gervais (Geschichte der Pfalzgrafen von Sachsen in den Neuen Mitteil. V, 2, S. 19 u. 23), ohne jedoch Belege beizubringen, an, daß die Pfalzgrafen von Sachsen aus dem Hause Goseck (und im besonderen Friedrich II. von Putelendorf) den Gau Wigsezi, im welchem Donndorf lag, und den Nabelgau im Jahre 1085 vom Kaiser Heinrich IV. erhalten hätten als den Preis, um den der Kaiser Friedrichs Freundschaft oder doch seinen Rücktritt von der Verbindung der sächsischen Fürsten erkauft habe.

Der Stifter und die Stiftungszeit des dem h. Laurentius gewidmeten Cistercienserinnen-Klosters Donndorf sind unbekannt. Doch ist wahrscheinlich, daß das Kloster um die Mitte des 13. Jahrhunderts von den Grafen von Kevernburg gegründet worden ist, weil die Nachkommen des um 1160 gestorbenen Grafen Sizzo von Kevernburg lange Zeit die weltlichen Schutzherren des Klosters und zugleich die Besitzer der Herrschaft Wiehe gewesen sind, zu welcher Donndorf gehörte. Vielleicht war der eigentliche Gründer der Graf Albrecht von Wiehe, der sich später Graf von Rabenswald nannte. Vielleicht aber war auch die Familie von Donndorf, welche um die Mitte des 13. Jahrhunderts erloschen zu sein scheint, an der Gründung des Klosters beteiligt.

Mit der Herrschaft Wiehe erlangten im Jahre 1461 die Edlen von Werthern auch den Besitz des Klosterguts und der Klostervogtei. Diese ließen das Kloster, in welchem 1525 die Bauern übel gehaust hatten, infolge der Reformation eingehen, um es in eine Erziehungsanstalt zu verwandeln, wie das ja mit andern Klöstern in

2*

jener Zeit auch geschehen ist. Schon 1541 hatten die Gebrüder Christoph, Heinrich und Georg von Werthern sich der Lutherischen Kirche angeschlossen und unter sich einen Vertrag errichtet, kraft dessen nach dem Aussterben der Nonnen das Kloster in eine Freischule für 12 Knaben verwandelt werden sollte. 1562 trat diese Schule ins Leben, nachdem, wie die Sage berichtet, die letzte Nonne, die Äbtissin Felicitas von Hacke, am 12. Juli 1561, in ihrem Lehnstuhle vor der Klosterpforte sitzend, von einem Blitzstrahle erschlagen worden war.[1]) Noch jetzt blüht die Klosterschule als Vorbereitungsschule namentlich für die Klosterschule Roßleben fort.

Die Klostergebäude litten 1525 durch den Bauernkrieg und später (1641) auch durch den dreißigjährigen Krieg, am meisten aber im Jahre 1710 durch einen großen Brand, der von ihrem mittelalterlichen Bestande fast nichts übrig ließ. Im Jahre 1754 wurde daher die Klosterkirche S. Laurentii unter Beibehaltung der alten Stelle völlig neu erbaut.

Die Lage des Klosters und auch die Grundmauern, die man in den Klostergärten aufgefunden hat, machen die Annahme wahrscheinlich, daß dem Kloster eine Burg vorangegangen ist. Wenn diese Annahme richtig ist, so stand an Stelle des Klosters vorher wohl der befestigte Wohnsitz des Grafen Sizzo von Kevernburg (praedium Sisonis comitis) oder der Herren von Donndorf, nach deren Aussterben die Grafen von Wiehe als Lehnsherren den Grundbesitz dieser Familie zur Gründung des Klosters benutzt haben mögen.

---

[1]) Vergl. die Sage „Tod im Gewitter“ (Größler, Mansfelder Sagen Nr. 259, S. 215).

Das Dorf Donndorf, welches unmittelbar unter dem Kloster liegt, ist ohne Zweifel viel älter als dieses. Schon im 8. Jahrhundert hatte das Kloster Hersfeld in Donndorf (786 Dundorf, 1190 Tundorf, 1308 Thundorf) Besitz. Das Rittergut hier war im 12. und 13. Jahrhundert im Besitze der nach dem Orte genannten Familie.

Vielleicht bezeichnet der Name (von ahd. duna Hügel, Gebirgsvorsprung) ein auf einem solchen erbautes Dorf, was für den ehemaligen befestigten Rittersitz durchaus zutrifft. Doch könnte er auch ein von einer Befestigung umgebenes Dorf bedeuten, von ahd. zûn, ags. tûn, nhd. Zaun, Gehege, verwandt mit dem gallischen dunum in Städtenamen.

Von der uralten Pfarrkirche SS. Petri et Pauli steht nur noch der alte Turm und der gotische, mit geripptem Kreuzgewölbe gedeckte Chor aus dem 14. Jahrhundert. Das alte Schiff ist abgebrochen. In der Kirche befindet sich noch ein schöner mittelalterlicher Altarschrein. In einer am ehemaligen Schiff befindlichen Inschrift hat man — wohl irrtümlich — die Jahreszahl 1030 oder 1130 erkennen wollen. An der Südseite der Kirche befindet sich ein Grabstein aus dem Jahre 1604 mit unvollständig erhaltener Inschrift.

Hechendorf.

1890: 27 Einw. Wer von Donndorf aus ohne Aufenthalt nach Wiehe gelangen will, benutze einen der aus Wiehe von den Wirten zum deutschen Hof und zum roten Löwen nach dem Donndorfer Bahnhofe gesandten Omnibusse und verbinde den Besuch des oberhalb Hechendorfs gelegenen Ranke-Denkmals, falls er denselben in Absicht hat, mit einem Besuche der Burg Rabenswald von Wiehe aus. Wer jedoch zu Fuße weiter wandern will, besucht das Ranke-Denkmal am besten von Hechendorf aus, welches genau bei dem Steine 10,8 erreicht wird.

Dieses ehemalige in der Grafschaft Wiehe gelegene Kirchdorf, welches schon 998 mit einer Kapelle ausgestattet war (capella in Haichontorf), jetzt aber nur noch ein Vorwerk ist, niemals aber, wie von vielen, selbst von dem berühmten L. von Ranke, irrigerweise angenommen wird, ein Kloster war, sondern nur ein Pfortaischer Klosterhof, überließ im Jahre 1144 der Reichsritter Hugo von Briesenitz mit Genehmigung des Kaisers Konrad III. dem Kloster Pforta, welches auch die Trift auf der Finne und auf der sumpfigen, unten anstoßenden Weide (in der Unstrutaue) von dem Kaiser bewilligt erhielt. Später (1147) erwarb das Kloster Pforta noch andere Güter in und um Hechendorf dazu, z. B. das nahe dabei gelegene Dörfchen Loch oder Lo (villula Loch iuxta Hechendorp) und erhob seit 1356, nachdem es seinen Besitz in den von ihm ausgekauften und von Bauern entblößten Dörfern Osfurt (Odisfurt) und Meinersdorf (Meginrichesdorpf) nördlich der Unstrut an die Edlen v. Witzleben vertauscht hatte, Hechendorf zum wirtschaftlichen Mittelpunkte seines Grundbesitzes auf dem benachbarten Unstrutgelände.

Von der Straße (beim Steine 10,8) abbiegend, erreicht man, Hechendorf durchschreitend, in etwa 10—15 Minuten das auf einer Anhöhe südlich von diesem Orte am Nordrande des Ranke-Grabens gelegene Ranke-Denkmal, dessen Obelisk schon von weitem die einzuschlagende Richtung angiebt. (Von Wiehe aus ist das Denkmal etwa 20 Minuten entfernt.)

Auf der Nordseite des Obelisken steht folgende Inschrift:

Wen es freuet, diese blühenden Auen
zu überschauen,
Der denke daran,
Daß vor nahezu tausend Jahren
Sie der Lieblingssitz des erlauchten
Geschlechtes waren,
Unter dem sich das deutsche Reich gestaltete und mächtig entfaltete.

Diese Mahnung an dieser Stelle muß den Leser einigermaßen befremden, da sie weder auf den Geschichtsschreiber, noch auf dessen Familie, welchen doch das Denkmal gewidmet ist, irgend welche Beziehung hat. Angeblich ist dieselbe von Leopold von Ranke selbst verfaßt und ihre Anbringung auf dem Denkmal testamentarisch seinen Kindern zur Pflicht gemacht worden. Näher hätte es gelegen, wenn die Stadt Wiehe ihrem berühmtesten Sohne dies Denkmal gesetzt hätte, doch hat sie diese Ehrenpflicht neuerdings an besser geeigneter Stelle erfüllt.

Auf der Westseite steht:

Johann Heinrich Israel Ranke,
geb. zu Wolferode am 8. Mai 1719,
gest. zu Wiehe am 28. Mai 1799.

Auf der Ostseite:

Gottlob Israel Ranke,
geb. zu Ritteburg am 22. Mai 1762,
gest. zu Erfurt am 9. Mai 1836.

Auf der Südseite:

Leopold von Ranke,
geb. zu Wiehe am 21. Dezbr. 1795,
gest. zu Berlin am 23. Mai 1886,
beabsichtigte hier seinen Voreltern
ein Denkmal zu setzen.
An seinem Lieblingsplatz gestiftet
von seinen Kindern.

Auffallend ist, welche Rolle der Monat Mai hinsichtlich der bedeutungsvollen Tage der Sprossen dieser Familie spielt.

Übrigens ist die Umgebung des Denkmals, von welchem aus man einen hübschen Blick auf das Städtchen Wiehe hat, keine würdige. Weder umgibt ein freier Platz dasselbe, noch bietet eine Bank dem Wanderer die Möglichkeit hier auszuruhen. Auf der Südseite des gleich hinter dem Denkmale sich hinziehenden Rankegrabens — dem Denkmal schräg gegenüber — steht ein alter, nach unrichtiger Angabe von Leopold von Ranke selbst gepflanzter Birnbaum, dessen Wurzelstock, um das Abrutschen des Baumes in den steil abfallenden Graben zu verhindern, auf der Nordseite durch Ummauerung geschützt ist.

Wiehe.

Entfernung von Nebra 14½ km, von Roßleben 4 km.

Das Westende des Städtchens Wiehe (1880: 1289, 1885: 1279, 1890: 1957 Einw.) erreicht man von Hechendorf aus bei dem Steine 12,0. Die Entfernung von Hechendorf beträgt also 1,2 km.

Das an dem Wiehebache oder der Wiehe gelegene Städtchen gleiches Namens lehnt sich an einen der Vorberge der Finne an, durch üppige Felder und fette Triften von der still vorüberschleichenden Unstrut geschieden.

Der Name des Städtchens, dem M. Lessing, ohne die urkundlichen Formen zu beachten, die Bedeutung „Viehaue“ geben möchte, läßt eine dreifache Deutung zu. Da die urkundlichen Formen im 8. Jahrh. Uui, 933 Uuihe, 998 und um

1050 Wihi, 1107 Uui, 1157 Wige lauten, so ist derselbe entweder durch as. wih, ags. vih, vig, ahd. wîhî = Heiligtum, geweihte Stätte, Weihe, heiliger Ort zu erklären oder er fällt mit an. vîgi = zum Kampf geeigneter Platz, Bollwerk zusammen, oder er ist von dem Verbum wìchôn, wihhon in der Bedeutung „springen, hüpfen" abzuleiten und dann auf das munter dahin hüpfende Bächlein Wiehe zu beziehen.[1]) Alle drei Deutungen: Heiligtum oder geweihte Stätte, befestigter Platz oder Bollwerk, und Ansiedelung am hüpfenden Bach sind ansprechend; doch dürfte die letztgenannte zu bevorzugen sein, da Flußnamen gleicher oder ähnlicher Bildung mehrfach vorkommen, z. B. Wichaha (Weichau bei Naumburg a/S.), Wichia (Nebenfluß der Breusch unweit Straßburg), Wichibach (Nebenfluß des Mains).

Von dem Orte selbst oder dem Wiehebache hat aber ohne Zweifel die ganze Landschaft südlich von der mittleren Unstrut und zwar von der nordwestlichen Beuge des Flusses bis zur Steinklöbe und dem Orlasberg ihren Namen Uuigsezi empfangen. Deutet der Name Wiehe ursprünglich auf das hüpfende Bächlein hin, welches, auf der Finne entspringend, Wiehe durchfließt, so würde der landschaftliche Name Wigsezi das an der Wiehe gelegene Land (zusammengesetzt mit dem ahd. sëzzi, Lage, Sitz) bedeuten. Bedeutet dagegen das Bestimmwort Heiligtum oder Burg, so würde sich

---

[1]) In einer Stelle des Gedichts Muspilli kommen zufällig zwei der Nominalbildungen, die hier in Betracht kommen, zusammen vor. Sie lautet:

„Doh wânit des vilo wisero gotmanno,
Daz der wîho in demo wîge arwartit werdi"
(Doch ist's ein Wahn vieler weiser Gottesmannen,
Daß der Geweihte (sc. Elias) in dem Kampfe
verwundet werde.)

der Sinn Landschaft bei dem Heiligtum, Wohnsitz bei der Burg ergeben. Der Name Nausitz (Nusez) = neuer (Wohn-)Sitz scheint in bewußtem Gegensatz zu dem älteren Wohnsitze an der Wiehe, bedeute dies nun Bach, Burg oder gottesdienstliche Stätte, gegeben worden zu sein. (Eine ähnliche Namenbildung wie Wigsezi haben wir übrigens in dem Namen Alisaz, heutzutage Elsaß, in der Bedeutung Fremdsitz, Wohnsitz auf fremdem Boden.)

Die geschichtliche Kunde von Wiehe reicht weit zurück. Schon vor dem Jahre 786 besaß das Kloster Hersfeld in Hessen (nach einer Angabe im Breviarium Lulli) eine Anzahl Hufen in Wiehe und vielen benachbarten Orten, doch muß es nicht lange darauf — wann, wissen wir nicht, aber jedesfalls durch kaiserliche Gunst — in den Besitz der ganzen zu Wiehe gehörigen Herrschaft, des Gaues Wigsezi, gekommen sein, denn im Jahre 933, dem Jahre seines großen Sieges über die Ungarn, tauschte König Heinrich I. am 1. Juni — also einige Monate nach der Schlacht — Uuihe mit dem dazu gehörigen Bezirke und den dazu gehörigen Kirchen von dem Kloster Hersfeld ein. Damit war Wiehe, was es höchst wahrscheinlich schon früher gewesen war, wieder eine Reichsburg und Reichsdomäne geworden. Ob es diejenige Burg war, in welcher nach Widukinds Bericht der Thüringer Wido hauste, welcher eine Halbschwester des Königs Heinrich zur Gemahlin hatte, und welche von den Ungarn am Abend des 14. März 933 bestürmt wurde, weil sie gehört hatten, daß in dieser Burg große Schätze von Gold und Silber aufgehäuft seien, muß dahingestellt bleiben, doch ist es bei ihrer Lage in der Nähe des Schlachtfeldes wahrscheinlich. 952

12. April stellte König Otto I. in Gegenwart des Grafen Bruno vom Derlinggau, dessen Sohnes Ludolf, des Markrafen Gero, der Grafen Christian, Liuthar und Friedrich für das S. Moritzkloster zu Magdeburg in Wiha eine Urkunde aus. (Cod. dipl. Anh. I No. 25 p. 19.) Jedesfalls wird gegen Ende desselben Jahrhunderts Wiehe ausdrücklich als Reichsburg bezeichnet. Im Jahre 998 nämlich schenkte Kaiser Otto III. dem Kloster Memleben die Reichsburg Wiehe in der thüringischen Provinz Wigsezi (civitas de nostro regno Uuihi in provincia, quae nominatur Uuigsezi in Turingia); doch schon im Jahre 1004, bei der Aufhebung der Reichsfreiheit der Abtei Memleben, muß Kaiser Heinrich II. Burg und Herrschaft Wiehe für das Reich zurückgenommen haben, da er hier im Jahre 1014 einen Gutsverwalter (villicus in Wi) sitzen hatte, welcher den bei seinem Mädchenraube in Schloß Beichlingen schwer verwundeten Markgrafen der Nordmark, Werner von Walbeck, zwar bei sich aufnahm, aber dem erzürnten Kaiser auslieferte.

Schon vor der Mitte des 11. Jahrhunderts scheint die Burg und Herrschaft vom Kaiser Heinrich III. einem Gliede des thüringischen Grafengeschlechtes der Kevernburger als Reichslehn gegeben worden zu sein, denn zwischen 1039 und 1051, also etwa um 1045, stellte der Edelherr (nobilis homo) Gunther (von Kevernburg), ein Bruder des vor 1039 verstorbenen Grafen Sizzo von Kevernburg, auf der Burg Wiehe (in castello quod vocatur Uuihi) eine Urkunde aus, in welcher er 10 Hufen von seinem Eigentume und dem Erbgute der Söhne seines Bruders, des Grafen Sizzo, an das Kloster Hersfeld abtrat, was doch darauf hindeuten dürfte, daß er oder seine Neffen damals auf dem Schlosse zu Wiehe ihren Wohnsitz hatten.[1])

Im Besitze des Kevernburger Grafenhauses blieb nun die Herrschaft Wiehe eine ziemlich lange Zeit, was natürlich nicht hinderte, daß Kaiser Heinrich III. im Jahre 1053 zu Wihe eine Urkunde ausstellen konnte. Jedesfalls erscheinen die Kevernburger auch später noch im Besitz von Wiehe.

Im Jahre 1206 jedoch teilten sich die Söhne des 1196 verstorbenen Grafen Günther von Kevernburg dergestalt in ihr Erbe, daß Heinrich die größere östliche Hälfte desselben am Thüringer Walde mit der Burg Schwarzburg bekam, nach welcher er und seine Nachkommen sich fortan Grafen von Schwarzburg nannten, während Günther (1206—1221) die kleinere westliche Hälfte mit der Stammburg und dazu die Herrschaft Wiehe erhielt. Nach dieses Günther Tode erhielt sein Sohn Albert die Grafschaft Wiehe, während dem anderen Sohne Günther die Grafschaft Kevernburg zufiel. Seit 1225 erscheint dieser Albert, der sich nun nach seinem Erbe Albert von Wiehe (Albertus de Wye), oder Graf von Wiehe nannte (1225 Albertus de Wie comes, 1233 comes Albertus de Wie), urkundlich. In den Jahren 1233—1237 jedoch erbaute sich derselbe, da die Burg Wiehe seinem Hofhalte nicht mehr genügen mochte, unfern von Wiehe eine neue Burg namens Rabenswald, nach welcher er und seine Söhne sich fortan Grafen von Rabenswald nannten. Bis zur Mitte des 13. Jahrhunderts erwarb derselbe von den verarmten Grafen von

[1]) Doch ist dieser Gunther weder für Günther, den Eremiten noch für Günther, den Heiligen, welcher 1045 oder 1047 starb — beide aus dem Hause Kevernburg — anzusehen.

Buch (welche übrigens ebenfalls der Kevernburger Sippe angehörten und nur ein Zweig der Kevernburger auf dem Schlosse Wiehe zu sein scheinen, wie auch die Edelherren von Heldrungen ein solcher waren), ihre aus dem oberen Teile des Gaues Wigsezi bestehende kleine Grafschaft und vereinigte so den ganzen alten Gau wieder in seiner Hand.

Sein Sohn Graf Albert II. von Rabenswald starb unvermählt vor 1280. Ein anderer Sohn Berthold erheiratete 1278 mit der Gräfin Witwe Wilburgis von Hardeck die im Lande unter der Enns unfern der mährischen Grenze gelegene Grafschaft Hardeck und starb dort im Jahre 1312. Der dritte Sohn Friedrich wurde infolge dieser Umstände seit 1280 der alleinige Besitzer der Grafschaft Wiehe-Rabenswalde-Buch und hinterließ dieselbe, nachdem er im Jahre 1309 glücklich eine Belagerung des Landgrafen Friedrich von Thüringen und des mit ihm verbündeten Grafen Otto von Anhalt ausgehalten hatte, bei seinem Tode im Jahre 1312 seinem Schwiegersohne, dem Grafen Hermann von Orlamünde, welcher Friedrichs einzige Tochter Mechtild geheiratet hatte.

Doch im Besitze der Grafen von Orlamünde blieb die Grafschaft nicht lange, woran Hermanns gleichnamiger Sohn schuld war, der zu Wiehe bezw. Rabenswald seinen Sitz hatte. Einst (1342) hatte nämlich dieser (nach Bange's thüring. Chronik) zu Erfurt, wo er sich öfter aufhielt, ein Festmahl veranstaltet. Als man eben, vom Weine erhitzt, in fröhlicher Stimmung war, verlautete im Saal, Markgraf Friedrich II (der Ernste) von Meißen (zugleich Landgraf von Thüringen) ziehe auf einer Reise nach Meißen durch die Stadt. Da traten die Grafen an das Fenster, um sich den unter dem Klange von Pfeifen und Posaunen vorüber kommenden Zug des Landgrafen anzusehen. Graf Hermann aber rief dem Fürsten in übermütiger Weinlaune zu: „Fritz, woher? — Fritz, wohin?“ was den aufs höchste Beleidigten zu dem Schwur veranlaßte: „Lebe ich nur noch kurze Zeit, so will ich es wahrlich dahin bringen, daß du mich deinen Herrn nennen sollst.“ Der Hauptgrund der Grafenfehde war allerdings der, daß die orlamündische Linie des orlamündischen Grafengeschlechts das Stammschloß Orlamünde samt der Grafschaft an den nach Vernichtung der gräflichen Landeshoheiten strebenden, schlimmsten Feind seines Geschlechts, den Landgrafen Friedrich den Ernsten verkauft hatte, ein Verkauf, in welchen die weimarische Linie des orlamündischen Hauses nicht einwilligen wollte. Auf Seite der bedrohten weimarischen Grafen traten der Erzbischof von Mainz, die Grafen von Schwarzburg und Honstein, die Vögte von Plauen und Gera, die Herren von Eilenburg, Liebenwerda, Schönburg, Waldenburg und Salza. Ebenfalls durch mächtige Bundesgenossen verstärkt, zog der Markgraf gegen die mit dem Grafen von Orlamünde verbündeten Grafen zu Felde. In diesem „thüringischen Grafenkriege“ (1342—1346), in welchem von beiden Seiten die unsinnigsten Verheerungen verübt wurden, wurde im Jahre 1343 vom Markgrafen Friedrich und den Erfurtern (Merian, Topogr. Saxon. p. 180) die Burg Wiehe erobert und ein Teil der Stadt niedergebrannt. Graf Hermann aber mußte im Frieden, der im Jahre 1346 11/4 abgeschlossen und 1347 erneuert wurde, nicht nur in den Übergang von Orlamünde an den Landgrafen einwilligen, sondern auch an den seinen

Sieg aufs unbarmherzigste ausnutzenden Sieger „Wye hus (Schloß) und stad, Buch, Memmeleiben closter und dorff, Tundorff (Donndorf) closter und dorff, Hechendorff den hov, Wolmarstete, Wenigen Rude (Kleinrode b. Wiehe), zcu der Laz (Lossa), Garmbach und Nusez (Nausitz)“ abtreten, auch Schloß und Stadt Weimar samt dem Dorfe Schönwerda und alle Allodien von ihm zu Lehen nehmen; auch sollten nach dem Tode der besiegten Grafen Friedrich († 25/7 1365) und Hermann († 1372) ihre sämtlichen Besitzungen an das landgräfliche Haus fallen. Damit war die orlamündische Familie tatsächlich enterbt und ihrer Besitzungen beraubt.

Schon 1347 verpfändete Landgraf Friedrich das eroberte Gebiet an den Herzog Magnus von Braunschweig. Dieser gab es 1367 ebenfalls pfandweise gegen 2000 schmale Schock an den Edlen Gebhart von Querfurt und dessen Sohn Bruno, welche es aber schon 1369 den Edelherren von Heldrungen überließen. Im Jahre 1412 jedoch nahm der spätere Kurfürst von Sachsen, Markgraf Friedrich der Streitbare von Meißen, dem Edelherrn Friedrich von Heldrungen, einem gefürchteten Raufbolde und ständigen Störer des Landfriedens (der schließlich an der Spitze einer beutelustigen, meist aus zusammengelaufenen Bauern bestehenden Abenteurerschar, der sogen. Fleglergesellschaft, von den Mackenröder Bauern erschlagen wurde) seinen Besitz und trat die Grafschaft Wiehe mit Zubehör 1413 an den Grafen Heinrich von Honstein (Kelbra) ab. Dieser verkaufte Wiehe schon 1415 wieder an den Grafen Friedrich von Beichlingen; dessen Söhne aber veräußerten es 1436 an die Edelherren Gebhart und Bruno von Querfurt, deren Ahnherren die Grafschaft schon einmal pfandweise besessen hatten. Die Querfurter zweigten den östlichen Teil der Grafschaft ab und legten denselben zum Schlosse Wendelstein, bei welchem er in der Folge verblieb und mit welchem er an die Edlen von Witzleben auf Wendelstein gelangte.

Während des thüringischen Bruderkrieges (1445—1451) bemächtigte sich Apel von Vitztum, der mächtige Vertraute des Herzogs Wilhelm, der Stadt und Herrschaft Wiehe, welche ihm die Grafen von Beichlingen (als Mitbelehnte der Edlen von Querfurt) und Hermann Harras (nach Banges thüring. Chronik) zwar auf kurze Zeit wieder abnahmen, aber doch nicht behaupten konnten. Apel schlug nun 1448 den unsicheren Besitz für 8000 rhein. Gulden an seinen Bundesgenossen, den Grafen Heinrich von Schwarzburg, los. Dies gab Veranlassung, daß die kurfürstliche Partei 1449 Wiehe belagerte, eroberte und großenteils zerstörte. Mindestens zweimal ist also Wiehe während des Bruderkrieges erobert, geplündert und zum Teil zerstört worden, den umliegenden Dörfern aber wird es eher noch schlimmer ergangen sein. Apel von Vitztum und Hermann von Harras, beide Grundherren im Unstruttal, haben damals gewetteifert, den Namen Brandmeister zu verdienen, den ihnen die Zeitgenossen beilegten. Nachdem zu Naumburg a. d. S. am 27. Januar 1451 endlich Friede geschlossen war, erhielt der Graf Heinrich von Schwarzburg Wiehe zwar zurück, sah sich aber Geldmangels halber genötigt, die Herrschaft an die Herren Dietrich, Georg und Hans von Werthern für 8000 rhein. Gulden (1453) erst wiederkäuflich, dann 1461 erblich abzutreten, so daß die Grafen von Schwarzburg das Afterlehnsrecht, die Herzoge von Sachsen aber das Oberlehnsrecht an der Herrschaft behielten. Die Herren von Werthern sind noch heute im Besitz der mannigfach verkürzten ehemaligen Grafschaft Wiehe, zu welcher zeitweilig drei Burgen: Wiehe bezw. Rabenswald, Buch und Wendelstein; drei Klöster: Memleben, Donndorf und Hechendorf (dies eigentlich nur ein Klosterhof), und 20 Dörfer gehörten.

Was nun die Burg Wiehe selbst anlangt, so gestattet schon, wie bereits bemerkt worden, die Ableitung des Namens von an. vigi (= Bollwerk, Burg) die Annahme, daß dieselbe schon in vorchristlicher Zeit ein befestigter Platz gewesen. Ganz entschieden aber erscheint Wiehe seit dem 10. Jahrhundert als Reichsburg (civitas de regno nostro) und ist es geblieben bis um die Mitte des 11. Jahrhunderts. Mehrere Jahrhunderte lang erfahren wir nichts von den Geschicken der Burg, doch war es natürlich, daß nach Erbauung der Burg Rabenswald (1233—1237) das Schloß zu Wiehe an Bedeutung und Wert verlor. Im Jahre 1309 wurde Burg und Stadt Wiehe von dem Markgrafen von Meißen und Landgrafen von Thüringen, Friedrich, und dessen Bundesgenossen, dem Grafen Otto von Anhalt, belagert. Das weit härtere Geschick, welches beiden im thüringischen Grafenkriege und auch während des thüringischen Bruderkrieges widerfuhr, ist schon berichtet worden. Um diese Zeit waren übrigens beide dicht aneinander stoßende Schlösser, Ober- oder Hinterhaus (= der alte Teil) und Unter- oder Vorderhaus (= der neue Hof) bereits vorhanden. Wann letzterer hinzugebaut worden ist, hat sich bis jetzt nicht ermitteln lassen. Um 1514 wurden sie, um die öfter eingetretenen Streitigkeiten der gemeinsamen Besitzer aus der Familie von Werthern einzuschränken oder zu verhindern, durch eine starke Mauer getrennt. Am 6. Januar 1574 übernachtete Heinrich von Valois, Herzog von Anjou, auf seiner Reise nach Polen, zu dessen König er erwählt worden war, mit seinem Gefolge auf dem Schlosse zu Wiehe. Durch eine große Feuersbrunst im Jahre 1659 wurde nicht nur der größte Teil der Stadt mit Kirche und Rathaus, sondern auch das eine Schloß, das Unterhaus oder der Vorderhof, ein Raub der Flammen. Wolf Adolf von Werthern baute es in den Jahren 1664—1666 wieder auf, und dieses Schloß steht noch jetzt, während das andere, südöstlich von diesem gelegene, das Ober- oder Hinterhaus, welches durch die erwähnte Feuersbrunst nur beschädigt, aber nicht unbewohnbar geworden war, gegen Ende des vorigen Jahrhunderts abgebrochen wurde, weil es den Einsturz drohte. Nur das altertümliche Tor, welches zu demselben führte, ist erhalten geblieben. Der ehemalige Schloßgraben nach der Ost- und Südseite zu ist jetzt in Gärten verwandelt worden.

Was nun das Städtchen selbst betrifft, so muß Wiehe mindestens schon im Jahre 1346 Stadtrechte gehabt haben, da bereits in diesem Jahre, wie oben bemerkt worden, „Hus (Schloß) vnd Stad" unterschieden wird. Doch haben, wie aus einer von Herrn Bürgermeister Kammradt in Wiehe (in der Beilage zu Nr. 48 der „Goldenen Aue und Finne", April 1902) veröffentlichten Urkunde erhellt, erst im Jahre 1376 die Bürger zu Wiehe auf Rat und Geheiß ihres damaligen Herrn Heinrich von Heldrungen „sich unterwunden, ein Kaufhaus (zugleich Rathaus) zu bauen". Und als im Jahre 1394 Landgraf Balthasar von Thüringen gelobt, seine Bürger von Wiehe bei ihren

Rechten und Gewohnheiten zu lassen, bemerkt er, daß sie vor Alters ihr Recht von dem Rat seiner Stadt Weißensee geholt hätten. (A. a. O.) Die häufige Kriegsnot und die wiederholten Feuersbrünste machen es erklärlich, daß die Stadt kein altertümliches Aussehen hat, zumal im Jahre 1712 eine Feuersbrunst das Rathaus, die Pfarrhäuser und 44 Bürgerhäuser einäscherte. Die Stadtmauern, Türme und Tore sind bis auf geringe Reste verschwunden.

Im Wappen führt die Stadt den Schutzheiligen der Pfarrkirche, wie das ja auch bei vielen andern Städten der Fall ist. Offenbar ist es erst in jüngerer Zeit zusammengestellt, denn gegen gewisse Einzelheiten der Darstellung lassen sich mit Recht Bedenken erheben. Entschieden falsch ist aber das Wappenbild des beigegebenen Wappens, denn es zeigt nicht den von Werthernschen Lindenzweig, wie er in dem Wappen am Kirchturm zu sehen ist, sondern einen Eichenzweig.

Etwas mehr bietet dem Altertumsfreunde die dem Apostel Bartholomäus geweihte Pfarrkirche zu Wiehe, welche während des Mittelalters zum Erzpriestersitze Reinsdorf und zum Banne der Kirche B. Mariae Virginis in Erfurt gehörte. Zwar wird sie erst 1506 urkundlich erwähnt, doch ist sie ohne Zweifel uralt; denn schon im Jahre 933 gab es in Wiehe eine Kirche — offenbar die B.-Kirche —, welcher andere Kirchen untergeordnet waren, als welche im Jahre 998 die Kapellen zu Haichontorf (Heckendorf), Alehsteti (Allerstedt), Herimansdorf (wüst bei Allerstedt), Wolmerstede (Wohlmirstedt), Alcozesdorf (Zeisdorf?) und Melre (wüst bei Bucha) genannt werden.

Im Jahre 1659 brannte bei der großen Feuersbrunst die Kirche mit ab; zehn Jahre später

(1669) war der Neubau vollendet. Der westlich stehende Turm jedoch ist älter, denn nach einer an seiner Nordseite angebrachten Inschrifttafel in gotischer Minuskel ist der Bau desselben im Jahre 1518 begonnen worden. Drei Bild- und Inschriftsteine sind da übereinander in ziemlicher Höhe eingemauert. Der oberste zeigt eine Darstellung der sogenannten kleinen Kreuzigung, nämlich Maria und Johannes am Kreuze Jesu, aus spätgotischer Zeit, d. h. dem Anfange des 16. Jahrhunderts. Darunter erblickt man auf einer umrahmten, dachförmig überdeckten Tafel die Gestalt des Schutzheiligen der Kirche, des Apostels Bartholomäus; in der Randleiste zieht sich eine Inschrift hin, welche oben den Namen Bartholomevs erkennen läßt. Eine dritte Tafel zeigt am oberen Teile unter einem Kopfe (herald.) rechts das Querfurter Wappen mit den Querbalken, und (herald.) links das von Werthernsche Wappen, einen Lindenzweig mit drei Blättern, und darunter folgende Inschrift in gotischen Minuskeln:

anno . dni
m^{0}cccccxviii^{0}
ist . diz . werk
auf(f)g(e)bavt.

Die untere Randleiste zeigt auf dem in der Mitte befindlichen Wappen anscheinend Schlüssel und Schwert oder zwei Schwerter gekreuzt, auf dessen Seiten die Buchstaben der Kreuzaufschrift (des titulus triumphalis) i n — r i verteilt sind. Daß aber auch gegen Ende des vorigen Jahrhunderts eine Reparatur der Kirche stattgefunden haben muß, beweist der Umstand, daß im südlichen Chorfenster außer den Buchstaben A. W. die Jahreszahl 1789 wahrzunehmen ist, wie auch über der südlichen Eingangstüre auf dem Schlußsteine steht:

No: 53
1790.

Nahe dem östlichen Fenster der südlichen Langwand ist eine mit barbarischer Rücksichtslosigkeit übertünchte, anscheinend aus dem Mittelalter stammende Sonnenuhr angebracht.

Das von der Stadt (in einer ihren bescheidenen Verhältnissen entsprechenden Weise) ihrem berühmten Sohne errichtete und im Jahre 1896 eingeweihte Ranke-Denkmal besteht nach gütiger Mitteilung des Herrn Bürgermeisters Kammradt außer einem Sockel aus schwedischem Granit (von der bekannten Firma: ehemals H. Gladenbeck und Sohn) einfach aus einer Bronzebüste. Diese ist nach einer im Besitz der Familie von Ranke befindlichen Büste, deren Urheber der Bildhauer Drake ist, von Oswald Schimmelpfennig vergrößert modelliert worden. Da der Geburtstag des zu Feiernden, der 21. Dezember (1795), sich zur Denkmalweihe nicht eignete, so fand sie am 27. Mai 1896 im Beisein von Mitgliedern der Familie v. Ranke und von Vertretern der Regierung, des Kreises, akademischer und anderer Abordnungen statt, wobei Herr Prof. Dr. Lindner aus Halle, als erkorener Berufsgenosse des Gefeierten, die Festrede hielt.

Um einen entzückenden Überblick über Schloß, Stadt und ganze Umgebung zu gewinnen, empfiehlt es sich, den südwestlich gelegenen Galgenberg zu ersteigen, welcher im Jahre 1817 von dem Freiherrn Hans Karl Leopold von Werthern zu einem lieblichen Parke mit schattigen Gängen umgeschaffen worden ist und namentlich von der „Eremitage“ aus einen herrlichen Blick auf Schloß und Stadt in ihrer ganzen Ausdehnung besonders aber auch in das westliche Unstrut- und das Garnbacher Tal gewährt. Eine von Wald entblößte Stelle auf dem Scheitel dieses Berges führt den Namen „die Judengräber“.

Beim Verlassen von Wiehe (wenn man talabwärts geht, andern Falls beim Eintritt in den Ort) kann man die in der östlichen Vorstadt dicht an der Straße (nach Norden zu) gelegene Gottesackerkirche besichtigen, welche nach Versicherung einer anwohnenden Frau dem h. Bartholomäus geweiht sein soll, eine Behauptung, die gewiß auf einer Verwechselung mit der Hauptkirche beruht.

Nach Ausweis eines romanischen Fensters mit innerem Kleeblattbogen im Ostchor mag dieselbe ursprünglich in der ersten Hälfte des 13. Jahrhunderts erbaut worden sein, hat jedoch, wie die über der Kirchtür stehende Jahreszahl Anno MDCCXLII bekundet, im Jahre 1742 einen fast völligen Umbau erfahren. An der Südseite ist der Leichenstein des M. Matthäus Cato, welcher am 17. Dez. 1635 gestorben ist, zu sehen.

Der Mägdesprung und Ruine Rabenswald.

Wer von Wiehe aus einen merkwürdigen Stein aus heidnischer Vorzeit und die in prächtigem Buchenhochwalde gelegene Ruine der Burg Rabenswald besuchen will, gehe vom Gasthofe zum Deutschen Hof in westlicher Richtung bis zur zweiten Straßenecke und dann, links einbiegend, längs der Wiehe oder des Wieher Bachs, welcher von Garnbach herabkommt, das nach Süden sich ziehende Tal hinauf. Nach etwa 20 Minuten tritt links (von Osten her) eine Waldecke dicht an das Bächlein heran, aus welcher, von schattigen Bäumen umdunkelt, der Hainborn hervorbricht, dessen reichliches, klares, anscheinend eisenhaltiges Wasser die aus dem Röhren- und Palmtale herabkommenden Quellbäche der Wiehe ganz erheblich verstärkt. Die Hainbornquelle, die der Rat der Stadt Wiehe bereits im Jahre 1567 hatte „bessern und fegen“ lassen, ist durch ein überwölbtes, festgemauertes Brunnenhaus geschützt, welches man nach wenigen Schritten erreicht und vor welchem eine Bank in erquickendem Schatten den Wanderer zur Ruhe ladet. Auf der inneren Langwand des Bornhauses berichten zwei zum Teil durch Moose und Flechten unleserlich gewordene Inschriftsteine, wie es den Anschein hat, von den Urhebern einer erneuten Fegung. Auf dem einen Steine war noch deutlich zu erkennen

HIERUNIMVS und JOHANN HÖROLT
SPAR(N)NAGEL ANO 16. 66.

Auf dem anderen ließ sich nur die die Inschrift abschließende Zahl 79 lesen. Könnte man trockenen Fußes an beide Steine gelangen, so würden beide Inschriften wohl ohne besondere Schwierigkeit zu entziffern sein.

Nach kurzer Rast an dem schattigen Orte verfolge man das Tal weiter nach Süden; so gelangt man nach 10—15 Minuten, zuletzt nach Süden zu abbiegend, in das in eine Waldschlucht eingeklemmte Dörfchen Garnbach (1890: 197 Einwohner). Hier kann man in der Schenke den Versuch machen, ob der Wirt einen Führer zuweisen kann; doch ist hoffentlich die nachfolgende Beschreibung des Weges so genau, daß man auch ohne einen solchen zurechtfindet.

Durch das Dorf geht man in südöstlicher Richtung den Hexenweg hinab in etwa 3 Minuten bis an den Fuß des Palmberges, welcher sich zwischen dem Garnbacher Tal oder der Palmbergsgrund (im Westen) und dem Röhrental (im Osten) zungenförmig aus dem Hauptrücken der Finne heraus in nördlicher Richtung unstrutwärts erstreckt. Auf dem beträchtlich ansteigenden Grate des Palmbergs steigt man — immer in südlicher Richtung — bis auf die Höhe seines Scheitels, welcher westlich „die Gleiche" heißt, geht auf der entwaldeten Gleiche immer weiter nach Süden durch niedriges Buschholz fort, bis man den Wald bei zwei Grenzsteinen erreicht, welche, dicht bei einander stehend, die Nummern 19 und 20 tragen. Wenn man von diesen in der bisherigen Richtung durch den Wald noch etwa 140 bis 150 Schritt weiter geht, so erreicht man den rechts am Wege stehenden Stein Nr. 14. An diesem mache man Halt, und gehe, westwärts gewendet, genau 10 Schritte in den Wald hinein, welcher hier Pfaffenstieg heißt, so steht man vor einem nicht sehr großen, fast dreieckigen, oben ziemlich flachen, zum Teil stark mit Moos bedeckten Steine, dem bis jetzt nur in seiner nächsten Umgebung bekannten Mägdesprung, einem glücklich erhaltenen Denkmal aus heidnischer Vorzeit. Auf seiner Oberfläche erblickt man dicht nebeneinander erstlich eine mäßig eingetiefte, mit ihrer Spitze genau nach Westen gerichtete Menschenfußspur und zweitens rechts daneben eine bedeutend tiefer eingedrückte Pferdetrappe, welche nach Nordwesten gerichtet ist. Die Fußspur rührt nach der Sage von dem Fuße einer Riesenjungfrau, die Trappe von dem Pferdefuße des Teufels her, welche beide in grauer Vorzeit miteinander vom Wendelsteine aus über das Unstruttal hinweg bis auf diesen Stein gesprungen sein sollen, der die Spuren des Sprunges von beiden bewahrte. Diese Leistung würde den Mägdesprung am Selketale, da die Entfernung vom Wendelsteine bis auf den Palmberg mindestens 1 $^1/_2$ Stunde beträgt, ganz bedeutend übertreffen. Leider weiß die Sage nicht zu berichten, warum der ungeheure Sprung gemacht wurde, und warum gerade der Wendelstein und der Palmberg als Stelle des Ab- und Aufsprunges gedient haben. Möchte der merkwürdige Stein nachdem er ganz und unversehrt Jahrtausende überdauert hat, auch in Zukunft vor allen Beschädigungen bewahrt bleiben.

Übrigens führt den Namen Mägdesprung nicht nur die bekannte Klippe am Selketale unweit von Alexisbad, sondern auch die letzte Erhebung des Saaleufers nördlich von Calbe unweit des Klosters Gottesgnade. (Darst. Beschreib. der Bau- u. Kunst-Denkmäler des Kreises Calbe S. 53.) Ein (ungenannter) Graf soll dort mit seiner von ihm entführten königlichen Braut „durch die Lappen gegangen" sein und, als er auf seiner Flucht unweit Gritzehne durch die Saale gehemmt worden, gelobt haben, wenn er mit seinem Schatze glücklich durch das Wasser käme, für die ihm verliehene Gnade Gottes ein Kloster zu erbauen. Das habe er später auch getan und das Kloster Gottesgnade genannt. (A. a. O.) Es wird sich also an unsern Mägdesprung wohl eine ähnliche Sage geknüpft haben. Dafür spricht schon der Umstand, daß der Stein auf dem Palmberge nach Herrn Oberförster John eigentlich der Brautstein heißt.

Vom Mägdesprunge aus wandern wir auf herrlichem Wege durch jungen frischen Wald in südlicher Richtung weiter fort bis zum Beginn des Buchenhochwaldes, an dessen Ecke ein Stein mit den Nummern 34 und 39 steht. Geht man von diesem Steine im rechten Winkel nach Osten zu (links) 20 Schritte weit ab, so steht man an der alten Glashütte oder vielmehr der ehemaligen Stelle derselben, die noch jetzt an einem kleinen Glasschlackenwall kenntlich ist, welcher 5 Schritte links vom Wege im Gebüsch (nach Norden zu) noch vorhanden ist. Der Waldbezirk gleich neben der Glashütte nach Südosten zu heißt Bärmanns Backofen. Warum, weiß man nicht. Doch hält Herr Oberförster John die Stelle für einen ehemaligen Kalkofen.

Wir kehren nun zu dem Steine 34/39 zurück und folgen von ihm aus dem westwärts führenden Fahrwege, welcher sich nach einigen Hundert Schritten gabelt. Der links führende ist ein Holzweg, der den Kundigen nach Kammerforst leitet, der rechts abbiegende, bald sich etwas senkende dagegen führt nach 5—10 Minuten zur Burgruine Rabenswald.

Wenn man schärfer zusieht, läßt sich die ursprüngliche Anlage der Burg noch recht wohl erkennen. Die Burg war eine Doppelburg auf einer nach Norden aus der Finne hervortretenden Gebirgszunge, welche, nur von Süden her zugänglich, nach den drei übrigen Seiten steil abgeböscht ist, so daß auf diesen Seiten Wallgräben zur Sicherung der Burg nicht erforderlich waren. Doch soll nach Mitteilung des Herrn Oberförster John ein Wallgraben an den Hängen der Burg tatsächlich vorhanden sein. Dagegen ist die Burgstelle von der Hochfläche der Finne durch einen jetzt etwa noch 10′ tiefen Wallgraben geschieden, den man auf einem querdurch geschütteten Damme überschreitet. Zunächst tritt man in die südlich gelegene Vorburg, welche einen Längendurchmesser (von NO nach SW) von 110 Schritten hat. Ein zweiter Wallgraben von immer noch beträchtlicher

Tiefe trennt die Vorburg von der Hauptburg, deren Längendurchmesser (ebenfalls von SW nach NO) 108—120 Schritte beträgt, während der Breitendurchmesser an der nördlichen Schmalseite ungefähr 53 Schritt, mehr der Mitte zu (Richtung SO nach NW) an der breitesten Stelle etwa 65 Schritt beträgt. Die östliche Langseite verläuft fast völlig gerade: die westliche ist etwas nach Westen zu ausgebogen. Ansehnliches Mauerwerk in einer Stärke von 1,5 Meter ist nur auf einer Strecke der westlichen Langseite des Hauptburghofs noch erhalten: von den übrigen Umfassungsmauern sind nur Spuren der Fundamente noch wahrzunehmen.

Im nordwestlichen Teile der Hauptburg scheinen mehrere kreisrunde Vertiefungen von bedeutendem Durchmesser den Standort ehemaliger Türme anzudeuten, zumal hier und da Fundamentspuren diese Annahme unterstützten. Doch können mehrere dieser umfangreichen Löcher auch davon herrühren, daß von den nach dem Verfalle der Burg im Burghofe gewachsenen Buchen eine Anzahl gerodet worden ist, so daß die Löcher zum Zweck der Ausrodung der Wurzelstöcke gemacht worden sind. Doch stehen noch so viel hochragende herrliche Buchen da, daß ihr Laubdach, unter dem gut Weilen ist, den ganzen Burghof überspannt.

Früher hatte man von der Burg Rabenswald, weil der ganze Berg dicht mit Wald bestanden war, gar keine Aussicht. Seitdem aber am nördlichen Ende des Burghofs mehrere Buchen gerodet und auch am nördlichen Abhange mehrere die Aussicht versperrende Bäume weggeschlagen worden sind, hat man von der nordöstlichen Burgmauer aus einen wahrhaft entzückenden Durchblick in der natürlichsten Umrahmung (eine Vedute, wie man sie sich nur wünschen kann) auf das Unstruttal. Von den bewaldeten Berghängen des Palmtals, der Mulde und des Casparlochs nach Norden zu schauen genötigt, erblickt man zunächst etwas links das an einem bewaldeten Bergrücken emporsteigende, malerisch ausgebreitete Garnbach, mehr rechts dagegen und weiter entfernt die hinter dem Galgenberge bezw. Schloßberge hervorlugende Vorstadt von Wiehe. Weit hinter derselben, jenseit der Unstrut, wird das Schloß Wendelstein sichtbar, während gerade vor, ebenfalls jenseit der Unstrut, Roßleben weit ausgebreitet sich hinzieht, über welchem etwas links auf den waldigen Höhen des Forstes einige Häuser von Ziegelrode nebst der dortigen Windmühle zu erkennen sind. Das Ganze ist ein zwar beschränktes, aber wegen der anmutigen und natürlichen Umrahmung außerordentlich fesselndes Bild, welches die geringe Mühe der Wanderung hierher reichlich lohnt.

Ehe wir jedoch den Burghof verlassen, wollen wir uns die Geschicke der Burg in möglichster Kürze vergegenwärtigen. Die umfangreiche Burg ist in den Jahren 1233—1237 von dem Grafen Albert von Wiehe aus Kevernburgischem Geschlecht erbaut worden und hat ihm und seinen Söhnen, wie auch deren Erben zum Wohnsitze gedient. Eine Zeit lang war sie daher Hauptburg der Grafschaft Wiehe, nach welcher sich der Erbauer, Graf Albert, und desgleichen seine Söhne Albert II., Berthold und Friedrich, Grafen von Rabenswald nannten. 1249 $^1/_7$ erkennt Graf Albert von Rabinswalt den Markgrafen Heinrich (den Erlauchten) von Meißen als seinen Herrn und als Landgrafen an und nimmt alle seine Güter, die er früher von dem Landgrafen zu Lehen getragen, von dem Markgrafen zu Lehen. (Cod. dipl. Anh. II p. 142 Nr. 181.) Seit 1280 besaß der dritte Sohn Friedrich die Burg und Herrschaft allein; nach seinem Tode (1312) fielen beide an den Gemahl seiner Tochter Mechtild, den Grafen Hermann von Orlamünde. Dessen Söhne: Friedrich, Graf zu Weimar, und Hermann, Graf zu Wiehe und Rabenswald, kämpften im thüringischen Grafenkriege (1342—46), den Hermanns Übermut hervorgerufen (s. unter Wiehe), unglücklich gegen den Landgrafen Friedrich von Thüringen. Da nun nach diesem Kriege der Burg Rabenswald niemals wieder Erwähnung geschieht, so wird sie wohl in ihm zerstört und seitdem nicht wieder aufgebaut worden sein.

An die wilde Zeit des landverwüstenden Grafenkrieges und die Ausschreitungen des übermütigen Raubrittertums jener Zeit, welchem die Volkssage auch die Besitzer von Rabenswald zurechnet, erinnert noch eine in ähnlicher Gestalt auch bei andern Raubburgen wiederkehrende Sage. Ein Nordhäuser Bürger, als Kaufmann verkleidet, läßt seinen mit Fässern beladenen Wagenzug von den auf Burg Rabenswald hausenden Raubgesellen absichtlich abfangen. Aber in den Fässern waren Bewaffnete verborgen, welche auf ein gegebenes Zeichen ihres Führers ihrer Holzgruft entstiegen, die überraschte Burgmannschaft überwältigten und dann die Burg zerstörten. Ein mittelalterliches Seitenstück zu der Eroberung Trojas durch ein hölzernes Pferd! Nach einer anderen Fassung der Sage berauschten sich die Wegelagerer an dem Weine, den die Fässer enthielten, und konnten nun ohne besondere Mühe von dem verkappten Fuhrmann, der durch diese List seine ihm geraubte Braut aus der Gewalt des Burgherrn befreien wollte, erschlagen werden. Zuletzt soll der rachedürstende Jüngling die Burg angezündet haben, welche seitdem in Trümmern liegen blieb. Wenn man nun bedenkt, daß mehr als 500 Jahre seit der Zerstörung der Burg vergangen sind, so kann es nicht befremden, daß heutzutage riesengroße Buchen in dem verödeten Burghofe wachsen.

Um nach Wiehe zurück zu gelangen, durchschreitet man am besten wieder in südlicher Richtung beide Burghöfe und steigt, nachdem man den zweiten (äußeren) Wallgraben überschritten, sofort ostwärts auf der auch hier noch ziemlich steilen Böschung des Burgbergs in das denselben östlich begleitende Palmtal hinab, folgt dem darin (nordwärts) nach Garnbach hinab führenden Wege und geht von hier entweder wieder am Hainborn vorüber nach Wiehe zurück oder besucht das Rankedenkmal, falls man es nicht schon von Donndorf oder Wiehe aus besucht hat, auf dem Rückwege nach Wiehe, indem man von Garnbach über einen mäßigen Bergrücken hinweg in der Richtung nach Hechendorf zu (nordwärts) den Rankegraben und jenseits desselben das Denkmal erreicht. Die Entfernung von dem Denkmal bis zu dem immer sichtbar bleibenden Wiehe beträgt nur 1,2 km.

Allerstedt.

Entfernung von Wiehe bis Allerstedt 3 km. 1890: 466 Einw.

Eine anfangs reichlichen, später nur dürftigen Schatten spendende Straße führt von Wiehe nach dem sehr alten Dorfe Allerstedt, in welchem das Kloster Hersfeld in Hessen schon vor dem

Jahre 782 durch den König Karl dem Großen Grundbesitz erhalten hatte. (NB. Von dem Herausgeber des Breviarium Lulli ist der Name des Dorfes statt Alarestede fälschlich Marcstede gelesen worden.) Schon 998 gab es hier eine Kapelle (capella in Alehsteti), welche zu der Kirche in Wiehe gehörte und mit dieser dem Erzpriester zu Reinsdorf bei Artern bzw. dem Archidiakonus des Bannes B. Mariae Virginis zu Erfurt untergeordnet war. Die Namensform Alehsteti aber (von ahd. alah = gottesdienstliche Stätte, Heiligtum) nötigt zu der Annahme, daß bereits in heidnischer Zeit hier eine Stätte der Gottesverehrung war.

Seit wann diese Kapelle Pfarrrechte erlangt hat, ist nicht bekannt, doch ergiebt sich aus einer Mitteilung des Allerstedter Pastors Christoph Leberecht Chryselius (im Matrikul-, Zinß- und Lehnbuche der dortigen Kirche § 1, S. 1), daß sie dem ersten Blutzeugen der christlichen Kirche, dem Diakon Stephanus, gewidmet war, auf jeden Fall ein Zeichen hohes Alters. Heutzutage bietet sie gar nichts Bemerkenswertes dar.

Weit merkwürdiger ist die dicht hinter dem Dorfe auf einer Abdachung der Finne gelegene Burg, deren Nord- und Ostseite von dem sumpfige Wiesen bewässernden und an der Außenseite des Burgwalls entspringenden Hohnborn umflossen wird, der nach der Ebene hin die Sicherheit der Burganlage verstärkte, während dieselbe nach Süden und Westen zu durch einen mächtigen Erdwall von durchschnittlich 10 Schritt Scheitelbreite, welcher auf der Innenseite mindestens 50′, auf der Außenseite dagegen nur 15 bis 20′ Böschungshöhe erreicht, gesichert war, so daß nach dieser Seite hin zunächst ein 20′ tiefer

Wallgraben, dann ein bis zu 50′ hoher Wall und zuletzt wieder ein ebenso tiefer zweiter Wallgraben Deckung gewährte. Der den Kern des Werkes bildende Burghügel hat eine annähernd eiförmige Gestalt, nur daß die nordwestliche Schmalseite eine fast völlig gerade verlaufende Linie bildet. Die Länge dieses etwa 50′ hohen Hügels beträgt 80 Schritt, die Breite 40—43 Schritt. In der nordwestlichen Hälfte steht nahe der Mitte eine Linde, vor welcher sich der zugeschüttete Brunnen befindet. Das Wasser dieses Brunnens, einer natürlichen Quelle, fließt unter dem Namen Herrenborn noch jetzt aus dem Burghügel hervor und mündet nach ganz kurzem Laufe in den die Burg umfließenden Hohenborn. Nur wenige Schritte weiter abwärts bricht aus dem Burghügel eine zweite, jetzt namenlose Quelle hervor, die sich ebenfalls in den Hohenborn ergießt, und wiederum nur wenige Schritte weiter eine dritte, sehr starke Quelle mit krystallklarem Wasser, welche der Goldborn heißt und ebenfalls aus dem Innern des Burgringes, dicht neben dem dort stehenden und die südöstliche Ecke der Burg deckenden Vorwerke hervorströmt. Von Nordosten her fließt dem Hohnborn auch noch der Mühlbach, der starke Abfluß des in dieser Richtung gelegenen Mühlteiches zu, welcher im Verein mit den vorerwähnten Quellen es sicherlich leicht machte, das ganze Vorgelände der Burg durch Aufstauung unter Wasser zu setzen. Vermutlich ist der Quellenreichtum dieser Stelle die Ursache gewesen, daß man um dieselbe den Burghügel und den Wall aufgeworfen hat. An der Nordspitze des Burghügels steht noch das 10 Schritt im Quadrat sich erstreckende, zum Teil noch schön gefügte Mauerwerk des Bergfrieds mit 3 m starken Mauern. In das Erdgeschoß desselben ist — offenbar erst in späterer Zeit — ein Zugang gebrochen worden, so daß manche diesen Raum irrtümlich für einen Keller halten. Gleichfalls in späterer Zeit ist dasselbe, wie die Verschiedenheit des Mauerwerks deutlich zeigt, überwölbt worden, vermutlich um als Keller oder Schatzort benutzt werden zu können. Das übrige Mauerwerk des Burgringes ist nach und nach abgebrochen worden, wie man im Dorfe noch sehr wohl weiß. Diese Burg ist ohne Zweifel „das überaus feste steinerne Haus“ (domus lapidea, nimis lapidibus firmata in Elerstidi), in welchem im Jahre 1014 nach dem Berichte des Bischofs Thietmar von Merseburg der bei seinem Mädchenraube in Schloß Beichlingen schwer verwundete Markgraf der Nordmark, Werner von Walbeck, gestorben ist. Das untere Mauerwerk des Bergfrieds scheint noch aus dieser Zeit, d. h. mindestens aus dem Anfange des 11. Jahrhunderts, zu stammen, ist also an sich eine Merkwürdigkeit. Wer der Erbauer dieser Burg gewesen, ist unbekannt. Seit 1157 finden wir die Burg Allerstedt im Besitze eines nach derselben genannten reichsritterlichen Geschlechts von Allerstedt, von welchem (als Nachkommen des 1157 vorkommenden Reichsritters Hartnid von Allerstedt) bis zum Jahre 1327 Mitglieder in den Urkunden erwähnt werden. Diese Reichsritter von Allerstedt waren mit den thüringischen Herren von Berlstedt Eines Stammes und führten, wie diese, einen schräg gevierten (kreuzweise gespaltenen) Wappenschild. 1249 am 1. Juli nehmen die Herren Lutolfus et Heinricus de Alristede nebst andern thüringer Grafen und Herren in einer Sühnehandlung zu Weißenfels alle ihre Güter, die sie bisher vom Landgrafen von Thüringen zu Lehen gehabt (bona nostra universa, que a landgravio habuimus in feodo) von dem Markgrafen Heinrich (dem Erlauchten) von Meißen zu Lehn und erkennen denselben als Landgrafen und im besondern als ihren Herrn an. (Cod. dipl. Anh. II p. 142 No. 181.) Im Jahre 1466 bestand die Burg noch und gehörte halb dem Edlen Dietrich von Witzleben, halb dem Grafen Hans von Beichlingen, an welchen ersterer eine Hälfte schon vor dem Jahre 1466 verkauft hatte. Die Beichlingische Hälfte mit den Dörfern Zeisdorf, Rothenberge und Berndorf kam 1471 an Bruno von Querfurt und von diesem 1487 an die Herren von Werthern.

Bei Allerstedt lag nach Memleben zu vor Zeiten an der Landwehr das längst wüst gewordene Dorf Hermannsdorf (998 Herimannesdorf).

Wohlmirstedt.

Entfernung von Allerstedt bis Wohlmirstedt 1 km. 1890: 491 Einwohner.

Auch dieses Dorf ist, wie die meisten Dörfer des Unstruttales, uralt, denn schon vor 782 übereignete Karl d. Gr. dem Kloster Hersfeld Grundbesitz in Wolmerstede. Im Jahre 998 besaß Wolmersteti bereits eine Kapelle, welche zu der Kirche in Wiehe gehörte und in unbekannter Zeit zu einer Pfarrkirche erhoben wurde. Doch wird schon 1250 ein Pfarrer Hermann von Wolmirstedt erwähnt. Im Jahre 1270 und 1273 hatten die Grafen zu Wiehe-Rabenswald hier einen Dingstuhl (plebiscitum Wolmerstete), wo Graf Albert von Rabenswald zu Gericht saß. Schon 1372 waren Herren von Witzleben hier angesessen. 1803 verkauften ihre Nachkommen ihren Besitz in Wohlmirstedt an den Merseburgischen Stiftshauptmann Ferdinand Heinrich von Helldorf, dessen Nachkommen noch jetzt das Rittergut besitzen. Das jetzige Kirchengebäude stammt aus dem Anfange des 16. Jahrhunderts. Angeblich wurde diese Kirche von dem Edlen Dietrich von Witzleben nach seiner Rückkehr von einer mit dem Herzoge Wilhelm von Weimar im Jahre 1461 nach Palästina unternommenen Pilgerfahrt erbaut. In der Tat sprechen die auf den Werkstücken des Chors und des östlichen Teiles des Schiffes sichtbaren, ziemlich zahlreichen Steinmetzzeichen für eine Entstehung dieser Teile gegen Ende des 15. oder gegen Anfang des 16. Jahrhunderts, d. h. zur Zeit Dietrichs von Witzleben (1461 bis 1523, oder richtiger von 1464 bis 1501, da Dietrich erst 1464 mit seinen Brüdern das hiesige Rittergut übernahm und 1501 von Wohlmirstedt nach Erfurt zog). Gleichwohl fragt es sich, ob wirklich die ganze Kirche durch Dietrich v. W. von Grund aus neu- oder nur umgebaut und erweitert worden ist. Für letzteres spricht der Umstand, daß zwei verschiedene Bauarten an dem gegenwärtigen Gebäude erkennbar sind, wie man auf dem Kirchboden deutlich wahrnehmen kann. Die ersten 14 m des Mauerwerks vom Turme aus, an denen sich auch keine Steinmetzzeichen finden, sind ganz gleichartig gebaut und offenbar älteren Ursprungs, als die folgenden $10^3/_4$ m, welche eine andere Bauart aufweisen. Diesem Unterschiede entsprechend sind auch vom Turme aus die vier ersten Pfeiler auf jeder Seite älter, als die folgenden zwei am Langhause und weiterhin am Chor. Ferner wurden im alten (westlichen) Teile die Gewölberippen von Masken getragen, im neueren (östlichen) Teile dagegen nicht. Die jetzige Eingangstür, über welcher eine

Christusmaske (der auf dem Schweißtuche der h. Veronika nachgebildet?) angebracht ist, befindet sich gerade in der Mitte des älteren Mauerteils. Da nun nicht wohl anzunehmen ist, daß Wohlmirstedt nicht schon vor 1464 eine Pfarrkirche sollte gehabt haben, da ferner die drei Öffnungen des Turmes nach der Kirche zu rundbogig sind, also aus romanischer Zeit stammen — nur eine von ihnen hat nachträglich, wie es scheint, eine Spitze eingehauen erhalten —, so darf man annehmen, daß der Bau Dietrichs von Witzleben nur der Erweiterung der alten Kirche dienen sollte.

Beachtung verdient ein links außerhalb des Portals aufgestellter, mittelalterlicher, vermutlich aus der zweiten Hälfte des 15. Jahrhunderts stammender Opferstock, ein Stück, welches sich sehr selten so unversehrt erhalten hat.

Freunde mittelalterlicher Schnitzarbeit werden an den aus Holz geschnittenen Figuren des alten, in einer Vorhalle der Kirche auf Anordnung des Ortspfarrers wieder aufgestellten Altarschreines ihre Freude haben. Die Gesichter zeugen fast ohne Ausnahme von künstlerischer Begabung des Meisters; doch auch die Körperhaltung der Figuren ist, wenn auch bei einigen der Faltenwurf etwas steif ist, im Durchschnitt wohl gelungen. Besonders ansprechend sind die Bilder der jugendlichen Maria Magdalena (mit der Salbenbüchse), welcher die Kirche zu Wolmirstedt geweiht war, und der auf der anderen Seite der Gottesmutter stehenden würdevollen Matrone (im Mittelfelde) in mittelalterlicher, deutscher Tracht.

Erwähnung dürfte noch verdienen, daß in der Nähe des Gasthofes ein Kreuzstein steht, dessen Kreuzarme durch Dreiecke verbunden sind. Auf demselben ist ein mit der Spitze nach unten gerichtetes Schwert eingehauen, dessen Parierstange die Mitte der Kreuzarme einnimmt. Ein ganz ähnlicher Kreuzstein befindet sich auch in dem nicht weit entfernten Dorfe Lossa, wie auch vor dem Dorfe Öchlitz bei Mücheln, nur daß bei diesen der Knauf die Mittelstelle der Kreuzarme einnimmt, der sich aber auch noch dadurch von den beiden vorigen unterscheidet, daß in den drei oberen Kreuzarmen noch drei vierspeichige Räder — in jedem Arme ein Rad — eingehauen sind. Vielleicht bezeichneten diese Kreuzsteine die Stätte eines „Erfurter Gerichts“ oder irgend eines Dingstuhls.

Bucha und der Orlas.

Bucha (1890: 434 Einw.), ein unweit von Memleben am Fuße des Orlas gelegenes sehr altes Dörfchen, dessen nahegelegener Buchenwald von den Ortsbewohnern für einen heiligen Hain der Wenden (!) angesehen wurde, war eine Zeitlang der Hauptort einer kleinen Grafschaft, welche aus dem östlichen Teile des Gaues Wigsezi bestand. Nach diesem Orte benannten sich die der Sippe der Grafen von Kevernburg angehörenden Grafen von Buch, welche Schirmvögte des in ihrem Gebiete belegenen Klosters Memleben waren. Aus ihrem Geschlechte stammte der große, kriegslustige Kanzler des Kaisers Friedrich I., Erzbischof Christian von Mainz, dem es wohler zu Mute war, wenn er gepanzert und mit dem Streitkolben in der Faust sich ins Schlachtgetümmel stürzen konnte, als wenn er im erzbischöflichen Ornate Gottesdienst abzuhalten hatte. Die Familie der Grafen von Buch erlosch in der zweiten Hälfte des 13. Jahrhunderts. Der letzte des Geschlechts, über dessen tyrannische Bedrückung das unter seiner

Vogtei stehende Kloster Bibra sich schwer beklagte, erscheint 1264 und 1272. Sein Bruder, ein Naumburger Domherr, wird 1291 zum letzten Male erwähnt. Ihre Grafschaft ging an den Grafen Albert von Wiehe-Rabenswald über und teilte lange Zeit die Geschicke der Grafschaft Wiehe-Rabenswald. Infolge des Aussterbens der Grafen von Buch scheint auch ihr Stammsitz bald verfallen zu sein. Als ehemalige Stätte desselben bezeichnet man ein Feldstück, welches das Burgel genannt wird.

Die der heiligen Cäcilia gewidmete Kirche von Bucha ist jetzt ein modernes, im Jahre 1680 aufgeführtes Gebäude, deren Turm gar erst aus dem Jahre 1723 herrührt. Beide bieten daher nichts Merkwürdiges. Sonderbar aber ist, daß der Pfarrer von Bucha das Vorrecht genoß, das Dorf nebst der Schenke mit Bier zu versorgen.

Das im Dorfe befindliche Rittergut gehörte nacheinander den Familien von Koller, von Kammerstädt, von Lauterbach. 1614 kauften es die Brüder Wolf und Hans Christoph von Breitenbauch, in deren Familie es verblieben ist.

Wenn man über den freien Platz vor der Kirche geht, kann man sich den dort liegenden Kaufstein, eine etwa 2 Meter lange und 1 Meter breite Steinplatte ansehen, vor welcher früher nach alter Sitte Käufe und andere Verträge durch Handschlag feierlich abgeschlossen wurden. In anderen Dörfern führen diese hier und da noch erhaltenen Steine den Namen Bauerstein.

Am Wege nach Memleben steht ein roh gearbeitetes Steinkreuz von unbekannter Bedeutung.

Die Aussicht von dem nahegelegenen Orlas, dem auf seiner höchsten Höhe kahlen, aber nach der Steinklöbe zu, wo eine Altenburg (siehe unter Wangen!) seinen letzten Ausläufer dicht über der Unstrut krönt, bewaldeten höchsten Berge der Umgebung, wird gerühmt. Die beste Aussichtsstelle soll 5—10 Minuten von der Orlasziegelei entfernt sein. Der Name Orlas ist noch von niemandem erklärt. Doch möchte ich ihn nicht für slawisch halten, da er auch auf rein deutschem Gebiete vorkommt.

Memleben.

1890: 643 Einw. Eine weithin bekannte und darum nicht selten aufgesuchte, aber leider nicht bequem erreichbare, geschichtlich denkwürdige Stätte ist Memleben (im 8. Jahrh. Mimelebo, 942 Imileiba, 959 Immunleba, 973 Imileba, 979 Miminlebo, 980 Mimelebo, 994 Mimileve, 1002 Mimilevo, 1244 Mymeleiben, 1337 Memmeleben, später Memleben), dessen Name Mimes Erbgut bedeutet. Bereits vor dem Jahre 782 hatte die Abtei Hersfeld in Hessen, wie an anderen Orten des mittleren Unstruttales, so auch hier durch die Huld des Königs Karl des Großen einige Höfe geschenkt erhalten. Erst über ein Jahrhundert später wird Memleben wieder erwähnt, aber in bedeutsamster Weise. Denn gegen Anfang des 10. Jahrhunderts befand sich hier ein befestigter Königshof (castellum oder curtis regia) der sächsischen Herzöge und Könige aus ludolfingischem Geschlecht, der denselben als Jagdschloß gedient zu haben scheint, von welchem aus sie der Jagd im Unstrutriede und in den nahegelegenen großen Waldungen oblagen. Sämtliche Könige und Kaiser aus ludolfingischem Geschlecht haben hier mit Vorliebe geweilt, ja gerade die ruhmvollsten unter ihnen sind infolge einer merkwürdigen Fügung hier gestorben. Hier raffte am 2. Juli 936 den König Heinrich I., der noch kurz zuvor in Erfurt seinen Sohn Otto den deutschen Fürsten zum Nachfolger empfohlen hatte, eine früher schon aufgetretene und nun verstärkt ausbrechende Krankheit dahin. Vor seinem Tode nahm der König noch von seiner mitanwesenden Gemahlin Mathilde herzlichen Abschied und verschied, während sie in der Kirche für das Heil seiner Seele betete. Sein Leichnam wurde aber nicht in Memleben bestattet, sondern nach Quedlinburg gebracht, wo er in der S. Servatiuskirche beigesetzt wurde.

Wie Heinrich, der eigentliche Gründer des mittelalterlichen deutschen Reiches, so beschloß auch sein großer Sohn Otto I., der Gründer des heiligen römischen Reichs deutscher Nation, der sich häufig in Memleben aufgehalten und zahlreiche Urkunden daselbst ausgestellt hat, von denen uns noch welche aus den Jahren 942, 956 und 973 erhalten sind, in Memleben sein vielbewegtes Leben am 7. Mai 973, nachdem er erst am Abend zuvor von Merseburg hier angekommen war. Hier wurde seinem Sohne Otto II., der schon vorher in Erfurt zu seinem Nachfolger bestimmt worden war, von den anwesenden Reichsfürsten der erste Treueeid geleistet. Nachdem sodann die Beisetzung des Kaisers Otto im Dome seiner Lieblingsstadt Magdeburg erfolgt war, verwandelte sein Sohn Otto II. auf Anraten seiner Mutter Adelheid und unter Mitwirkung seiner Gemahlin Theophano schon im Jahre 975 die wohl schon von der Königin Witwe Mathilde eingerichtete und der Jungfrau Maria gewidmete klösterliche Stiftung in Memleben zum Heil der Seele seines Vaters in eine reichsfreie Benediktiner-Abtei, welche er mit den Zehntgefällen der beiden Gaue Hosgau und

Friesenfeld (nördlich der Unstrut) ausstattete, die er zu diesem Zwecke von der Abtei Hersfeld eingetauscht hatte. Sein Sohn Otto III. begnadete Memleben mit Markt-, Münz- und Zollgerechtigkeit und schenkte dem Kloster 998 die Reichsburg Wiehe mit vielen zu derselben gehörigen Gütern. Aus den uns erhaltenen Urkunden ergibt sich übrigens mit Sicherheit, daß eigentlich die Kaiserin Witwe Adelheid es war, welcher die Reichsabtei Memleben ihre Gründung und nicht minder ihre ungewöhnlich reiche Ausstattung nicht bloß mit Dörfern und Zehnten in weiten, wohl angebauten Gauen, sondern auch mit ganzen Herrschaften zu danken hatte.

Die wahrhaft kaiserliche Freigebigkeit der Kaiser aus sächsischem Geschlecht gerade diesem Kloster gegenüber, das man als die Lieblingsstiftung dieses Hauses bezeichnen kann, legt den Gedanken nahe, daß seine kaiserlichen Gründer und Wohltäter Großes mit ihm vor hatten. Denn ihre Verfügungen erwecken den begründeten Anschein, daß sie Memleben zum Sitze eines Bischofs für das fränkisch gewordene Thüringer Land erheben wollten, wie zuvor Halberstadt von den Karolingern zu einem Bistum für das sächsische Thüringen erhoben worden war. Jedoch der im Jahre 1002 zu Palermo in Sizilien erfolgte Tod des jugendlichen Kaisers Otto III. zerstörte die stolzen Hoffnungen, welche die Insassen der Abtei und die Freunde kirchlicher Selbständigkeit des Thüringerlandes zu hegen berechtigt sein mochten. Zunächst zwar bestätigte Kaiser Heinrich II. am 16. November 1002 der Abtei Memleben ihre Güter und Freiheiten, aber bald verwandelte sich die anfänglich gezeigte Gunst — vielleicht aus Haß gegen die Lieblingsschöpfung seiner Vorgänge

— in Ungnade und Zorn. Durch eine kaiserliche Verfügung vom 5. Februar 1014 wurde die bisher reichsfreie Abtei zu einem von der Abtei Hersfeld völlig abhängigen Stifte herabgedrückt und erlangte unter dieser Vormundschaft niemals wieder ihre frühere Bedeutung. Ärmlich und bedeutungslos war das Dasein, welches sie seitdem unter der Klostervogtei der in nächster Nähe angesessenen Grafen von Buch und später der jedesmaligen Landesherren fristete.

Im Bauernaufruhr des Jahres 1525 wurde das Kloster Memleben geplündert und teilweise zerstört, um das Jahr 1545 aber völlig aufgehoben. Seine Güter wurden im Jahre 1551 von dem Kurfürsten Moritz von Sachsen der von ihm begründeten Fürstenschule in Pforta, die schon reichen Grundbesitz in diesem Teile des Unstruttales besaß, einverleibt und befinden sich noch heute im Besitze dieser bevorzugten Schulanstalt.

Wenn man nun erwägt, daß bereits zu König Heinrichs Zeit sich in Memleben ein befestigter Königshof (curtis regia oder castellum) und in diesem eine der h. Jungfrau Maria geweihte Kirche befand, daß mit dem Könige zugleich Reichsfürsten und Heerführer als Gäste in Memleben geweilt haben, daß Otto d. Gr. mit einem ansehnlichen Gefolge von Fürsten und Edlen sich in Memleben aufgehalten hat, daß an der im Königshofe befindlichen Marienkirche mehrere, anscheinend vom Bischof von Merseburg berufene Priester angestellt gewesen zu sein scheinen, da sonst schwerlich an einem Wochentage (dem 7. Mai 973 — es war dies der Mittwoch vor Pfingsten —) in ihr ein dreimaliger Gottesdienst (Frühmette, Mette und Vesper) hätte abgehalten werden können, so sieht man sich zu dem Schlusse gedrängt, daß der

Memleber Königshof nicht nur mit Mauern und Graben wohlbefestigt, sondern auch so geräumig gewesen sein muß, daß er nicht nur das Palatium zur Aufnahme der königlichen Familie und ihres Gefolges, Wohnungen für den Burgvogt und die ständigen Burgmannen nebst ausreichenden Wirtschaftsgebäuden, sondern auch eine Kirche und Wohnungen für die an derselben angestellten Priester in sich schloß. Welcher Gewinn wäre es für die Altertumswissenschaft, wenn dieser Königshof einigermaßen unversehrt auf die Gegenwart gekommen wäre! Was aber ist von diesem Fürstensitze, der am östlichen Ende des Dorfes nahe der Unstrut lag, übrig geblieben? Nichts, als ein uraltes steinernes Tor (bei der Schäferei des Klostergutes) auf der Südseite des Gehöftes, ohne Zweifel dasjenige Tor, durch welches die deutschen Kaiser aus sächsischem Geschlecht aus- und eingeritten sind, nebst einem angrenzenden Mauerstück, und außerdem noch eine freistehende, halbverwitterte Steinmasse auf dem Hofe nicht weit von diesem Tore.

Etwas besser, im ganzen aber doch auch traurig, ist es um die Reste des ehemaligen Klosters bestellt; denn dieselben sind in der Tat nur noch ein Schattenbild seiner ursprünglichen Schönheit und Würde. Von dem ehemaligen Klostergebäude, welches ein der Nordseite der Kirche vorgelegtes Viereck bildete und jetzt in einen Wirtschaftshof hinter der Pächterwohnung verwandelt worden ist, hat sich fast nichts erhalten. Nur ein kleines Stück, das jetzt als östliche Wand eines Wirtschaftsgebäudes dient, und 7 an der Außenmauer des nördlichen Seitenschiffs angesetzte, aber ganz verwitterte, von Flechten überzogene Wandsäulen, die Überbleibsel des Kreuzganges, sind seine letzten unansehnlichen Reste.

Wenden wir uns nun zu der südlich vom Wirtschaftshofe gelegenen Klosterkirche, deren Zugang von Westen her eine häßliche Holztür bildet. Da über die Baugeschichte der Kirche alle Nachrichten fehlen, so kann nur aus der Eigenart dessen, was erhalten geblieben ist, auf die Zeit der Entstehung geschlossen werden. Aber gerade bei dieser Kirche hat das Urteil der Sachverständigen lange geschwankt: die einen nahmen an, sie stamme aus dem 10. Jahrhundert, zum Teil sogar aus König Heinrichs Zeit; die anderen setzten ihre Entstehung in den Anfang des 13. Jahrhunderts. Welche Ansicht die größere Berechtigung hat, wird noch gezeigt werden; erst gilt es, die Eigenart des Baues zu erfassen.

Der Grundriß der Kirche ist der einer vollständig ausgebildeten, also dreischiffigen Pfeilerbasilika in Form eines lateinischen Kreuzes, mit je einem Quadrat nach Norden, Osten und Süden, einem Quadrat für die Vierung und drei Quadraten für das Langhaus. Die Breite der Seitenschiffe geht über das normale Verhältnis, d. h. über die Hälfte der Breite des Hauptschiffes, etwas hinaus. Der Chor hatte die gleiche Höhe, wie das Hauptschiff; die Seitenschiffe dagegen waren niedriger. Das Hauptschiff war mit flacher Balkendecke gedeckt, doch auch Querschiffe und Chor scheinen nicht gewölbt gewesen zu sein, da nirgends Wölbungsansätze wahrzunehmen sind. Dem Chor und den Kreuzarmen waren nach Osten zu Abseiten, dem Hauptschiffe im Westen zwei Türme vorgelegt, von denen sich nur die Grundmauern noch erhalten haben. Über der Vierung erhob sich ein Mittelturm, der freilich, nach der schwachen Fundamentierung zu schließen, im ursprünglichen Baue wohl nicht vorgesehen war, sondern erst später aufgesetzt worden sein dürfte. Der Fußboden des Chores erhebt sich ganz auffallend über den des Langhauses aus Rücksicht auf die unter ihm befindliche Krypta oder Gruftkirche, welche wegen des Wasserandranges von der nahen Unstrut her nicht sehr tief in die Erde gelegt werden konnte, was wiederum eine Höherlegung des Fußbodens im Chor erforderlich machte. Die Krypta ist übrigens, was selten vorkommt, größer als der Chor, denn sie greift noch weit unter die Kreuzvierung hinein, der Art, daß der so gewonnene Mehrraum als Vorhalle für die Krypta dient, in welche man (ehemals aus dem Kreuzgange), jetzt aus einem Wirtschaftsgebäude von Norden her hinabsteigt.

Beachtung verdient, daß das Gestein, aus welchem die Kirche erbaut ist, von dreierlei Art ist. Der ganze Unterbau der westlichen Hauptseite, des Kreuzbaues und seiner Vorlagen, sowie des Chores sind aus großen behauenen Werkstücken eines groben Sandsteins — man nimmt an aus Nebraer Brüchen — aufgeführt Feinere Teile, nämlich die Portale, die Fenstergewände, die Arkadenbögen zwischen dem Hauptschiffe und den Nebenschiffen, auch alle vorspringenden Pfeiler, Ecken, Säulen und Simse sind aus einem erheblich feineren, sehr festen, rötlich aussehenden Sandsteine hergestellt, den man für Rochlitzer Stein (aus dem Muldetale) hält, der aber vielleicht nur eine Ausbeute aus besseren Bänken der Nebraer Brüche ist. Die dabei verwandten Werkstücke sind mit solcher Schärfe und Genauigkeit zusammengefügt, daß sie nur an wenigen Stellen aus ihrer Lage gekommen sind. Endlich besteht das Mauerwerk der Umfassungsmauern der Nebenschiffe und des Chores, sowie der Mauern über den Arkaden des Mittelschiffs und auch der Türme aus unregelmäßig gebrochenem, silbergrauem Tonschiefer, wie er in der Nähe zu finden ist. Diese Verschiedenheit des Materials nötigt noch keineswegs, verschiedene Bauzeiten für die aus verschiedenem Material hergestellten Teile anzunehmen, da sie sich sehr wohl so erklärt, daß man, um zu sparen, nur da das wertvollere Gestein anwandte, wo es für feinere, der Beschädigung leichter ausgesetzte Teile erforderlich war.

Wenn man nun fragt, ob die Kirche, deren Reste man noch gegenwärtig in Memleben sieht, diejenige sei, welche gegen Ende des 10. Jahrhunderts erbaut worden ist, so könnte für diese Annahme geltend gemacht werden, daß die wenigen Reste des alten Castells aus demselben schiefergrauen Tonschiefer bestehen, der zu den oberen und äußeren Teilen der Kirche verwandt ist, daß also letztere mit dem im 10. Jahrh. erbauten Castell ungefähr gleichzeitig sein müsse; ferner daß an verschiedenen Stellen des Gebäudes Rundbogen und Rundbogenfries auftreten, letztere freilich nur unter dem Dachsimse des Kreuzbaues und an der Abseite des Chors, wo sie jedoch eine ungewöhnliche Form haben, indem nämlich hier allemal ein größerer Bogen zwei kleine in sich faßt und der größere auf einer mit Blattwerk verzierten Konsole aufsitzt, während die kleineren Bogen auf einfachen Konsölchen ruhen. Wenn daher der bekannte Kunsthistoriker Puttrich noch schwankt, ob die Memleber Kirche dem 10. Jahrhundert oder der ersten Hälfte des dreizehnten zuzuweisen sei, so kann es bei der heutigen erweiterten Kenntnis mittelalterlicher Bauwerke nicht mehr zweifelhaft sein, daß die auf unsere Zeit gekommene Memleber Kirchenruine, da sie durchgängig den Übergangsstil aufweist, ein Werk aus dem Anfange des 13. Jahrhunderts ist. Dafür sprechen erstlich die spitzbogigen Arkaden des Mittelschiffs, ferner das mit einem etwas gedrückten Spitzbogen überdeckte Westportal der ehemaligen Vorhalle zwischen den Türmen, das sogar, weil rein gotisch, einer noch späteren Zeit angehören muß, als die Kirche; desgleichen die an den Rundbogen nur noch erinnernden Außenfenster selbst der Krypta, weiter die im Halbachteck geschlossenen Chorabseiten, eine in der romanischen Bauzeit noch nicht vorkommende Art des Schlusses, und endlich auch die bereits erwähnten eigenartigen Rundbogenfriese an der Ostseite des Hochbaues, deren Gestaltung es nicht zweifelhaft erscheinen läßt, daß der mit ihnen ausgestattete Bau erst gegen Anfang des 13. Jahrhunderts aufgeführt sein kann, da ganz gleiche Verzierungen an dem frühestens im Jahre 1208 begonnenen Magdeburger Dome vorkommen.

Ob etwa die Baulust eines Abtes oder eine Feuersbrunst, die den alten Bau zerstört hatte, die Veranlassung zu diesem Neubau gegeben hat, das muß dahingestellt bleiben.

Die ersten Beschädigungen erlitt dieser Neubau vielleicht in den Unruhen des Bauernkrieges. Dieselben könnten sich aber nur auf die beiden Haupttürme im Westen erstreckt haben, falls diese überhaupt jemals fertig geworden sind, denn spätere Zeichnungen aus dem 18. Jahrhundert zeigen zwar noch das ganze Kirchengebäude, nicht aber die Haupttürme. Noch im vorigen Jahrhundert war nach dem unverwerflichen Zeugnisse sachverständiger Augenzeugen die Kirche selbst im ganzen wohl erhalten. Im Jahre 1722 aber beschädigte ein Blitzschlag das Dach, der insofern für die

Kirche verhängnisvoll wurde, als das hohe kurfürstlich Sächsische Finanz-Kollegium zu Dresden, um die Kosten der Reparatur zu sparen, den Befehl gab, das Dach abzubrechen, so daß nun der edle Bau den zerstörenden Einflüssen der Witterung schutzlos ausgesetzt war. Das von der hohen Obrigkeit gegebene böse Beispiel fand bald noch bösere Nachahmung, denn die Portenser Amtleute entblödeten sich nicht, im Jahre 1793 mit dem Abbruch der Kirche selbst zu beginnen, um die so gewonnenen Steine zum Bau von Stallungen zu verwenden und die Kirche zum Getreidespeicher einzurichten, ja man schreckte sogar davor nicht zurück, zwei große Breschen in die Seitenmauern der Kirche zu legen, um vom Felde her quer durch das Heiligtum hindurch bequemer in den hinteren Wirtschaftshof mit dem Getreidewagen fahren zu können. Und die Schulverwaltung zu Pforta ließ das ruhig geschehen. Wahrlich, eine Tat fast unglaublicher Roheit, auf deren Urheber das Wort Schlegels in seinem Arion paßt:

„Fern mögt ihr zu Barbaren,
Des Geizes Knechte, fahren;
Nie labe Schönes euren Sinn."

Da ist es denn kein Wunder, daß verhältnismäßig nur wenig dem Verfall und der Zerstörung entgangen ist. Wenigstens etwas hat für die Kirche Friedrich Wilhelm IV. getan, der den Fußboden des hohen Chors mit Sandsteinplatten belegen ließ, um die darunter befindliche unterirdische Kirche vor Wasserschäden zu bewahren. Schenken wir nun den zum Teil sehr merkwürdigen Überresten einige Augenblicke weihevoller Betrachtung.

Dem durch das Westportal in den Innenraum der Kirche Eintretenden fallen sofort die auf je 7 Pfeilern, von welchen 5 freistehen, ruhenden 6 Bogen von gedrückter und schwerer Spitzbogenform ins Auge, welche die Begrenzung des Mittelschiffs bilden, dessen Dach jetzt der freie Himmel bildet und dessen Fußboden mit freundlichen Blumenanlagen geschmückt ist. Die acht ersten Pfeiler (vom Westportale aus gerechnet) sind auf der dem Schiff der Kirche zugekehrten Fläche mit schon 1729 fast verloschenen, jetzt aber kaum noch erkennbaren Malereien geschmückt, die nur dann etwas besser sichtbar werden, wenn die Pfeiler mit Wasser angefeuchtet worden sind, in welchem Falle die Gestalten wie Geistererscheinungen aus den Pfeilern hervortreten. Sie sind auf den bloßen geschliffenen Sandstein nur in den wesentlichsten Umrissen und Faltenlinien auf einen dunkelbraun getonten, mit goldenen Kreuzchen besetzten Teppichgrund mit bunten Farben gemalt und stellen auf der Seite nach Norden zu 4 männliche, auf der nach Süden dagegen ebensoviel weibliche Figuren dar. Die Malereien sind nicht nur wegen ihrer unverwüstlichen Technik, sondern auch wegen ihrer an das Ende des 13. Jahrhunderts zu setzenden Entstehungszeit höchst interessant. Die Meinung von Schamelius, daß hier der Kaiser Otto d. G. mit seiner Gemahlin Editha vielmals abgebildet worden sei, ist jedesfalls unhaltbar, denn es hat keinen Sinn, ein und dieselbe Person an derselben Stelle wiederholt abzubilden. Die Geschichte des Klosters und Gotteshauses führt auf eine andere und bessere Erklärung. Wie in dem Westchor des Naumburger Domes die Steinbildsäulen der Gründer und Wohltäter dieser Kirche aufgestellt sind, so sind auch hier offenbar die Gründer und Wohltäter der Memleber Kirche in Farben verewigt worden. Man darf daher in den gekrönten, szeptertragenden Figuren mit langwallendem Haupthaar die drei Ottonen (Otto I., Otto II. und Otto III.) und in der vierten, welche eine von einem Heiligenscheine umgebene Abtsmütze trägt, vielleicht den ersten Abt des Klosters Wunniger erkennen; in den vier weiblichen dagegen die durch einen Heiligenschein gekennzeichnete heilige Mathilde, die Gemahlin Heinrichs I., ferner Editha und Adelheid, die Gemahlinnen Kaiser Ottos I., und endlich Theophano, die Gemahlin Ottos II. Warum Otto II. mit dem linken Fuße auf eine unter ihm liegende Figur tretend dargestellt ist, und warum Edithas Bild in der Nähe der Füße durch eine Rosette ausgezeichnet ist, bleibe dahingestellt.

Beachtung verdient auch ein früher für wundertätig gehaltenes, aus Holz geschnitztes Bild in einer Nische der Oberkirche.

Die vollkommen erhaltene, wie die Oberkirche dreischiffige, zeitweilig als Kartoffel- und Rübenkeller verwendete Krypta, verdient als der im ganzen am besten erhaltene Teil der Kirche besondere Beachtung. Wie schon bemerkt, erstreckt sie sich hier unter den ganzen Altarraum nebst Chorapsis, ja noch unter die Kreuzvierung. Der unter der letzteren liegende Teil, den der Besucher zunächst erreicht, ist eine gleich der Krypta selbst überwölbte Vorhalle, welche durch drei rundbogige Eingänge den Zutritt zu den drei Schiffen der Krypta vermittelt. Der Chor der Krypta liegt nur um eine Stufe höher als diese selbst und ist gleich dem Chor der Oberkirche im Halbachteck geschlossen. Die die Schiffe scheidenden Säulen haben Kapitäle von verschiedener Form, von denen manche rein romanischen zwar ähneln, aber doch nicht so ausgeprägt romanisch sind, daß man sie dem ursprünglichen Baue zuweisen könnte. Dagegen zeigen alle Türen und Fenster im Innern den romanischen Rundbogen, während die äußeren Fensterteile auffälligerweise mit niederen Spitzbogen überdeckt sind. Die Krypta ist daher auch jetzt noch ein rätselhaftes Bauwerk, und die Frage, ob sie der frühromanischen oder der Übergangszeit angehört, ist erst noch zu entscheiden.

Die modern aussehende Dorfkirche, deren Schutzheiliger unbekannt ist, vermutlich aber S. Martin war, liegt am entgegengesetzten (westlichen) Ende des Dorfes. Dieselbe war gewiß früher vorhanden, als die Klosterkirche, denn nach Thietmars von Merseburg Bericht behielt Boso bei seiner Erhebung zum Bischof von Merseburg die Einkünfte der bis dahin von ihm verwalteten (Pfarr-)Kirche zu Imeleve (Memleben). Um 977 kam die Memleber Pfarrkirche in den Besitz des Bischofs Hugo von Zeitz und erscheint auch später noch (z. B. 1228) im Besitze des Hochstifts Naumburg-Zeitz, dem sie durch die Gunst des Kaisers Otto II. bestätigt wurde. Der Turm ist nach Angabe einer an ihm befindlichen, unvollständigen Minuskelinschrift im Jahre 1486 erbaut. In der Kirche befinden sich einige angeblich aus der Klosterkirche hierher übertragene mittelalterliche Schnitzwerke.

b) Das nördliche Gelände des oberen Tals bis Wendelstein.

Bottendorf.

1890: 1319 Einw. Nachdem die Pfalzgrafen von Sachsen aus dem Hause Goseck um 1042 den Stammsitz ihrer Ahnen, das uralte Schloß Goseck, das schon in einem Hersfelder

Zehntverzeichnis aus dem 8. Jahrhundert als eine Burg (Gozacha civitas) bezeichnet wird, in ein Kloster verwandelt hatten, und auch die dann zum Familiensitze erhobene Weissenburg bei Zscheiplitz um 1089 dasselbe Los erfahren hatte, gründete einer ihrer Nachkommen, und zwar, wie es scheint, der Pfalzgraf Friedrich II. der Jüngere, Sohn des Pfalzgrafen Friedrich I., sich in der zweiten Hälfte des elften Jahrhunderts in dem mittleren Unstruttale zu Budinendorpf oder Putelendorf, das ist in dem jetzigen Bottendorf, eine neue, große und stattliche Burg auf einem Hügel, der sich nördlich der Bottendorfer Brücke unweit des Unstrutbettes erhebt und noch jetzt der Burgberg heißt. Er benannte sie und auch sich nach dem Namen des Dorfes, welcher im Laufe der Jahrhunderte in die Form Bottendorf verwandelt wurde. Wann und auf welche Weise das pfalzgräfliche Haus in den Besitz des Unstrutgeländes bei Bottendorf gelangt ist, steht nicht fest.

Vielleicht schon nach dem Tode des letzten Pfalzgrafen Friedrich IV., welcher — nach dem Tode seines Vaters im Jahre 1085 geboren — im Jahre 1125 starb und der letzte weltliche Sproß seines Geschlechtes war, sicher aber seit dem Jahre 1179, in welchem am 31. Dezember das Geschlecht der Pfalzgrafen von Putelndorf mit Friedrich V., der im Jahre 1148 noch Stiftsherr in Bibra, zuletzt aber Erzbischof von Prag geworden war, ausgestorben war, kam die Burg zu Bottendorf mit dem dazu gehörigen Gebiete — wir wissen nicht, warum und wie — in den Besitz der Grafen von Kevernburg, beziehungsweise eines Nebenzweiges dieses Hauses, der Grafen von Rabenswalde und Wiehe, die sie aber nicht selbst bewohnten, sondern mit Burgmannen besetzten, welche sich dem damaligen Brauche gemäß nach der Burg Herren von Putelendorf nannten, aber natürlich nicht von den Pfalzgrafen gleiches Namens abstammten. Die Oberlehnsherren von Bottendorf müssen damals die Grafen von Anhalt gewesen sein, da am 1. Juli 1249 verschiedene thüringische Grafen und Herren zu Weißenfels (Wizinvels) ausdrücklich berichten: Pudilndorff, quod comes Albertus de Rawinswald a comitibus de Anhalt dinoscitur recepisse. (Cod. dipl. Anh. II. p. 142 No. 181.) Von den Grafen von Rabenswald ging die Burg an den Schwiegersohn des letzten Grafen aus diesem Hause, den Grafen Hermann von Orlamünde, über, das war im Jahre 1311 oder 1312. Der neue Besitzer und seine Nachkommen ließen die im Jahre 1309 von dem Landgrafen Friedrich dem Freidigen eroberte Burg verfallen, da sie gerade damals sich anschickten, den Wendelstein mit einer stattlichen Burg zu krönen. Da jedoch noch 1323 Burgmannen zu Bottendorf erwähnt werden (1323 Tilo de Rusteleybin, Th. dictus Aberge castellani in Pottendorph — (Klosterarchiv zu Roßleben), so ist höchstwahrscheinlich die Burg Bottendorf in dem Kriege, welchen die Grafen von Orlamünde mit ihren Bundesgenossen gegen den Landgrafen Friedrich von Thüringen führten (1342—1345), in dem sogenannten thüringischen Grafenkriege, gebrochen worden und seitdem in Trümmern liegen geblieben. Denn auch die von Witzleben, welche sie schließlich erlangten, hatten keinen Grund, sie wieder aufzubauen, da der Wendelstein ihnen eine viel gesichertere Zuflucht bot. Die Besitzer des Wendelsteins waren bis zum Jahre 1839, in welchem die Gemeinde das Vorwerk käuflich erwarb, zugleich auch Besitzer von Bottendorf. In der nachfolgenden Zeit aber haben die Anwohner der Burg Stück für Stück derselben abgebrochen, und nur dürftige Reste, namentlich gewölbte Gänge und Keller, welche an verschiedenen Stellen den Burgberg durchziehen, bekunden noch heute die ehemalige Größe und Stattlichkeit der Burg. Eine andere Burg, deren Stätte 1304 die Altenburg hieß und noch so genannt wird, lag jenseit des Wassers.

Der westliche Teil des Dorfes heißt „die alte Stadt". Noch weiter nach Westen zu lagen noch im Anfange des 18. Jahrhunderts die Ruinen einer S. Moritzkirche, deren Stelle beim Volke jetzt 's Moritzchen heißt. Nach einer bisher nicht begründeten Überlieferung hätte da vor Zeiten ein Kloster gestanden. Vielleicht war es die Kirche eines in dieser Gegend zu suchenden Dorfes Theotboldesdorpf, dessen Name ebenso erloschen sein mag, wie der Name Eberhardesdorf (später Bärnsdorf) von dem Namen Unter-Reinsdorf verdrängt worden ist. An die schlimme Zeit der Pest erinnert die Sage vom Pestmann in Bottendorf. (Zweite Nachlese meiner „Sagen" in den Mansf. Bl. IV, Seite 148.)

Nach Schiffbarmachung der Unstrut bis zu ihrer Mündung in die Saale und der Saale bis nach Weißenfels wurde zum ersten Male am dritten Pfingstfeiertage des Jahres 1781 von Bottendorf aus ein großes Fahrzeug mit 1400 Zentnern und zwei kleinere mit je 500 Zentnern Fracht abgelassen und damit die Schiffahrt auf der Unstrut eröffnet, die freilich zunächst nur bis Weißenfels fortgesetzt werden konnte.

Auch dadurch ist Bottendorf merkwürdig, daß hier schon seit dem 15. Jahrhundert Bergbau auf Kupferschiefer betrieben worden ist, der freilich, weil er immer unergiebiger wurde, schließlich erlosch. Daher verwandelte um 1805 der Professor Lampadius aus Freiberg in Sachsen die bis dahin mit 3 Schmelzöfen betriebene Bottendorfer Kupferhütte in eine Fabrik von Syrup, Zucker, Arak und Kaffee aus Runkelrüben, gewiß eine der frühesten ihrer Art

Roßleben.

Das Kloster Roßleben, das dritte im Unstruttale zwischen Naumburg und Artern oberhalb der Steinklöbe, ist um das Jahr 1140 von dem Edelherrn Ludwig von Wippra und seiner Gemahlin Mathilde, einer geborenen Gräfin von Wettin (von der das Dorf Ziegelrode, früher Mechtilderode, auf dem Forst seinen Namen hat), für Brüder des Augustinerordens zu Ehren des Apostels Petrus (dem später der Apostel Paulus zugesellt wurde), gegründet worden. Das Dorf freilich (im 8. Jahrhundert Rostenleba, später Rustenleve und Rusteleve) ist viel, viel älter. Um die Mitte des 13. Jahrhunderts verwandelten die damaligen Schirmvögte des Klosters, die Edlen von Hakeborn, dasselbe in ein Cistercienserinnenkloster. Die späteren Schirmvögte des Klosters waren von 1335 ab die Grafen von Orlamünde, von 1355 ab die Edlen von Witzleben. Im Bauernkriege wurde das Kloster weder verwüstet noch geplündert; die Gebäude blieben damals unversehrt. Nach dem Tode des Herzogs Georg, im Jahre 1540, fand eine Visitation des Klosters statt, bei welcher alle noch vorhandenen Nonnen, 14 an der Zahl, sich bereit erkärten, dasselbe zu verlassen. Um 1553 starb die letzte von diesen Nonnen. Das alte Klostergebäude überstand auch den dreißigjährigen Krieg ganz glücklich. Desgleichen wurde es bei einem großen Brande, der im Jahre 1686 den Ort heimsuchte, nicht erheblich beschädigt, wenigstens hatte im Jahre 1695 die Klosterkirche noch ihre vollständigen Mauern. Aber was Kriegsstürmen, Aufständen und Feuersgefahr glücklich entgangen war, das vernichtete, wie in Memleben, rücksichtslose Habgier in friedlicher Zeit. Im 18. Jahrhundert wurden die Klostergebäude samt der Kirche nach und nach abgebrochen und schon 1743 war von dem ehemaligen Kloster nicht das Geringste mehr zu sehen. Doch sind im Wirtschaftshofe des Klostergutes am Schweinehause einige Grabsteine von Roßleber Nonnen eingemauert.

Die einzige Merkwürdigkeit des durch Volkszahl ausgezeichneten Dorfes (1880 zählte dasselbe 2259; 1885: 2195; 1890: 2489 Einw., von denen 131 im Kloster wohnen,) ist heutzutage die im Jahre 1554 von dem letzten Schirmvogte des Klosters, dem Edlen Heinrich von Witzleben, mit Genehmigung des Landesherrn gegründete, an der Stelle des alten Klosters errichtete und mit den Gütern desselben ausgestattete Klosterschule. Ursprünglich sollte sie nur eine Freischule für 18 Knaben sein; heutzutage hat sie 80 meist adlige Schüler, von denen 30 im Genusse von Freistellen sind, und eine Anzahl sogenannter Extraneer. Krieg und Brand haben wiederholt und auf lange Zeit die Entwickelung der Schule gestört. So ruhte im 17. Jahrhundert die Unterrichtstätigkeit einmal (bis zum Jahre 1675) 36 Jahre lang, und nach kurzer Wiederaufnahme (vom Jahre 1686 ab) abermals 56 Jahre. Das jetzige, vorzugsweise durch seine Massenhaftigkeit auf den Beschauer wirkende, sonst sehr nüchtern aussehende Schulgebäude, welches auch die Wohnungen für Lehrer und Schüler enthält, ist im Jahre 1742 vollendet worden. Über dem Portale der nach Süden gekehrten Hauptseite erblickt man das Klosterwappen, ein von einer Schlange umwundenes und mit Rosen geschmücktes Kreuz, über welchem eine auf die Wiederherstellung der Klosterschule bezügliche Inschrift nebst dem Wappen der Familie von Witzleben angebracht ist, welcher noch heute die Verwaltung der Klosterschule zusteht, während die Oberaufsicht, wie bei jedem anderen Gymnasium, von der staatlichen Oberbehörde ausgeübt wird. In dem westlich gelegenen Schulparke ist ein Denkmal zu Ehren der für das Vaterland in den jüngsten Kriegen gefallenen ehemaligen Klosterschüler errichtet worden.

Die Dorfkirche besitzt noch einen wertvollen alten Kelch aus dem Anfange des 15. Jahrhunderts, der mit den aus Silber getriebenen Bildern der beiden Klosterheiligen, der Apostel Petrus und Paulus, geschmückt ist. Auf dem Kirchhofe befindet sich das Grabmal des im Jahre 1760 gestorbenen Pastors Beyer, von welchem mehrere Sagen umgehen (s. meine Sagen der Grafschaft Mansfeld S. 216 Nr. 260), die vermutlich viel älteren Ursprungs sind.

Wendelstein.

1890: 296 Einw. Die Geschichte dieser Burg, deren Name schwerlich auf den germanischen Stamm der Wandalen oder Wendilen zurückzuführen ist, sondern einen durch einen Wendelweg (vgl. Wendeltreppe) zu ersteigenden Felsen bedeuten dürfte, ist während des frühen Mittelalters vollständig dunkel, doch ist möglich, wenn auch bis jetzt nicht nachgewiesen, daß der 160 Fuß über dem Spiegel der Unstrut sich erhebende Gypsfelsen schon früh befestigt war. Sicher ist, daß im Jahre 1312, in welchem die Grafen von Rabenswalde ausstarben, der Wendelstein bereits eine Burg trug, da er unter den Besitzungen der Grafen von Rabenswalde mitgenannt wird, die also vielleicht deren Erbauer waren. Die zu der Burg gehörigen Ländereien bestehen aus den Fluren dreier längst eingegangenen Dörfer, nämlich Klein-Memleben, Odisfurt und Meginrichesdorf, deren Bauern das Kloster Pforta ausgekauft hat, dessen Grundbesitz in der Nähe des Wendelsteins später an die Herren von Witzleben überging. Die Erben der Grafen von Rabenswald waren die Grafenbrüder Hermann und Friedrich von Orlamünde. Nach dem Thüringer Chronisten Johann Rothe und dem Pirnaer Mönch haben diese das Schloß Wendelstein um 1312 zuerst erbaut; Cyr. Spangenberg (Mansf. Chr. Fol. 332a) sagt dagegen: „Anno 1332 haben Graffe Hermann vnd sein Bruder Graffe Friedrich von Weinmar den Wendelstein an der Unstrut gebawet.“ Diese Nachricht ist wohl nur so zu verstehen, daß sie es größer und schöner umgebaut haben. Als bald nach 1342 zwischen den beiden Orlamünder Grafen und dem Landgrafen Friedrich dem Ernsthaften von Thüringen der sogenannte thüringische Grafenkrieg entbrannte, in welchem die Grafen von dem Landgrafen gedemütigt wurden, mußten sie mit ihren übrigen Schlössern und Städten auch den Wendelstein von dem Landgrafen zu Lehen nehmen. Und weil die Grafen durch diesen Krieg in schwere Schulden geraten waren, sahen sie sich nicht lange darnach (im Jahre 1355) sogar genötigt, den Wendelstein an den landgräflichen Hofrichter Christian von Witzleben zu verpfänden, welcher noch dazu für den Fall, daß die Grafen von Orlamünde ausstürben, mit dem Wendelsteine mitbelehnt wurde. Seitdem saßen die Nachkommen Christians von Witzleben einträchtig auf dem Wendelstein. In dem thüringischen Bruderkriege aber nahmen die damals den Wendelstein besitzenden Brüder Kerstan und Friedrich von Witzleben jeder eine andere Partei. Kerstan hielt es mit dem Kurfürsten Friedrich, Friedrich dagegen mit dem Herzog Wilhelm. Dieser letztere bemächtigte sich 1445 mit Friedrichs Hilfe des Wendelsteins und belehnte nun diesen auch mit Kerstans Hälfte. Beim Friedensschlusse im Jahre 1451 mußte jedoch Friedrich dem Sohne Kerstans, dem Kinde Christoffel, die väterliche Hälfte wieder herausgeben. Dieser Christoph vertauschte 1471, um einen Besitz für sich allein zu haben, seinen Anteil am Wendelstein gegen Burgscheidungen an den Edlen Bruno von Querfurt, der nun Mitbesitzer des Wendelsteins wurde. Als aber dieser 1495 gestorben war, fiel sein Anteil als eröffnetes Lehn den Landesherren anheim, welche Hans von Minkwitz mit Brunos Hälfte belehnten. Den Erben Friedrichs von Witzleben gelang es aber, die Minkwitzsche Hälfte gegen andere Güter einzutauschen, sodaß sie wieder in den alleinigen Besitz der Herrschaft gelangten. Die Herren von Witzleben bauten nunmehr die Burg mit bedeutenden Kosten zeitgemäß um, lagen aber fortwährend miteinander im Zwist, der zeitweilig sogar in offenen Kampf ausartete. Endlich setzten sie sich (1509 und 1529) friedlich und schiedlich auseinander.

Während des Bauernkrieges (1525) war der Wendelstein die Zuflucht aller Behörden und Adligen weit und breit. Von den hohen Mauern des Schlosses sahen sie hier, selbst geborgen, die Ausplünderung der umliegenden Klöster durch die wilden Rotten mit an. In den folgenden Jahren (1540) wurde der Wendelstein, dessen Wichtigkeit sich in den schweren Zeiten klar herausgestellt hatte, noch stärker befestigt. Gleichwohl überlieferte nach Ausbruch des schmalkaldischen Krieges (Ende 1546) der Befehlshaber des Wendelsteins die Feste den kursächsischen Kriegsvölkern auf Treu und Glauben. Diese jedoch hielten das gegebene Versprechen nicht und raubten den Wendelstein vollständig aus; doch mußte wenigstens die Burg selbst nach der Niederlage des Kurfürsten bei Mühlberg (1547) den Eigentümern zurückgegeben werden. Anstatt nun auf die Erhaltung ihres wertvollen Besitzes bedacht zu sein, stürzten sich dieselben vielmehr infolge all zu glänzender Hofhaltung mehr und mehr in Schulden. Namentlich war es der prachtliebende Heinrich von Witzleben, der Gründer der Klosterschule zu Roßleben, der durch seine Gastereien und Reisen, ganz besonders aber durch seine Spielwut die Vermögensverhältnisse seines Hauses zerrüttete. Auf einem Landtage zu Chemnitz verlor er einmal an einen einzigen Spielkameraden die für die damalige Zeit ungeheure Summe von 3100 Talern. Aber auch sein Sohn Wolf Dietrich vermehrte durch verschwenderische Wirtschaft die Verschuldung des Familienbesitzes. Die Folge war, daß im Jahre 1619 der damalige Besitzer Schloß und Herrschaft Wendelstein dem Hauptgläubiger Hans Heinrich von Heßler pfandweise überlassen mußte. Dieser aber verkaufte sehr bald sein Pfandrecht an den Landesherrn, den Kurfürsten Johann Georg von Sachsen, dem auch im Jahre 1623 der Wendelstein übergeben wurde. Kaum hatte der Kurfürst von dem Schlosse Besitz ergriffen, so ließ er auch schon die Festungswerke vervollständigen und weiter vorschieben, ein Zeichen, daß er nicht gesonnen war, die neue Erwerbung wieder herauszugeben, die übrigens den Fortschritten des Geschützwesens gegenüber bei weitem nicht mehr den Verteidigungswert hatte, den der Kurfürst ihr beilegte, denn der Wendelstein wurde im dreißigjährigen Kriege wiederholt von wilden Streifscharen eingenommen. Am 23. Oktober 1632 verwüsteten und plünderten die Pappenheimer das Schloß; 1636 brannten die Schweden alle Dörfer ringsum ab und plünderten auch die Burg, die aber selbst unversehrt blieb. Am 12. Dezember 1640 dagegen wurde die Feste nach viertägiger Belagerung von den Schweden abermals eingenommen, ausgebrannt und die Türme durch Pulver in die Luft gesprengt. 1656 mußten die Herren von Witzleben allen Ansprüchen auf den Wendelstein entsagen, der ihnen seit 1619 tatsächlich schon entzogen gewesen war.

Der wirtschaftliche Verfall dieser einst so reichen Familie — die Herrschaft Wendelstein war nämlich ein herrlicher Besitz, reich an fruchtbarem Ackerland, fetten Triften, üppigen Wiesen und ausgedehnten Laubwaldungen — hat die sagenbildende Phantasie des Volkes angeregt, die sich die Sache nur so erklären konnte, daß es in diesem Falle nicht mit rechten Dingen zugegangen sei. Der Wendelstein — so erzählt das Volk und befindet sich damit, wie wir sahen, in ziemlicher Übereinstimmung mit den Tatsachen — ist verspielt worden, freilich nur durch einen Verrat, den der Diener des damaligen Herrn von Witzleben begangen hat. Beim Kartenspiele hinter dem

Stuhle seines Herrn stehend, hat jener dem Gegner seines Herrn durch Zeichen zu verstehen gegeben, was für Karten sein Herr in der Hand hatte. So hat der Herr von Witzleben das Spiel und damit auch den Wendelstein verlieren müssen. Die landläufige Redensart jedoch: „Der verrät den Wendelstein um eine saure Gurke!“ scheint andeuten zu wollen, daß der dürftige Sündenlohn zu der Größe des durch schnöden Verrat erzielten Gewinnes in gar keinem Verhältnis gestanden hat. (Vgl. den Wortlaut der Sage „Der Wendelstein verspielt“ in den Mansfeld. Bl. IV, S. 149.)

Während der kursächsischen Besitzdauer (von 1656—1746 war die Herrschaft Wendelstein im Besitze der Herzöge von Sachsen-Weißenfels) wurde zu Wendelstein im Jahre 1750 ein Gestüt für 200 Stammpferde polnischer, türkischer und tartarischer Rasse eingerichtet, dessen Zöglinge sehr geschätzt waren. Anscheinend war das nur die bewußte Erneuerung einer schon früher hier schwunghaft betriebenen Pferdezucht. Denn bereits der erwähnte Heinrich von Witzleben war im Jahre 1554 auf einem großen Turniere zu Dresden mit selbstgezüchteten Pferden erschienen, welche allgemeines Aufsehen erregten. Wenn wir uns nun erinnern, daß schon zur Zeit des Königs Irminfried die thüringische Pferdezucht hochberühmt war, und daß die silberfarbigen Rosse thüringischer Zucht, die Irminfried seiner Braut Amalberg als Brautgabe nach Italien sandte, die Bewunderung des mächtigen Ostgotenkönigs Theodorich erregten, so möchten wir fast versucht sein, das Unstrutriet bei Wendelstein als die Stätte anzusehen, an welcher in grauer Vorzeit das Gestüt jener silberfarbigen Rosse sich befunden hat, zumal dasselbe von dem

Königssitze Irminfrieds Burgscheidungen nicht weit entfernt war.

Im Jahre 1771 wurde das Wendelsteiner Gestüt teils nach Merseburg, teils nach Torgau gebracht, aber schon 1780 nach Wendelstein zurückverlegt. Ein plötzliches Ende fand es dadurch, daß im Mai des Jahres 1813 Theodor Körner als Führer einer kleinen Reitertruppe sämtliche Pferde des Gestüts als willkommene Beute für die Lützow'sche Freischar entführte. Das Königreich Preußen, an welches Wendelstein 1815 im Wiener Frieden mit der Hälfte von Sachsen als Domäne fiel, ließ das Wendelsteiner Gestüt nicht wieder besetzen, und so hatte es mit der Pferdezucht im Unstrutriet ein Ende.

Doch besichtigen wir nun die Burg selbst. Besonders stattlich stellt sich die steil zur Unstrut abfallende Feste dem von Westen (Roßleben) oder von Südosten (Memleben) herkommenden Wanderer dar. Dagegen führt der von Norden her aus dem Ziegelroder Forste herabkommende Weg ziemlich unvermerkt in wechselnder Senkung und Steigung auf den Wendelstein. Es ist nicht gerade leicht für den Besucher, das infolge zahlreicher Veränderungen der ursprünglichen Anlage entstandene architektonische Durcheinander zu entwirren, doch läßt sich das Wesentliche der Anlage immerhin erfassen.

Wenn man das an der Nordwestseite der Ruine gelegene, von einem spitzbogigen Gewölbe überdeckte „Querfurter Tor“ erreicht hat, tritt dem Blicke die Festungsanlage als ein Rechteck entgegen, welches nach Norden und Osten zu durch zwei breite und tiefe Gräben geschützt ist, zwischen denen sich ein starker kasemattierter Wall mit festem Mauerwerkskern erhebt. Sofort empfangen wir von der Massenhaftigkeit der Überbleibsel den Eindruck, das es eine gewaltige Feste gewesen, deren Trümmer wir da vor uns haben. Nachdem wir beide Burggraben überschritten, stehen wir vor dem spitzbogigen Haupttore des Schlosses, welches links und rechts von gewaltigen Türmen geschützt war. Der zur Linken stehende, welcher auch zum Schutze der nördlichen Mauer bestimmt war, heißt der Nonnenturm. Er zeigt zwar mehrere tiefgehende Risse und Lücken in seinen gewaltigen, etwa 2 Meter starken Mauern, ist aber zum Teil noch wohl erhalten. In beträchtlicher Höhe über dem älteren Mauerwerk sieht man in dem später aufgesetzten drei alte Säulenbasen aus Sandstein eingemauert.

So mächtig nun aber dieser Turm auch ist, so tritt er doch erheblich hinter dem zur rechten Seite des Tores aufragenden, als Bergfried in Gebrauch gewesenen Turme zurück, der einen Durchmesser von ungefähr 33 Metern hat und — vielleicht wegen seiner gewaltigen Weite — den bei einem Turme sehr befremdenden Namen „die Reitbahn“ führt. Derselbe ist zum Teil aus dem gewachsenen Felsen herausgearbeitet, zum Teil auch, namentlich Ost-, Süd- und Westseite mit einem Mantel von gehauenen Steinen. bekleidet. Der Schlüssel zur Besichtigung ist auf dem an der Nordseite gelegenen Rentamte zu holen. Man ersteigt den Turm auf einem steinernen Wendelwege, der vielleicht der Anlaß war, der ganzen Burg den Namen Wendelstein zu geben. Die mit Vorsicht zu betretende Oberfläche des Turmes, dessen oberste Stockwerke im Jahre 1640 niedergebrannt wurden, ist zu nicht geringer Überraschung des Besuchers in ein Gärtchen verwandelt, von welchem, als dem jetzt höchstgelegenen Punkte der Burg, sich eine umfassende Aussicht auf die Umgebung eröffnet. Am Westende des Tales ragt als äußerste Grenzmarke das Kyffhäuserdenkmal empor; weiter herwärts breitet auf der nördlichen Seite der Unstrut sich Roßleben mit seiner Klosterschule aus; südlich von ihr erblicken wir am Nordabhange der Finne, in ziemlich gleichen Entfernungen, dem dieselbe bedeckenden Walde vorgelagert, eine Reihe uralter Orte: Hechendorf, Wiehe (Stadt und Schloß), Allerstedt, Wohlmirstedt, Memleben. Östlich schließt der Orlas, an dessen Fuße aus waldigem Tale der Kirchturm von Bucha hervorlugt, und die Steinklöbe, die merkwürdige und von der Sage verherrlichte Durchbruchsstelle der Unstrut, die Aussicht ab. Hier auf dem Wendelstein soll nach einer Volksüberlieferung König Heinrich I., entzückt von der prächtigen Aussicht, unter Anspielung auf die Namen der von ihm geschauten Orte ausgerufen haben:

„Wie wohl mir steht allhier mein Leben
(Wie — Wohlmirstedt — Aller stedt) — Memleben),
Wenn ich mich wend auf diesem Stein."

Übrigens bietet sich fast dieselbe Aussicht auch an einigen tiefer gelegenen Stellen der Ruine, sowie von dem Garten der nahegelegenen Restauration aus.

Dem in das Innere des Schlosses sich begebenden Besucher, der zunächst die Niederburg betritt, fällt sofort die gleich links hinter dem Burgtore gelegene, in der Zeit des Überganges von der Gotik zur Renaissance erbaute Burgkapelle in die Augen, von der nur noch Trümmer übrig sind. Ihre auf Säulen ruhenden Gewölbe sind von den Schweden unter Königsmarck und Wrangel zum größten Teile weggesprengt worden; nur vier Säulen mit einem Teile des Gewölbes zeugen noch von der ehemaligen Bauart. Mehrere in die Wand eingelassene Medaillons zeigen die Brustbilder sächsischer Kurfürsten in der Tracht des 17. Jahrhunderts.

Während die „alte Burg“ zwischen der Kapelle und dem Nonnenturme jetzt fast ganz in Trümmern liegt, ist ein dreistöckiger Schloßbau der Niederburg noch erhalten. Oberhalb der Niederburg liegt die Oberburg oder das obere Schloß mit einer im Jahre 1540 erbauten, durch einen starken Turm (Rondel) geschützten Haupteinfahrt auf der Nordseite. Die den großen oberen Schloßhof umgebenden Wohn- und Wirtschaftsgebäude, welche als „das rechte Schloß“ bezeichnet und jetzt von den Beamten des Domänenpächters bewohnt werden, sind hier und da in ältere Trümmer gleichsam hineingeflickt. In dem östlichen Querbau, dem ehemaligen Wohnhause des Wolf Dietrich von Witzleben, dem „neuen Schloß“, befindet sich anscheinend die frühere Kapelle des neuen Schlosses, welche jetzt als Gefängnis dient. Die über dem Renaissanceportal stehende Jahreszahl 1596 giebt die Zeit der Erbauung an, die über der Treppentür angebrachten 2 Wappen, von denen eins die Buchstaben W. D. v. W. (von Witzleben) aufweist, deuten auf den Erbauer, Wolf Dietrich v. W. Der Turm dieses Gebäudes verdankt einem absonderlichen Einfalle des Erbauers seine Entstehung: Wolf Dietrich ließ ihn im Jahre 1596 als Gedächtnisturm seinem Vater zu Ehren erbauen. Auf den Grundmauern des dem Haupteingange gegenüber gelegenen Südbaues haben sich die Herzöge von Sachsen-Weißenfels ihrer

Zeit ein leichtes Jagdschloß mit prächtiger Aussicht ins Tal errichtet.

Außerhalb des Schlosses, auf einer vorspringenden Randleiste der schroff ansteigenden Südwand des Felsens steht — wie schon erwähnt — noch ein Turm, dessen Zweck rätselhaft erscheint. Er steht so schief da, daß es scheint, als wolle er bei erster Gelegenheit seinen Schwerpunkt verlieren. Angeblich hat derselbe als Wasserturm gedient, um durch ein in ihm angebrachtes Pumpwerk Wasser aus der Unstrut auf die eines Brunnens entbehrende Burg zu heben.

Der Forst, Ziegelrode und Lutisburg.

Wer einen lohnenden Ausflug in die herrlichen Waldungen des Forstes — so heißt der bewaldete Bergrücken, welcher sich von Ziegelrode bis nach Klein-Wangen auf der Nordseite der Unstrut hinzieht — und nach dem in einer großen Lichtung dieses Waldes gelegenen Dorfe Ziegelrode machen will, kann von Bottendorf, Roßleben und Wendelstein aus, zum Teil auf herrlichen Waldwegen, dorthin gelangen. Der längste, aber auch länger durch den Wald führende Weg ist der von Wendelstein aus. Wer es bequemer haben will, kann, wenn die Zeit ihm paßt, die von Roßleben über Ziegelrode nach Querfurt gehende Post benutzen.

Das Dorf Ziegelrode (1890 einschließlich der Forsthäuser Hermansecke, Hohelinde und Lodersleben 611 + 17 = 628 Einw.) hat seinen jetzigen Namen von der nördlich vom Dorfe gelegenen Ziegelei erhalten. Bis in das 17. Jahrhundert hinein hat es aber Mechelrode oder genauer Mechtilderode geheißen. Der Name

Ziegelrode für Mechtilderode erscheint nach Mitteilung des ehemaligen Ortspfarrers Herrn Herold zuerst 1667 und 1691 in dem Kirchenbuche von Landgrafrode. Es war in der ersten Hälfte des 12. Jahrhunderts von der Gemahlin des Edlen Ludwig II. von Wippra, Mechtilde, einer gebornen Gräfin von Wettin und Schwester des Markgrafen Konrad von Meißen gegründet und nach ihr benannt worden, wie aus gleichzeitigen Urkunden zu ersehen ist. Im Jahre 1174 bestätigt nämlich Kaiser Friedrich I. dem Kloster S. Petri zu Roßleben den Besitz des neu angelegten Dorfes der Herrin Mathildis (villa, quae dicitur Novale dominae Mathildis) mit der Kirche, dem Walde und dem dabei liegenden Vorwerke (dominicale), und aus einer Bestätigungsurkunde des Halberstädter Bischofs Othelrich (Ulrich) von Halberstadt vom Jahre 1177, in der das Dorf Mathilderothe genannt wird, ersehen wir, daß das namenlose Vorwerk der Kaiserurkunde Hildebrechtesroth geheißen hat. Letzteres lag eine Viertelstunde von dem noch bestehenden Dorfe entfernt bei der jetzigen Gemeindegrube. Nach der Ortsüberlieferung hat dort ein „Schlößchen" gestanden. Behauene Steine, Tonscherben, ein steinerner Trog, auch Sporen, eine Lanzenspitze u. a. m. sind an der wüsten Stelle gefunden worden.

Das heutige Dorf Ziegelrode ist wegen seiner gesunden Waldesluft häufig das Ziel von Ferienkolonieen. Auf dem ganzen bewaldeten Rücken des Forstes von Ziegelrode nach der Steinklöbe zu sollen, namentlich in den Forstbezirken „Brandholz" und „Drei Hieben", außerordentlich viel vorgeschichtliche Grabstätten sein, die noch der Ausbeutung harren.

Wer Zeit hat, dem ist eine Verlängerung

der Wanderung nach der wüsten, in schweigender Waldeinsamkeit gelegenen Lutisburg zu empfehlen. Der von Roßleben aus die Post Benutzende kann dann — ohne Aufenthalt in Ziegelrode — bis zur Försterei Hermanns Ecke nordöstlich von Ziegelrode fahren. Hier verläßt er den Wagen, geht zwischen den Bezirken Eichberg (Nr. 92 u. 96) und Straßenschlag (Nr. 93 u. 97) auf der westwärts führenden Karlsstraße $^{1}/_{4}$ St. bis zu dem von Lodersleben kommenden Mühlwege, überschreitet denselben, und verfolgt zwischen den Bezirken Hohe Stamm (Nr. 104) und Raufenschlag (Nr. 105) die Karlsstraße noch etwa 5—10 Minuten weiter bis zu einer Stelle, wo rechts vom Wege die jungen Eichen aufhören und in nordwestlicher Richtung ein schmales Waldtal sich hinabsenkt. Wenn man dieses namenlose Tal hinabgeht, so erreicht man nach einer viertel Stunde die Stelle, wo dasselbe mit dem Tal der Querne zusammenstößt, welches hier „das lange Tal“ heißt. Auf der Nordspitze des zwischen beiden Tälern befindlichen Bergrückens stand die schon im 11. Jahrhundert urkundlich bezeugte Lutisburg oder Ludolfsburg, deren Höhe man am bequemsten in 5—10 Minuten auf einem an der Westseite des Berges hinaufführenden, erst nach Süden streichenden, dann nordwärts umbiegenden schmalen Fahrwege erreicht. (Wer von Querfurt aus über Lodersleben die Burgstätte besuchen will, folgt einfach dem anmutigen, je weiter nach Süden, um so dichter mit Hochwald bestandenen Tale der Querne, an dem von Osten her einfließenden, stahlhaltigen, im Jahre 1567 gefaßten Roten Borne vorbei, bis zu der Gabelung des langen Tals mit dem erwähnten namenlosen Tale.) Freilich wird die Burgstätte bald kaum noch zu erkennen sein, da sie neuerdings dicht mit Fichten bepflanzt worden ist, was man vom Standpunkte der Altertumsforschung aus nur bedauern kann.

Die Lutisburg war in der zweiten Hälfte des 11. Jahrhunderts der Sitz eines dem Geschlechte der Edlen von Querfurt angehörigen, reich begüterten und prunkliebenden Edlen oder „Grafen" Wilhelm von Lutisburg, der von seinen Zeitgenossen, vermutlich weil er auch in dem nahegelegenen Lodersleben einen Edelsitz hatte, der König von Lodersleben (rex de Lutisleve) genannt wurde. Aus dem Vorhandensein der Lutisburg im 11. Jahrhundert ergibt sich schon, wie unbegründet die landläufige, auch von Leopold von Ranke gehegte Annahme ist, Lodersleben und die Lutisburg verdankten dem Kaiser Lothar dem Sachsen ihre Gründung, da beide Orte schon lange vor demselben in Urkunden vorkommen und, wie die alten Namensformen (Lutolfesleiba und Ludesleba) beweisen, nicht einem Lothar, sondern einem Ludolf ihre Entstehung verdanken, welcher vermutlich ein Urahn des Geschlechtes der Edelherren von Querfurt war. Erst im Laufe der Zeit wurden die Namen Lutisburg und Ludesleben in Ludersburg und Lodersleben verderbt, und so konnte die irrige Annahme entstehen, daß diesen Ortsnamen der Name Lothar zugrunde liege.

Der eigentliche Burghof, jetzt als „die untere Lautersburg" in den Forstkarten bezeichnet (Bezirk Nr. 110 und 111), an welchen sich weiter südlich „die obere Lautersburg" (Bezirk Nr. 113 und 114) anschließt, ist nach der Südseite durch einen tiefen Wallgraben gesichert, während die übrigen 3 Seiten durch steile Böschung geschützt sind. Die Längenausdehnung von S nach N beträgt etwa 160 Schritt, die von W nach O gegen 60 Schritt. Zahlreiche Steintrümmer, zum Teil gut behauene Werkstücke, Mörtelteile, Dachziegel von uralter Form, Reste von Säulentrommeln, welche im Gestrüpp noch umherliegen, zeigen, daß früher bedeutende Gebäude hier gestanden haben müssen. Ja, die Spuren von Umfassungsmauern sind hier und da noch zu erkennen: doch das aufgehende Mauerwerk ist schon längst abgebrochen und in unserm Jahrhundert sind auch die Fundamente noch ausgehoben worden, um zur Wegebesserung verwandt zu werden. Die vorhandenen Baureste dürften wohl zumeist von der der h. Jungfrau Maria und dem Märtyrer Bruno (von Querfurt) gewidmeten Benediktiner-Abtei herrühren, in welche die Burg um das Jahr 1120 von den Erben des mehrerwähnten Wilhelm von Lutisburg, einem gewissen Dietrich und einer edlen Frau Mechtild von Lutisburg, verwandelt worden war. Weil aber die Klostergebäude 20 Jahre später noch nicht fertig waren und die Umgegend überdies von Räubern häufig heimgesucht wurde, überließen die Besitzer der Burg die neugegründete Abtei samt dem Schirmvogteirechte über dieselbe ihrem Verwandten, dem Burggrafen Burchard von Querfurt, der sie schon 1146 nach dem den Mönchen angenehmeren und bequemer gelegenen Dorfe Eilwardesdorf zwischen Querfurt und Lodersleben verlegte, unter Beilegung des Namens Marienzelle (cella Mariae). Bald darnach muß Burg und Kloster Lutisburg verlassen worden und in Verfall geraten sein. Schon 1157 berichtet Bischof Ulrich von Halberstadt: „ecclesia in Ludesburg . . . propter frequentiam latronum desolari coeperat.“ Den frühen Verfall der Burg beweisen auch die gewaltigen Wurzelstöcke uralter

Eichen, die auf dem wüst gewordenen Burghofe emporgewachsen sind und über dem Boden einen Stammdurchmesser von 2 Meter und mehr haben. Überhaupt enthalten die Forsten nördlich und südlich von der Lutisburg noch wahre Prachteichen. Einige, welche ich dort, wie ich sie zufällig traf, gemessen habe, hatten einen Fuß über dem Boden einen Stammesumfang von 4,22 und 4,73 Meter, dürften aber noch keineswegs die stärksten Bäume des Forstes gewesen sein.

Schon vor fast $1^1/_2$ hundert Jahren (1754) berichtet Dietmann in seiner Chursächsischen Priesterschaft (III, S. 780) von der Burgstätte folgendes: „Man siehet nichts mehr davon als etliche verfallene Gräben, in und um welche herum die größten und dichtesten Eichbäume stehen. Die Aussicht ist fürtrefflich. Gleich dabei ist der Saugarten, wo der Hochselige Herzog Johann Adolf zu Weißenfels sich mit der wilden Schweinjagd zu erlustigen gepfleget.“

Die Versorgung der Burg mit Wasser wird teils durch die am Fuße des Burgbergs vorüberfließende Querne, teils durch den nördlich von der Burg auf der linken Seite der Querne wenige Schritt von ihrem Bette hervorbrechenden „Sandborn“ bewirkt worden sein. Wer ihn besuchen will, geht bei dem Steine, der die Nummern 103, 111 und 125 trägt, über den Bach und findet ihn 5 Minuten abwärts dicht am Wege zur rechten Seite desselben. Er zeigt sich dem Auge als ein kleiner beraster Hügel, der aber, wenn man näher zusieht, sich als eine gewölbte, mit Rasen überdeckte Grotte ausweist, in welcher, wie ein Holzarbeiter mir berichtete, „die wilden Männer gesessen haben zu der Zeit, in welcher es solche in hiesiger Gegend noch gegeben hat.“

Auch auf der „oberen Lautersburg“ (südlich vom Burghofe) hat man früher Grundmauern von Gebäuden in beträchtlicher Zahl aufgedeckt, aber gleich denen der Burg ausgehoben. Vermutlich lag hier das Dörfchen Lutisburg, welches nach Verlegung der Abtei auf Befehl des Bischofs Ulrich von Halberstadt dort angelegt worden war, um die Abteikirche gegen die umherstreifenden Räuber zu schützen.

c) Das Tal zu beiden Seiten der Steinklöbe.

Wangen, die Steinklöbe und der Ronneberg.

Nachdem man die 4 Kilometer betragende Strecke von Memleben bis Großwangen (1890: 272 Einw., also kleiner als Klein-Wangen) zurückgelegt hat, wird man gut tun, sich in diesem Dorfe, welches einen einfachen, aber guten Gasthof hat, etwas für die weitere Wanderung zu stärken. Von Großwangen gelangt man auf einem kürzeren, aber schattenlosen Wege (3 km) nach Nebra, wenn man auf der rechten Seite des Flusses verbleibt, wo die großartigen Brüche des Nebraer Sandsteins den Blick auf sich ziehen. Weiter, aber auch lohnender, sowohl in landschaftlicher wie in geschichtlicher Hinsicht, ist die Wanderung auf der linken Seite des Flusses über Klein-Wangen und Zingst nach Bitzenburg (5 km).

Nachdem man sich über die Unstrut hat setzen lassen, befindet man sich in dem Groß-Wangen unmittelbar gegenüber gelegenen Dorfe Klein-Wangen (1890: 291 Einwohner, also größer als Groß-Wangen!), dem äußersten östlichen Dorfe des ehemaligen Gaues Friesenfeld und des Archidiakonatbezirkes Kaldenborn, dessen Kirche, vielleicht unter Anspielung auf das benachbarte Waldgebirge der Wüste, dem h. Johannes in deserto geweiht ist. Nordwestlich von diesem Dorfe streckt sich aus dem Rücken des Ziegelröder Forstes, der im Mittelalter vermutlich die Wüste hieß, in ostsüdöstlicher Richtung zwischen dem Tale der Unstrut und dem Klein-Wangener Grunde eine Bergzunge am Beginn der Steinklöbe hervor, der von der Sage verherrlichten Durchbruchsstelle der Unstrut. Vor mehr als 1000 Jahren füllte nämlich, wie die Sage berichtet, das Tal der Unstrut bis unterhalb Memleben ein großer, tiefer See. Einem Mönche, der das Leben verwirkt hatte, soll es, freilich nur mit Hilfe des Teufels, gelungen sein, dem See dadurch einen Abfluß zu verschaffen, daß er in der Gegend der Steinklöbe den Felsen durchbohrte, bis das Wasser den vorgezeichneten Pfad einschlug und sich donnernd selbst den weiteren Weg durch die Felsmassen bahnte. Der Mönch wurde dem Teufel zur Beute, dem Thüringer Volke aber wurde durch ihn ein weites, fruchtbares Tal eröffnet.

Die richtige Schreibung des Namens der Durchbruchstelle ist offenbar Steinklöbe, da das Wort Klöbe, Klebe hier sicher nicht mundartlich im Sinne von Klippe, sondern vielmehr im Sinne von Spalte, Ritze, Durchbruch zu fassen ist, eine nhd. Umlautung des ahd. clobo, chlobo, mhd. klobe, nnld. kloof, dän. klove = Kluft, Spaltung von ahd. clioban, chlioban, chliopan, mhd. klieben = spalten, auseinandersprengen). Die Beziehung des Namens auf den hier von der Unstrut durch das Sandsteingebirge bewirkten Durchbruch drängt sich von selbst auf.

Auch geschichtlich merkwürdig ist die Steinklöbe. Auf der erwähnten Bergzunge befinden sich nämlich ausgedehnte, höchst merkwürdige Verschanzungen, welche ein etwa 600 Schritt langes, 62 bis 96 Schritt breites, von NW nach SO sich erstreckendes Rechteck bilden, welches nordöstlich durch steilen Absturz, am südwestlichen Abhange durch eine Steinmauer und ebenfalls steile Böschung, südöstlich und nordwestlich durch Graben und Wall geschützt ist oder doch war und durch drei von NON nach SWS laufende Gräben in vier ungleiche Teile zerlegt wird, deren mittlerer genau das Drittel der Ausdehnung des Ganzen hat, d. h. 200 Schritt lang ist. Dicht an der nördlichen Langseite der zweiten Schanze von NW her liegt innerhalb des Rechtecks eine Art Kernwerk von eiförmiger Gestalt, welches das Volk den Haushügel nennt. Dasselbe schiebt sich in die zweite Schanze hinein, ist aber von ihr durch einen 25′ tiefen Graben abgesondert. Die Länge des Haushügels beträgt 37 Schritt, seine größte Breite 12 Schritt. Diesen Hügel umgibt ein 10 bis 15 Schritt breiter Graben, der von einem gegen 30 Schritt breiten Walle umschlossen wird, welchem wieder ein 15 Schritt breiter Graben folgt. Dieser Haushügel ist demnach eine ganz ähnliche, nur kleinere Anlage, wie der Burghügel zu Allerstedt, und macht ganz den Eindruck, als ob auf ihm der Stand oder das Zelt des Befehlshabers der Krieger sich befunden haben müsse, von denen die Schanzen besetzt waren. Südlich von dem Haushügel und zwar parallel der südlichen Langseite des Schanzwerks, in nächster Nähe desselben, führt durch die ganze Länge der Schanze ein von Wendelstein nach Klein-Wangen führender Fahrweg, die sogenannte Kohlenstraße, von der es fraglich ist, ob sie ursprünglich zu der Anlage gehört hat. Jedesfalls gehörte sie nicht dazu, da ein Rest des südöstlichen Walles der dritten Schanze (von NW her gezählt) noch südlich von dieser Straße erhalten ist, der offenbar bekundet, daß der Wall erst infolge der Straßenanlage an dieser Stelle durchbrochen, ja beseitigt worden ist.

Noch weit großartiger, als die Schanzen auf der Steinklöbe über Klein-Wangen sind die auf einem nordöstlichen Ausläufer des Orlasgebirges dicht über dem Dorfe Groß-Wangen und der Unstrut sich erhebenden, welche jetzt den wenig besagenden Namen die Altenburg führen. Auch diese Anlage hängt, wie die Schanzen auf der Steinklöbe, nach W zu mit dem Grundstock des Gebirgs zusammen und ist daher hier, weil ein ein natürlicher Schutz fehlte, durch drei riesige, zumteil haushohe Wälle, vor deren äußerstem auch noch Spuren eines Grabens wahrzunehmen sind, geschützt. Nach N fällt der Rücken steil zur Unstrut, nach S steil in ein Nebental des Mühltales ab; daher waren hier keine umfänglichen Befestigungen erforderlich. Da jedoch der Haupteingang auf der Südseite gewesen zu sein scheint und die allmählich abfallende Ostseite auch durch einen mächtigen Doppelwall gedeckt war, so krümmen sich die Wälle der Ost- und Westseite auf der Südseite hakenförmig nach innen, um den dort befindlichen Eingang zu schützen. Der innere Raum der Befestigung ist so groß, daß das Dorf Groß-Wangen bequem dreimal darin untergebracht werden könnte, woraus erhellt, daß diese Altenburg eine der größten vorgeschichtlichen Wallburgen, vielleicht die größte von ganz Thüringen ist. Weil sie eben wegen dieser Größe und ihrer gewaltigen Wälle dem Volke später nicht ein Menschenwerk, sondern ein Werk des Teufels zu sein schien, hat vielleicht das an ihrem Fuße gelegene Dorf Groß-Wangen den Namen Teufels-Wangen erhalten, den es auf älteren Karten führt. Über das Alter der Anlage ist gar nichts bekannt; nur kennzeichnende Funde könnten einen Anhalt gewähren; doch darf eine genauere Beschreibung nebst Kartenbeigabe in kurzer Zeit in den von der Histor. Kommission der Prov. Sachsen herausgegebenen „Vorgeschichtlichen Altertümern" seitens des Herrn Sanitätsrats Dr. Zschiesche in Erfurt erwartet werden.

Eine dritte, ebenfalls sehr ausgedehnte Verschanzung gab es nun aber auch noch auf dem Ronneberge zwischen Klein-Wangen und Vitzenburg. Heutzutage versteht man unter dem Ronneberge nur dessen NO-Ecke zwischen Vitzenburg und Zingst, früher aber die ganze Erhebung nördlich von Klein-Wangen, den „Bock" eingeschlossen. Nach Süden und Osten zu fällt dieser Berg steil zum Unstruttale ab, so steil, daß er von diesen Seiten geradezu unangreifbar ist. Nord- und Westseite desselben waren dagegen nach einem Berichte des damaligen Besitzers von Zingst, des Freiherrn Adolf von Seckendorf,[1]) durch eine kreisbogenförmige Verschanzung gedeckt, die im Jahre

---

[1]) Nachricht von einigen auf einer ausgerodeten Waldfläche aufgefundenen Altertümern als Beweis einer daselbst vorgefundenen Schlacht. Leipzig 1822. (Mit einer Kartenskizze.)

Wenn mir Plath in seinem Aufsatze „Die Vitzenburg und ihre Bewohner" (Zeitschr. des Harzvereins XXVI, S. 305 Anm. 2) vorwirft, ich verwechselte den Ronneberg mit dem Bock, so meine ich, daß im Gegenteil Plath die Ausdehnung der Geltung des Namens Ronneberg verkennt. Denn der Verfertiger der obenerwähnten Kartenskizze, zugleich ehemaliger Besitzer von Zingst, hat gerade den Bock auf seiner Karte mit dem Namen Ronneberg belegt und er wird doch wohl besser, als irgend jemand anders, gewußt haben, welchem Berge der Name Ronneberg gebührt.

1822 noch vorhanden war, heutzutage aber verschwunden zu sein scheint, wenigstens konnte niemand sie nachweisen. Eine von dem Berichterstatter entworfene Kartenskizze zeigt auch zahlreiche Totenhügel, die er innerhalb und außerhalb des Walles aufgefunden hatte. Übrigens deutet der Name des Berges selbst darauf hin, daß eingegrabene oder umgestürzte Baumstämme (als „Gebück") einen wesentlichen Bestandteil der Befestigung ausmachten, denn ahd. rono bedeutet einen Baumstumpf oder umgestürzten Baumstamm.

Verleitet durch den Namen Ronneberg, haben viele angenommen, hier sei die Schlacht bei Runiberg zwischen Franken und Thüringern geschlagen worden, welche dem Sturze des thüringischen Königsreichs voranging.[1]) Aber diese Annahme ist durchaus irrig, da jenes Runiberg laut ausdrücklicher Angabe sächsischer Berichterstatter im Gaue Marstem (südlich von Hannover) lag. Überdies ergiebt sich auch aus der Beschaffenheit des Ronnebergs an der Unstrut, daß dieser unmöglich der Ort einer Feldschlacht, sondern nur der einer Belagerung hat sein können.[2]) Mit weit mehr Recht läßt sich ein anderes Ereignis zu den Schanzen auf und unweit der Steinklöbe in Beziehung setzen. Das ist der Aufstand des Thüringerherzogs Radulf im Jahre 641

[1]) Der erste, der die Schlacht bei Runibergun auf den Ronneberg bezogen hat, ist wohl Joh. Gottlob Boehme gewesen, in seiner Schrift: De Runibergo, ubi victus a Francis est Hermenefridus Thuringorum ultimus rex, Prolusio. Leipzig, 1773 u. 1774. 4°. (Zwei verschiedene Ausgaben.)

[2]) Die Gründe für diese Behauptungen habe ich in meiner Schrift: Der Sturz des thüringischen Königreichs im Jahre 531 n. Chr. G. (Zeitschrift für Thür. Gesch. u. Altertumskunde XIX, 1—55, Jena 1897) dargelegt.

gegen den noch im Knabenalter stehenden fränkischen König Siegbert III. und dessen Hausmeier Grimoald. Da Radulf es nicht wagte, einer Schlacht im offenen Felde die Entscheidung zu überlassen, so verschanzte er sich, wie der Chronist Fredegar berichtet, in einer stark befestigten und hoch gelegenen hölzernen Burg an der Unstrut und erwartete, mit den nötigen Lebensmitteln versehen, den Angriff des Feindes, den er durch kühne Ausfälle zurückzutreiben hoffte. Die Franken dagegen hatten sich um den Berg gelagert und stritten sich darüber, ob die Burg sogleich erstürmt oder den erschöpften Kriegern zuvor Ruhe gegönnt werden sollte, neue Kräfte zu sammeln. Der Hausmeier Grimoald und Adalgisel blieben mit denen, die ihre Meinung teilten, zum Schutze des jungen Königs zurück, während ein anderer Teil, nach Beute lüstern, aufbrach und sich zum Sturme auf die Burg Radulfs anschickte. Den Angreifern stürzte Radulf an der Spitze seiner Thüringer entgegen; die den Berg emporklimmenden Franken mußten der Übermacht weichen; unzählige Tote bedeckten das Schlachtfeld und selbst mehrere Führer, so der kühne Herzog Bobo, der edle Graf Aenowal, wurden getötet. Der junge König Siegbert, zu schwach, um seinen Mut im Kampfe zu erproben und den Tod seiner Freunde zu rächen, vergoß beim Anblick der Niederlage bittere Tränen und ließ es gern geschehen, daß Grimoald mit dem siegreichen Herzog Radulf, der sich wieder in seine Feste zurückgezogen hatte, Unterhandlungen anknüpfte. Er erlangte mit seinen Franken freien Abzug, Radulf aber erkannte seitdem nur dem Namen nach die fränkische Oberherrschaft an.

Meist hat man bisher angenommen, die Schanzwerke auf der Bergzunge an der Steinklöbe seien die Burg Radulfs gewesen. Da aber der Bericht von dem Kampfe ausdrücklich bemerkt, Radulf habe so viel Kriegsmannschaft, als ihm nur möglich gewesen wäre (exercitum undique quantum plus potuit, collegens) in diesem Lager zusammengezogen, so dürfte der Raum in diesen Schanzen doch zu klein erscheinen, wogegen der viel steilere und höhere und nach der Karte des Freiherrn von Seckendorf viel geräumigere Ronneberg um so eher für die Burg Radulfs zu halten ist, als sein Name geradezu eine hölzerne, d. h. durch Baumstämme befestigte Burg (castrum lignis munitum nach dem Berichte des Fredegar) bedeutet. Ist diese Annahme zutreffend, so könnten die Schanzen auf der Steinklöbe das befestigte Lager des Königs Siegbert gewesen sein, dessen Zelt dann auf dem so merkwürdig in das Schanzsystem eingebauten Haushügel gestanden haben wird. Die Schanze an der Steinklöbe ist überdies die einzige Örtlichkeit, welche auf dem linken Ufer der Unstrut einen feindlichen Angriff auf den Ronneberg zu stützen und dabei die Zufuhr auf dem Flusse zu sichern geeignet war. Sicher freilich wird diese Frage wohl nie oder erst nach gründlicher Untersuchung beider Örtlichkeiten entschieden werden.

Um auf den fast durchweg bewaldeten Ronneberg zu gelangen, steigt man von Klein-Wangen aus den gleich hinter dem Dorfe nach Norden zu sich erhebenden Bock hinauf, läßt die Schatzgrube, wo nach Aussage des in Klein-Wangen genommenen Führers „die alten Ritter sich versammelt haben", zur Linken und erreicht die Höhe, welche den Namen der Ebicht führt. Der sich gabelnde

Fahrweg führt links nach Ziegelrode und Weißenschirmbach, rechts nach Nebra und Zingst. Von dieser Stelle an heißen die Höhen merkwürdigerweise die Herrscherberge. Durch den Wald hindurch hat man bald darauf einen schönen Blick auf Nebra, Vitzenburg und Steigra. Eine größere Baumgruppe an dem Steilrande der Hochfläche, Nebra gerade gegenüber, heißt der Vogelherd. In der Umgegend behauptet man, natürlich ohne genügenden Grund, hier habe König Heinrich I. dem Vogelfange obgelegen.

Rechts von dem am Steilrande der Hochfläche nach Zingst hinabführenden Wege ragt aus dem Waldboden ein langer, schmaler, plattenartig geformter Felsblock hervor, dessen Nordseite einen hufförmigen Eindruck zeigt. Der Stein ist über dem Boden 3,70 Meter hoch, etwa 7,60 Meter lang und oben 0,25 Meter, unten bis zu 1 Meter dick. Er heißt das heilige Grab, weil, wie man in Nebra behauptete, unter ihm einige Hauptleute des thüringischen Königs begraben liegen. Auf der südlichen Wange dieses Blockes ist außer der schon ziemlich verwitterten Inschrift:

„Maechtige Zeit, du stürzest in ewigem Wirken
Felsen und Wälder und selbst das Edelste der
Erde, den Menschen, zum Staube dahin“

auch Goethes Sinngedicht an die Einsamkeit zu lesen; doch ist der Wortlaut an einer Stelle verändert und an mehreren Stellen, welche hier durch Klammern angedeutet sind, sind die Schriftzeichen erloschen. Das Gedicht lautet:

Die (ihr Felsen und Bäume) bewohnt,
o heilsame Nymphen,
Gebet jeglichem gern, was er im Stillen
begehrt!

Schaffet dem Hungrigen Brot,[1]) dem
Zweifelhaften Belehrung,
Und dem Liebenden gönnt, daß ihm be-
gegne sein Glück.
(Denn euch gab)en die Götter, was sie
den Menschen versagten,
(Jeglichem, der) euch (vertraut,) tröstlich
und hülfreich zu sein.

Den Rand der Hochfläche entlang führt nun der schattige Weg durch den Wald weiter, schöne Durchblicke bald auf Nebra, bald auf Vitzenburg gewährend, über manche Schlucht zu einem am Fuße einer steil abfallenden Klippe stehenden Bretterhäuschen, vor welchem eine Ruhebank nebst Tisch zur Rast einladet. Man halte sich immer auf demjenigen Wege, der am weitesten über der Talsohle bleibt, so stößt man auf die Tür in der Parkmauer des Rittergutes Zingst (1203 villa Cindest, 1206 Zcindest). Der Name ist vermutlich slawisch. In diesem Falle wäre der Ort der äußerste westliche Vorposten des Slawentums an der Unstrut. An der Tür des Rittergutes steige man längs der Mauer den westlich führenden Weg bis zur Fahrstraße nach Vitzenburg empor und folge nun dieser, welche in 5—10 Minuten nach Vitzenburg führt. Dicht vor dem Schloßtor das Gasthaus „Zum Schweizerhaus".

Nebra.

Eine bequeme, breite, in den Jahren 1885 bis 1887 neuerbaute Brücke über die Unstrut muß der vom linken Ufer kommende Wanderer überschreiten, um nach Nebra zu gelangen. Vor

[1]) Bei Goethe lautet die Stelle: „dem Traurigen Trost".

dem Eintritt in das Städtchen empfiehlt es sich, von dieser Brücke talauf- und abwärts eine Umschau zu halten. Von Norden her grüßt die hochgelegene Bitzenburg; ostwärts steigt Nebra unmittelbar vor dem Beschauer malerisch an der Talwand empor, überragt von den Trümmern eines alten Schlosses und den stattlichen Gebäuden eines neuen; nach Westen zu erhebt sich der bewaldete, steil ins Tal abstürzende Ronneberg; nach Südwesten zu (in der Richtung der Dörfer Groß- und Klein-Wangen) scheint sich das Tal, in dem sich die Unstrut dahin windet, ganz zu schließen. Häufig erblickt man auf dieser Strecke des Flusses bewimpelte Frachtkähne, welche aus den von Nebra bis über Groß-Wangen hinaus reichenden Steinbrüchen den weithin geschätzten Nebraer Sandstein die Unstrut, Saale und Elbe hinab bis nach Hamburg führen. (In neuerer Zeit hat man auch auf der linken Seite des Flusses oberhalb von Klein-Wangen wie auch von Groß-Wangen ergiebige Brüche eröffnet.) Neben der Steinbrecherei, die in neuester Zeit nicht mehr so lohnend sein soll, als früher, muß eine Zeit lang auch die Böttcherei ein Haupterwerbszweig der Einwohner gewesen sein, da der Volksmund Butten-Näber dem durch seine Ziegenhaltung bekannten Bibra (im Volksmunde Zägen-Bäber) gegenüberstellt. Auch noch in einer andern, freilich wenig schmeichelhaften Verbindung läßt der Witz der Nachbarn beide Städtchen erscheinen. Als nämlich der Teufel den Herrn versuchte, ihm alle Herrlichkeit der Welt zeigte und ihm versprach: „Alles dieses will ich dir geben, so du niederfällst und mich anbetest", soll er hinzugesetzt haben: „Nur Näber und Bäber nicht; die behalte ich mir vor." Darum heißen beide „des Teufels

Vorbehalt". (Mansfelder Blätter XIII, S. 158 Nr. 3, Eisleben, 1899.)

Nebra ist, gleich dem benachbarten Zingst, wie schon der auf ehemals slawischem Boden (so in Meklenburg) öfter begegnende Name Neviri bekundet, ursprünglich eine slawische Ansiedelung und vermutlich spätestens im 8. Jahrhundert entstanden, mit Zingst der am weitesten nach Westen zu vorgeschobene Posten des Slawentums im Unstruttale. Das slawische Dörfchen und spätere Städtchen Nebra lag aber ursprünglich sogar noch etwas unterhalb von Zingst, Bitzenburg schräg gegenüber in der Aue der Unstrut, wo die dicht an dem Flusse gelegenen Flurschläge „der alte Gottesacker", „die alte Stadt" und „auf dem alten Markte" die ehemalige Lage bezeichnen. Wann und warum dieselbe verlassen und mit der jetzigen, weiter aufwärts in südwestlicher Richtung gelegenen vertauscht worden ist, soll später mitgeteilt werden. Die älteste, steinerne, bereits 1207 als pons Nevere urkundlich erwähnte Brücke über die Unstrut bei Nebra befand sich früher in der Gegend der Grabenmühle unterhalb der Stadt, also weit entfernt von der jetzigen, in den Jahren 1885—1887 neu erbauten. Bei niedrigem Wasser sollen noch jetzt Pfeilerfragmente an der Stelle sichtbar werden, wo sie gestanden hat. (Allgem. thüring. Vaterlandskunde S. 219, Erfurt, 1823.) Auch die Burg Nebra hat früher an anderer Stelle gelegen, nämlich in der Nordwest-Ecke der Stadtflur, Bitzenburg gerade gegenüber, wo eine Stelle die Altenburg heißt. Die Aussicht von dieser Altenburg ist sowohl nach SW (Nebra und Wangen), wie nach N (Bitzenburg) und nach O (Reinsdorf und Carsdorf) von besonderer Schönheit, weit schöner, als die von der Brücke und vom Schlosse. Auf der Altenburg sind hier und da noch Reste von Grundmauern im Ackerboden zu erkennen, namentlich an der Südseite nach Nebra zu; doch zeugen auch verschiedene hohe Steinhaufen, welche von den abgebrochenen Mauern herrühren, von der ehemals hier vorhandenen Burg. Anscheinend bestand die Feste aus zwei Burgen, die durch einen von S nach N gehenden Streifen (oder Graben?) geschieden waren. Wahrscheinlich war an der Südseite, da wo dieser Streifen beginnt, die Einfahrt, so daß die westliche Burghälfte etwas weiter nach Süden heraustrat. Aber auch weiter westlich, vom jetzigen Nebra her, scheint eine Auffahrt möglich gewesen zu sein. Nach N und noch mehr nach W (der Unstrut) zu fällt der Berg steil ab.

Schon im Jahre 874 bestätigte König Ludwig der Deutsche dem Kloster Fulda in Hessen den Zehnten in Neviri. Die Burg zu Nebra aber (die eben erwähnte Altenburg) muß im 11. Jahrhundert bereits vorhanden gewesen sein, wenn die Sage Recht hat, welche erzählt, bei dem Grafen Macelin, der auf der Burg zu Nebra gewohnt habe, hätten sich im Jahre 1060 (?) gelegentlich eines Gastmahls der Landgraf Ludwig der Springer und die Pfalzgräfin Adelheid (v. Putelendorf) kennen gelernt und den Entschluß gefaßt, den Gemahl der Pfalzgräfin aus dem Wege zu schaffen, um sich ehelich mit einander verbinden zu können. (In der Tat wird ein Graf Madalgoho oder Macelin (letzterer Name ist Koseform des ersteren) in den Jahren 1032, 1053, 1066 als Gaugraf in Ostthüringen, im besonderen im Gaue Spiliberg urkundlich erwähnt.) Hat diese Überlieferung Recht, so würde aus ihr folgen, daß

Nebra eine zum Schutze des Landes erbaute, unter der Verwaltung eines Gaugrafen stehende Reichsburg war.

Als frühest bezeugte Besitzer der Burg und Herrschaft Nebra werden Edle von der Lobedaburg (bei Jena) erwähnt, welche wohl einen Burggrafen oder Burgmannen von niederem Adel auf dem Nebraer Schlosse sitzen hatten. Unter diesen, die trotz dem wiederholten Wechsel der Herrschaft im Besitze ihrer Burglehen verblieben, tritt besonders ein Zweig des Geschlechts der edlen Schenken von Vargula hervor, die sich Schenken von Nebra nannten, so z. B. 1304 und 1305 Konrad, Schenk von Nebra (de Nebere pincerna) und Rudolf, Schenk von Nebra, der im 14. Jahrhundert sogar die Würde eines Bischofs von Naumburg erlangte. Außer den Schenken von Nebra gab es aber auf der Burg noch ein Burgmannengeschlecht, das sich gleichfalls nach der Burg Herren von Nebra nannte, so der im Jahre 1205 als Zeuge des Landgrafen Hermann von Thüringen auf dem Landdinge zu Obhausen erscheinende Eberhart von Nebere, ferner 1250 Ritter Karl von Nebere, 1313 Heidenreich von Nebere.

Im Jahre 1259 verkauften die Brüder Hartmann und Hermann von der Lobedaburg Nebra an die Gebrüder Gebhart VI. und Gerhart II., edle Herren von Querfurt, aus deren Besitz aber die Herrschaft sehr bald an ihren Vetter, den Grafen Burchard III. von Mansfeld aus Querfurter Stamm übergegangen sein muß, da derselbe im Jahre 1267 außer anderen Schlössern auch Stadt und Schloß Nebra, um sich den freien Besitz des Schlosses Mansfeld zu verschaffen, an das Hochstift Halberstadt abtrat, als dessen

Lehensträger noch im Jahre 1316 der Graf Burchard von Mansfeld mit seinen beiden Vettern, den Edlen Burchard dem Älteren und Burchard dem Jüngeren von Schraplau, erscheinen. Aber noch im selben Jahre muß die Lehnsherrlichkeit über Nebra an das Erzstift Magdeburg übergegangen sein. In der Folgezeit finden wir die Edlen von Querfurt als magdeburgische Lehnsträger im Besitze von Nebra. 1330 wird der Edle Burchard (Busso) von Querfurt urkundlich als Herr zu Nebra und Bewohner des dortigen Schlosses (morans in Nevere) bezeichnet. 1341 belagerte Markgraf Friedrich von Meißen Stadt und Burg Nebra, weil die damaligen Besitzer, namens Kunemund, von dem Schlosse aus Wegelagerei trieben und des Landfriedens nicht achteten. Infolge davon forderte die Stadt Magdeburg den Markgrafen von Meißen auf, er möge von der Belagerung Nebras abstehen, welches er, wie ihr Erzbischof Otto ihnen geklagt habe, mit einem Walle eingeschlossen habe („gravi nobis exposuit cum querela, quot (!) munitionem eius Nevere circumvallaveritis"). Wo nicht, so würden sie auf seinen und der Seinen Schaden nach Möglichkeit bedacht sein (Hertel, Urkundenb. der Stadt Magdeb. S. 262). Aber weder ihre Bitte noch ihre Drohung hatte den gewünschten Erfolg, denn die durch Feuergeschosse angezündete Stadt, in welcher 1323 zwei Priester und zwei Kapläne angestellt waren und auch eine Münzstätte sich befand, brannte völlig ab, die Besatzung der Burg aber ergab sich gegen freien Abzug.[1]) Als Neujahr 1355 zwischen den Geg-

[1]) Vgl. den Bericht in Cyr. Spangenbergs Mansfelder Chron. Fol 333 a: „Anno 1341 hat Landgraff Friedrich Stadt

nern Friede geschlossen wurde, mußte der Erzbischof von Magdeburg dem Markgrafen und dessen Brüdern Haus und Stadt Nebra mit Zubehör abtreten. Seit 1355 waren also die Markgrafen von Meißen die Oberlehnsherren. Nach dem erwähnten Brande ist die völlig in Asche gelegte „alte“ Stadt verlassen, an der jetzigen Stelle eine neue erbaut und, um die neue Stadt besser schützen zu können, auch das Schloß verlegt worden; wenigstens dürfte nicht leicht eine passendere Veranlassung zu diesem Wechsel ausfindig zu machen sein. Dazu kommt noch in Betracht, daß die Stelle der „alten Stadt“ den Überschwemmungen der Unstrut häufig ausgesetzt ist, und daß auch dieser Umstand die Bewohner bewogen haben kann, sich auf der Höhe eine sicherere Wohnstätte zu suchen. 1423 belehnte der Kurfürst Friedrich von Sachsen Apel von Vitztum mit Schloß und Stadt Nebra, dem es aber während des thüringischen Bruderkrieges (1446) von dem Erzbischof Friedrich von Magdeburg, dem Grafen Günther von Mansfeld und dem Edlen Bruno von Querfurt wieder entrissen wurde. Doch schon 3 Jahre danach (1449) eroberte Herzog Wilhelm von Sachsen Nebra zurück und versetzte es an den Grafen Heinrich von Schwarzburg. 1461 erhielt der Edle Bruno von Querfurt Schloß und Stadt Nebra von dem Kurfürsten Friedrich von Sachsen zu rechtem Oberlehn, nachdem er diesem das Schloß Roßla abgetreten hatte. Die Nutznießung der Herrschaft freilich hatten schon 1485 gegen Ab-

---

vnd Schloß Nebra mit der Erffurder vnd anderer Stedte Hülff belagert vnd Fewr eingeworffen, dauon die Stadt angezünd vnd in grund verbrand worden, darauff sich die im Schlos ergeben, doch das sie jres Lebens gesichert vnbeschedigt abziehen möchten.“

tretung der ihnen gehörigen Hälfte von Freiburg die Herren Berthold und Friedrich von Nißmitz von dem Herzog Wilhelm erhalten und ihre Nachkommen verblieben im Besitze bis zum Jahre 1712. Sie bewohnten auch die Burg bis zum Jahre 1644, in welchem die Schweden dieselbe zerstörten. Stattliche Überbleibsel der alten Burg, ein redendes Denkmal der Schrecken des dreißigjährigen Krieges, sind im jetzigen Schloßgarten noch zu sehen. Aus der Familie derer von Nißmitz haben sich besonders Christoph von Nißmitz und seine Gemahlin Ursula, geb. von Brandt, um Nebra große Verdienste erworben, deren alljährlich in einer Gedächtnispredigt am Sonntage nach dem Todestage Christophs († 9. Aug. 1681) gedacht wird.

Die späteren Besitzer von Nebra waren, da der Erbe der ausgestorbenen Nebraer Linie, Wolf Heinrich von Nißmitz, Nebra mit Zubehör (Rittergut Birkicht) verkaufte, seit 1712 der königl. polnische und chursächsische Feldmarschall Graf von Flemming, seit 1724 der Graf Ludwig Gebhard von Hoym auf Droysig und dessen Enkelin, die Fürstin Louise Henriette von Reuß zu Ebersdorf, seit 1830 der Herr von Helldorf auf Gleina. Gegenwärtig gehört das Schloß, von dessen Parke — wie auch von den Burgruinen aus — man eine prächtige Aussicht auf das Unstruttal hat, welche die von der Unstrutbrücke ohne Zweifel noch übertrifft und zu den schönsten im Unstruttale gehört, dem Kammerherrn von Helldorf auf Drackendorf bei Jena. Eine andere mit Recht vielgerühmte Aussicht ist die von dem ins Unstruttal abstürzenden Rande des Kuhbergs oder Hohenbergs südlich von Nebra, etwa $^1/_4$—$^1/_2$ Stunde entfernt, oberhalb der Stelle, wo die

Steinbrüche aufhören und das junge Nadelholz beginnt. Wenn man von Groß-Wangen kommt, geht man nach Osten zu talabwärts etwa 5 Minuten, bis man eine Brücke hinter sich hat, und unmittelbar hinter derselben den Weg rechts den Berg hinauf, welchen auf der linken Seite junges Laubholz, auf der rechten ziemlich hoher Kiefernwald begrenzt. Dieser führt sicher zu dem Aussichtspunkte.

Was nun das weitere Geschick der Stadt betrifft, so ist sie auch an ihrem neuen Standorte wiederholt von vernichtenden Bränden heimgesucht worden. Am 31. Juli 1472 brannte Nebra beinahe ganz aus; auch bei der Zerstörung der Burg durch die Schweden im Jahre 1641 erlitt die Stadt großen Brandschaden. Eine Inschrift an dem Hause Breite Straße, Ecke der Pfarrgasse (oberhalb des Preuß. Hofes) berichtet hierüber: Anno 1641 den 17. und 19. Aprilis ist | dieses Städtlein in grund verbra(n)d | worden und Anno 1643 ist dieß Hauß vo(n) | Peter Vogten erbauet worden. Am 26. April 1655 entstand abermals in Nebra eine Feuersbrunst, durch welche das Städtlein in einigen Stunden bis auf wenige Häuser eingeäschert wurde und auch die Kirche, die Pfarre und die Schule mit verzehrt wurden. Da nun auch später das Städtchen noch öfter von Bränden heimgesucht[1]) worden ist und eine meist arme, zum großen Teil aus Steinbrechern und Flußschiffern bestehende Bevölkerung hat (1815: 224 Häuser, 1000 Einw., 1867: 2511, 1880: 2710, 1885: 2667,

[1]) Die großen Brände erklären sich zum Teil durch den Wassermangel in der oberen Stadt. Jetzt findet die Versorgung mit Wasser von einer unterhalb der Altenburg gelegenen Quelle aus statt, deren Wasser durch Dampfmaschinen auf die Höhe des Berges gehoben wird.

1890: 2781, 1895: 2780 Einw.), so kann es nicht Wunder nehmen, wenn der Fremde, der sich bei dem malerischen Anblick des Städtchens von der Brücke aus mehr von dem Inneren versprach, durch die Dürftigkeit desselben einigermaßen enttäuscht wird und nur wenig Altertümliches zu betrachten findet.

Beachtung verdient nur die dem h. Georg geweihte Stadtkirche, dessen Bild die Stadt auch in ihrem Siegel führt. Den Anlaß zur Verehrung dieses Heiligen soll folgende Begebenheit gegeben haben. Bei einer Belagerung der Burg zu Nebra geriet die Besatzung in große Not, weil es den Feinden gelungen war, sich des dicht an der Burg gelegenen Brunnens zu bemächtigen. Als infolge davon der Durst aufs höchste gestiegen war, schlich sich das Burgfräulein hinab zu der Quelle, die am Fuße des Burgberges hervorsprudelt, da, wo jetzt der Unstrutbrücke gegenüber das Gasthaus zur Sorge steht. Wie sie sich aber anschickte zu schöpfen, kam aus einer nahe gelegenen Höhle ein Drache hervor, der die Jungfrau verschlingen wollte. Jedoch in demselben Augenblicke kam ihr der Ritter S. Georg vom Wendelstein her mit reisigem Gefolge zu Hilfe, erschlug den Drachen und befreite nicht nur die Jungfrau, sondern auch die Besatzung der Burg. Darum ist ihm die Kirche zu Nebra geweiht, über deren Türe die Begebenheit in Stein eingehauen wurde, und darum verehrten ihn auch die Bürger der Stadt als ihren Schutzherrn.

Da hier soeben von dem Gasthause mit dem eigentümlichen, aber in ganz Deutschland verbreiteten und dennoch durchweg falsch gedeuteten Namen „Sorge" die Rede war, so sei bemerkt, daß er sonst fast ausschließlich von Wirtschaftshöfen gebraucht wird. Er bedeutet nämlich ein durch Ummauerung oder auf andere Weise abgeschlossenes Gehöft, welches den Zwecken der Landwirtschaft und Viehzucht dient und zu diesem Zwecke „versorgt“, d. h. durch eine Mauer oder ein Gehege gesichert ist. Von derselben Wortwurzel stammt das Wort Sarg, der den toten Leib umschließende Behälter.[1]) Das jetzige Gasthaus zur Sorge muß also früher ein herrschaftlicher Wirtschaftshof gewesen sein.

Am Portal der Kirche fallen dem Beschauer tiefe Einschürfungen (Rillen) auf, wie solche auch an nicht wenigen andern Kirchen, zumteil mit „Näpfchen“, d. h. schüsselförmigen Vertiefungen vereint, wiederkehren, so z. B. an der Stadtkirche in Laucha. Über ihren Zweck und die Art ihrer Entstehung gehen die Meinungen noch auseinander. Die Meisten nehmen an, daß sie einem Aberglauben ihre Entstehung verdanken, der Hoffnung nämlich, durch Wetzen der Waffen an den Steinen eines Gott geheiligten Gebäudes sich den himmlischen Beistand und damit den Sieg zu sichern. Über den „Näpfchen“ freilich lagert nach wie vor Dunkel, und damit auch über der eigentlichen Bedeutung der „Näpfchensteine“.

An einem Hause bei dem nach Nordosten zu gelegenen Reinsdorfer Tore erblickt man ein auch anderwärts, so z. B. am Rathause in Naumburg, wiederkehrendes Bildwerk: zwei Hunde, welche sich um einen Knochen zanken. Angeblich stellen dieselben die Burgherrschaft und die Stadtgemeinde dar, welche oft in heftigem Hader um Recht und Besitz sich gestritten haben sollen. Zum Schlusse

---

[1]) Vgl. Größler, Die Bedeutung des Ortsnamens Sorge. („Aus der Heimat“. Jahrg. 1898 Nr. 15.)

sei noch bemerkt, daß über der Haustür der östlich von der Unstrutbrücke gelegenen Mühle folgende Inschrift steht:

Anno 1701 den 24. Julij früh umb 1 Uhr ist diese Mühle abgebrand und alsobald dieses Jahr hinwiederum der Anfang zum Bauen gemacht. Deo omnipotenti et filio Jesu Christo domino et servatori nostro et spiritui sancto sit laus et honor et gloria in infinita secula.

G. V. N. A. V. R.

Johann Heinrich v. Rißmitz (undeutlich).

Zweiter Teil.

Das untere Tal von Vitzenburg bis zur Unstrutmündung.

Vitzenburg.

Vitzenburg, welches mit der Birkenschäferei und Kleinzingst zusammen im Jahre 1890 219 Einwohner hatte, liegt $1^3/_4$ Stunde von Querfurt, $2^1/_2$ Stunde von Laucha, $^1/_2$ Stunde vom Bahnhofe Nebra und $^1/_2$ Stunde vom Bahnhofe Vitzenburg (Reinsdorf) entfernt auf einem schroff zur Unstrut abstürzenden Vorberge des von Klein-Wangen bis Vitzenburg sich erstreckenden Ronnebergs. Es war in ältester Zeit, wenn wir von der sächsischen Zeit nach dem Sturze des thüringischen Königreichs absehen, wie Ritteburg, Wiehe, Burgscheidungen u. a. eine Reichsburg, zu welcher die Dörfer Klein-Wangen, Zingst, Klein-Zingst, Reinsdorf, Liederstedt, Krautdorf (jetzt nur Dorfteil), Preditz, Weißenschirmbach, Gölbitz, Barca (wüst), Johannrode (wüst), Kunisch (wüst), Kymen (wüst), Groß- und Klein-Neckendorf (wüst), Ober-, Mittel- und Unter-Stachelrode (ebenfalls wüst) gehört zu haben scheinen. Auch Klein-Eichstedt gehörte, wenigstens in späterer Zeit, zu der Herrschaft. Die Burg wird schon gegen Ende des 8. Jahrhunderts im Hersfelder Zehntverzeichnisse in der Form Fizenburc, im Jahre 979 in einer dem Kloster Hersfeld vom Kaiser Otto II. erteilten Urkunde in der Form Uitzanburch erwähnt und 991 Vizenburg, um 1100 Vizemburch, 1121 Vicinpurch und ähnlich mit geringen Abweichungen auch in den folgenden Jahrhunderten geschrieben. Nun findet sich in einer Copie der Urkunde von 979 bereits die irreführende Schreibung Wizinburg, und dieser sind später die noch stärker verderbten Schreibungen Wizzenburg, Wiczinburg, Wyssenburg, ja sogar Winczenburg und (1334) Vyzzthenburg nachgefolgt. Natürlich haben diese falschen Schreibungen in manchen Köpfen große Verwirrung angerichtet, so daß man z. B. auf Grund der entstellten Formen Wizzenburg und Wyssenburg ohne Rücksicht darauf, daß keine einzige Schreibung ein anlautendes H zeigt und daß das i in dem Namen durchaus nicht lang gesprochen wird, den Namen von dem ahd. hwîz, nhd. weiß ableiten zu müssen glaubte und demnach aus der Vitzenburg eine Weißenburg machte. Noch verwegener, weil auf die sehr späte Form des Jahres 1334 sich stützend, ist die zuerst von Cyriacus Spangenberg in seiner Quernfurtischen Chronica S. 35 vertretene Herleitung des Namens von dem Amtstitel vicedominus (Vitztum), den es zur Zeit der Gründung der Burg oder doch ihres urkundlich bezeugten Daseins überhaupt noch nicht gab. Es scheint daher nur übrig zu bleiben, in dem Bestimmworte des Ortsnamens den ja ohnehin um 1100 urkundlich bezeugten Personennamen Vizo zu erkennen und Vitzenburg als die Burg eines Vizo zu deuten. Der um 1100 bezeugte edle und überaus reiche (nobilis ac praedives) Besitzer der Burg Vizo de Vizenburg könnte sehr wohl der Nachkomme eines gleichnamigen Vorfahren und Gründers der Burg sein. Doch giebt es auch noch eine andere Deutungsmöglichkeit. Da nämlich der Berg, auf welchem die Vitzenburg steht, aus auffällig gleichmäßig gelagerten Sandsteinschichten besteht, die eine gewisse Ähnlichkeit mit an einander gereihten und doch von einander geschiedenen Gebinden Garn haben, und das ahd. fizza, fiza, vitza, mhd. vitze, ein Gebinde oder eine Fitze Garn, überhaupt einen Abschnitt bedeutet, so könnte gar wohl der Berg, schon bevor er eine Burg trug, wegen seiner fitzenmäßigen Lagerung Fitzenberg genannt worden sein, eine Bezeichnung, die dann ohne weiteres auf die auf ihm erbaute Burg überging.

Was aber das Alter der Vitzenburg angeht, so steht es ja bei ihrer Erwähnung im ersten und zweiten Abschnitte des Hersfelder Zehntverzeichnisses außer Zweifel, daß sie gegen Ende des 8. Jahrhunderts bereits vorhanden war. Nun behauptet aber Cyriacus Spangenberg in seiner Quernfurtischen Chronika vom Jahre 1590 S. 107, der fränkische König Dagobert[1]) habe „aus dem alten fränckischen Castell Viceburg" ein Jungfrauenkloster gestiftet, nimmt also an, daß der Berg alsbald nach der Besitznahme des Hosgaues durch die Franken mit einer Burg gekrönt worden sei. So wenig sich nun auch diese Behauptung anderweit urkundlich beweisen läßt, so ist die Annahme doch in hohem Grade wahrscheinlich, weil urkundlich feststeht, daß auf der Bitzenburg außer einer Pfarrkirche S. Johannis des Täufers auch noch eine in die Ehre des Märtyrers Dionysius (ad reverentiam sancti Dionisii martyris) geweihte Klosterkirche gestanden hat. Dieser Dionysius aber (Saint Denis) war fränkischer Nationalheiliger, und ihm sind, wie auch dem Bischof Martin von Tours, im Innern von Deutschland sicher nur in der ersten Zeit nach der fränkischen Besitznahme Kirchen geweiht worden, zumal weil nach dem Auftreten des Bonifatius und seiner Genossen diese bei der Wahl von Schutzheiligen vor allen andern bevorzugt worden sind. Auch der Umstand, daß die Pfarrkirche auf der Bitzenburg, welche außer Bitzenburg selbst noch Krautdorf bei Liederstedt und die rechts vom Siedebache gelegene Hälfte von Pretitz und Weißenschirmbach geistlich zu versorgen hatte (Plath, Die Bitzenburg und ihre Bewohner, Harzzeitschr. XXVI, S. 355), dem Täufer Johannes gewidmet war, also der Bekehrung und Taufe der noch heidnischen Umwohner dienen sollte, und daß sie innerhalb der schützenden Burg erbaut war, könnte für ihre Gründung in der Frühzeit

[1]) Spangenberg sagt nicht, ob er Dagobert I (622—638) oder Dagobert II (673—678) meint; vermutlich aber den ersten, weil nur dieser sich um die Ostmarken seines Reiches ernstlich gekümmert hat.

des von der Staatsgewalt beschützten Christentums sprechen.

Wann nun eigentlich das Bitzenburger Kloster, welches ursprünglich eine Benediktinerinnen-Abtei war, gegründet worden ist, läßt sich mit Sicherheit nicht feststellen, da die Berichte und Ansichten darüber weit von einander abweichen. Wie schon bemerkt, läßt Spangenberg dieses Kloster bereits von einem König Dagobert gestiftet sein, und ganz aus der Luft kann er diese Behauptung doch wohl nicht gegriffen haben, obwohl eine Klostergründung im Innern Deutschlands um diese Zeit etwas sehr Auffallendes wäre. Er fügt weiter hinzu (a. a. O. S. 107), ein Burgherr auf der Bitzenburg, der um 880 gelebt und dem in kurzer Zeit alle seine Kinder gestorben wären, habe, als seine Gemahlin wieder guter Hoffnung gewesen, „bey den Jungfrawen zur Bitzenburg (welches damalß ein Closter gewesen) vnd bey den Mönchen auf dem Petersberge zu Erffurt vmb fleißige Fürbitt zu Gott angesucht vnd auch besondere Gelübniß gethan zu beider Clöster Beföderung, wo Gott gnediglichen helffen würde“, und weiter (S. 121), daß „im 989. Jhar ein schrecklich Landsterben gewesen vnd das Closter Bitzenburg gar ausgestorben.“ Ist letzteres richtig, so konnte eine Neubesetzung des Klosters von der Folgezeit gar leicht als eine Neugründung aufgefaßt werden. In einer zu Allstedt am 19. Januar 991 ausgestellten Urkunde des Kaisers Otto III. wird nämlich ein um diese Zeit schon verstorbenes Ehepaar, der edle Mann Brun und seine Gemahlin Adilint, nicht nur als ehemalige Burgherrschaft, sondern auch als Gründer einer Kirche und eines Klosters in der Bitzenburg bezeichnet, welche das Ehepaar außer beträchtlichem Landbesitz in nächster Nähe der Burg auch mit Eigengütern in den Dörfern Liederstedt, Bedra, Schortau, Gröst, Zeuchfeld, Reinsdorf (a. d. Geisel) und noch einem unbekannten Dorfe — welches schwerlich, wie manche annehmen, Zütschdorf war — ausgestattet habe. („Quidam nobilis vir Brun nominatus et eius coniunx Adilint in civitate sua Vitzenburg ecclesiam construxerunt eamque . . dotaverunt, illuc dantes praedia sua, quae habuerunt in villis Liedenstedi, Zidici, Widri, Zirtowa dictis et in villa Grodisti octo mansos et in villa Zuchibuli sex mansos et dimidium et in villa Regingeresdorf novem mansos." (Monum. Boica XXVIII, I, 247 ff.)

Es soll hier nicht untersucht werden, ob diese Güter aus dem Erbe des Mannes oder der Frau stammten; nur die Wahrscheinlichkeit soll hervorgehoben werden, daß „der edle Brun" ein Sproß der Edelherren von Querfurt gewesen sein wird, in deren Geschlechte der Name Bruno bekanntlich sehr beliebt war. So sicher nun auch diese (zweite) Gründung des Vitzenburger Klosters gegen Ende des 10. Jahrhunderts verbürgt ist, so wird uns doch noch von einer dritten berichtet. Nämlich der Pegauer Mönch, der Verfasser einer Chronik des von dem Markgrafen Wiprecht von Groitsch gegründeten Klosters Pegau in Sachsen, erzählt, gegen Ende des 11. Jahrhunderts habe ein edler und sehr reicher Ritter namens Vizo von Vizenburg gelebt, der auf seinem Schlosse Vitzenburg eine Abtei gestiftet und mit Nonnen besetzt habe. Vor seinem (im Jahre 1106 erfolgten) Tode aber habe er alle seine Güter seinem Verwandten, dem Markgrafen Wiprecht von Groitsch, vermacht, der infolge dieser Erbschaft auch das Oberaufsichtsrecht über das von Vizo gegründete Klosten Vitzenburg erhalten habe. Natürlich ist der Pegauer Mönch insofern schlecht unterrichtet, als es nicht zweifelhaft sein kann, daß in Bitzenburg schon lange vor dem erwähnten Bizo eine Benediktinerinnenabtei bestanden hat. Das Richtige trifft offenbar Spangenberg, welcher (S. 165 seiner Quernfurtischen Chronik) erzählt: „Der alte Graff Wiprecht richtete daselbst (in Beichlingen) vnd auch zur Bitzenburg die beide verfallenen Jungfrawen Clöster wider auff.“ Der Pegauer Mönch hat also die Wiederherstellung irrigerweise für eine Neugründung gehalten. Ohne es zu wollen, wurde nun Wiprecht die Ursache zur Aufhebung dieses Nonnenklosters. Er brachte nämlich außer seiner zum zweiten mal verwitweten Mutter Sigena (VI. Kal. Martii secundo viduata) auch eine Nichte seines Stiefvaters, des Grafen Friedrich von Lengefeld, eine schwerreiche Dame, mit zahlreichem Gefolge auf der Bitzenburg unter, welche letztere ihren Reichtum mißbrauchte und die ohnehin weltlich gesinnten Nonnen zu ungeistlichem Leben verleitete. Darüber geriet nun der Klostervogt Wiprecht in großen Zorn, befahl den Nonnen, sofort das Kloster zu räumen und erhielt auf seine Anfrage bei dem hochangesehenen Bischof Otto von Bamberg von diesem den Rat, das Kloster mit Mönchen zu besetzen und sich dazu an den Abt des Klosters Corvey, welches damals für ein Muster mönchischer Zucht galt, wegen Überlassung von Mönchen zu wenden. Durch Vermittelung des Abtes Windolf zu Pegau erlangte er auch im Jahre 1109 von dem Corveyer Abte den Ludiger, welcher früher Prior in Pegau gewesen war, zum Abte des umgewandelten Klosters, der es dann (nach Angabe des Pegauer Mönches) auf den Rat des Bischofs Otto v. B. nach dem benachbarten Reinsdorf verlegte. Doch diese Angabe ist sicher irrig, da der in dieser Hinsicht besser unterrichtete Nikolaus von Siegen aus dem Peterskloster zu Erfurt, welcher 1492 37 Wochen als Prior in dem Reinsdorfer Kloster verweilte und dort die beste Gelegenheit hatte, sich über die Vergangenheit des Klosters zu unterrichten, ausdrücklich bemerkt, Abt Ludiger habe erst später, namentlich wegen Wassermangels, das Kloster in die Niederung des Unstruttals (nach Reinsdorf) verlegt. Keinesfalls kann das Kloster schon im Jahre 1121 von Bitzenburg weg verlegt gewesen sein, da in diesem Jahre Kaiser Heinrich V., um die mannigfachen Verdienste des Bischofs Otto zu belohnen, dem Hochstifte Bamberg die Abtei Bizenburg (Vizinburgh) übereignete. Damals also war der Standort der Abtei noch Bitzenburg. Die Verleihung des Klosters durch den Kaiser dürfte sich so erklären, daß zwar der eigentliche Geschenkgeber an Bamberg Wiprecht war, daß aber seine Schenkung, weil die Herrschaft Bitzenburg zweifellos Reichslehen war, der Wiederholung oder Genehmigung durch den Kaiser bedurfte, oder daß Wiprecht, welcher durch Feindseligkeiten den Kaiser schwer erzürnt hatte, dem Kaiser außer anderen Gütern auch Bitzenburg im Jahre 1113 hatte abtreten müssen. Da jedoch nach Nikolaus von Siegen Wiprecht in Gemeinschaft mit dem Bischof Otto die Verlegung der Abtei nach Reinsdorf bewirkt hat, so scheint ihm der Kaiser die Verfügung über Bitzenburg doch belassen oder zurückgegeben zu haben. Wiprecht wird also das Vogteirecht über die Abtei bis zu seinem im Jahre 1124 erfolgten Tode ausgeübt haben, so daß die Verlegung in der Zeit von 1121—1124 stattfand, und nach ihm sein Sohn Heinrich, welcher im

Jahre 1136 starb. Nach beider Tode wird die Vitzenburg mit allen anderen Gütern aus ihrem Nachlasse an Heinrichs Tochter Bertha, die Gemahlin des Grafen Dedo von Wettin, gefallen sein, wogegen Landgraf Ludwig von dem Bischof Otto zum Klostervogt ernannt wurde. Das Haus Wettin wird daher seit dem Jahre 1136 die Lehnshoheit über die Herrschaft Vitzenburg ausgeübt haben. Doch ist auch denkbar, daß die Landgrafen von Thüringen, zugleich Pfalzgrafen von Sachsen, in letzterer Eigenschaft die Lehnsherrlichkeit über Vitzenburg erlangt haben, die dann erst nach dem Aussterben des Landgrafengeschlechts (1246), aber nicht ohne Kampf, an die Markgrafen von Meißen übergegangen ist.

Als Lehnsinhaber erscheinen im 12. und 13. Jahrhundert Angehörige edler Geschlechter unbekannter Abstammung, welche sich aber nach der Burg nannten, so 1162—1173 Iggold oder Ingeld, 1194—1207 Udalschalk oder Udeschalk, 1246 bis 1269 Meinher, sämtlich von Vitzenburg. Letzterer war höchstwahrscheinlich ein Sproß der Edelherrenfamilie von Querfurt.

Aus dem 13. Jahrhundert hat sich nur eine dürftige, aber immerhin wichtige Nachricht über die Burg selbst erhalten. Graf Siegfried von Anhalt bemächtigte sich nämlich gleich beim Beginne des thüringischen Erbfolgekrieges im Jahre 1247 der Vitzenburg, wie auch anderer nordthüringischer Burgen, konnte sie aber nur kurze Zeit behaupten. Denn es wurde am 1. Juli 1249 in einem zu Weißenfels zwischen dem Markgrafen Heinrich dem Erlauchten von Meißen und den Grafen Günther und Berthold von Kevernburg, dem Grafen Albert von Rabinswald, den Grafen Heinrich und Günther von Schwarzburg, dem Grafen Friedrich von Beichlingen, den Grafen Theodorich und Heinrich von Honstein, dem Grafen Friedrich von Stolberg, Herrn Heinrich von Heldrungen, den Herren Ludolf und Heinrich von Allerstedt, Ditmar von Willerstedt und Heinrich und Eilolf von Bendeleben abgeschlossenen Sühnevertrage bestimmt, daß alle seit dem Tode des Landgrafen (Heinrich Raspe) im Fürstentum Thüringen neu aufgeführten (Burg-)Bauten, und namentlich Vitzenburg und Sachsenburg zerstört werden sollten. (Cod. Dipl. Anh. II p. 142 No. 181: Item omnia edificia que de novo sunt edificata in principatu Thuringie post mortem landgravii, et precipue Wizinburg et Saxinburg, destruentur.) Hieraus ergibt sich, daß die Vitzenburg kurz vor dem Jahre 1249 einen Neu- oder Erweiterungsbau erfahren haben muß. Ob aber die Zerstörung dem Vertrage gemäß wirklich stattgefunden hat, ist ungewiß. Jedesfalls erscheint Vitzenburg im folgenden Jahrhundert wieder als befestigter Ort.

Im Anfange des 14. Jahrhunderts erscheinen kurze Zeit Schenken von Saleck, die sich auch Schenken von Vitzenburg nennen, als Herren der Burg, aber schon seit 1317 bezw. 1326 bezeichnet sich Bruno III., edler Herr von Querfurt, in verschiedenen Urkunden ausdrücklich als Herrn von Vitzenburg (dominus castri Vitzenburg) und kommt bis 1338 als solcher vor. Wenn ferner im Jahre 1334 der edle Busso von Querfurt, Herr zu Nebra, bekennt, daß er nicht nur Haus und Stadt Nebra, sondern auch das Schloß Vitzenburg (Vyzzthenburch) von dem Erzbischof Otto von Magdeburg zu Lehen empfangen habe, wofür er demselben gegen alle seine Feinde zu dienen gelobt, mit Ausnahme der Markgrafen von Meißen, so wird diese Erklärung wohl so zu verstehen sein, daß die Oberlehnsherren der Burg nach wie vor die Markgrafen von Meißen aus dem Hause Wettin waren, gegen die daher Busso auch nicht feindlich auftreten konnte, daß diese aber, wenn auch nur für einen Teil ihrer Besitzungen, unter denen Vitzenburg sein mochte, die Erzbischöfe von Magdeburg als ihre Lehnherren anerkannt hatten Oder nur Nebra war Magdeburger Lehn, und nicht Vitzenburg. Als spätere Herren von Vitzenburg aus Querfurter Geschlecht erscheinen in Urkunden Gebhart XVI. (1341—1353), nach ihm sein ältester Sohn Bruno VI. (1372), der ebenfalls ausdrücklich als dominus in Viscenburch bezeichnet wird, welchem sodann sein jüngster Bruder Protze I. (seit 1402) im Besitz nachfolgte. Als aber Protze im Jahre 1426 bei Aussig in Böhmen gegen die Hussiten gefallen war, wurden seine Söhne Gebhart XVIII., Hans IV. und Bruno VIII. von dem Herzoge Friedrich von Sachsen mit den Gütern ihres verstorbenen Vaters, unter welchen das halbe Teil an dem Schlosse Vitzenburg war, belehnt. Wer Inhaber der anderen Hälfte geworden war, ist nicht bekannt. Vielleicht war dieselbe schon damals an die späteren Besitznachfolger verkauft oder verpfändet worden. Der jüngste der drei Brüder, Bruno VIII., verkaufte im Jahre 1464 an Hans von Selmenitz († 1483) das Schloß Vitzenburg mit den Dörfern Litenstedt, (Klein-) Eichstedt, Gelwitz, Pretisch, (Klein-)Wangen und Stachelrode (jetzt wüst) für 5000 Gulden, behielt sich aber die Oberlehnschaft über das Schloß vor, wozu seine Lehnsherren, Kurfürst Friedrich und Herzog Wilhelm von Sachsen, ihre Einwilligung gaben, mit dem Bemerken, daß die Lehn halb den Herzögen von Sachsen, halb den Herren von Querfurt zustehe.

Die Herren von Selmenitz erscheinen nun auch eine Zeitlang als Besitzer von Bitzenburg, nur wurde nach dem Aussterben der Edlen von Querfurt (mit Bruno VIII. dem Älteren am 26. Februar 1496) Herzog Albrecht von Sachsen ihr alleiniger Lehnsherr, da Bitzenburg mit anderen sächsischen Lehnstücken an Sachsen zurückfiel. Im Jahre 1516 verpfändete Wolf von Selmenitz die Burg dem Abte von Sittichenbach auf 6 Jahre, 1521 aber verkauften sie seine Mündel, Hans und Friedemann von Selmenitz, an den Bruder ihrer Mutter, Joachim von Lichtenhain, für 3000 Gulden, dessen Nachkommen sie dann bis 1649 besaßen. Während ihrer Besitzzeit ließen Nickel und Valten von Lichtenhain den im ersten Hofe rechts gelegenen Teil des 1492 zum Teil abgebrannten Vorschlosses wieder aufbauen. An ihre Bautätigkeit erinnert noch ein Türbogen mit der Jahreszahl 1574 und eine überbaute Säulenhalle mit der Jahreszahl 1587, dem Namen und dem Wappen ihrer Familie (weißem Kammrad in rotem Felde). Aber gleich nach beendigtem 30jährigem Kriege (1649) mußte Friedrich Wilhelm von Lichtenhain den starkverschuldeten Besitz tausch- und kaufweise dem Oberstleutnant Hans Heinrich von Heßler auf Kloster-Heßler überlassen, dessen Nachkommen die Burg dann etwa anderthalb Jahrhunderte besessen haben. Aus dieser Zeit ist nur bemerkenswert, daß der Landkammerrat Friedrich Moritz von Heßler das alte Schloß hat niederreißen und in den Jahren 1764 bis 1767 unter Beibehaltung der Fundamente und einzelner älterer Teile das jetzige Schloß im Renaissancestil hat erbauen lassen. Bei dieser Gelegenheit fand man viele uralte Waffenreste und so viele Menschenknochen im Erdboden, daß 30 Mann fast zwei Tage zu tun hatten, um sie hinwegzuräumen. Welch unersetzlicher Verlust für die Altertumswissenschaft, daß eine solche Masse von Überresten aus grauer Vorzeit ohne wissenschaftliche Prüfung und Würdigung von seiten Sachverständiger gedankenlos beseitigt worden ist, obwohl man bereits damals der Meinung war, daß diese Gebeine und Waffen aus dem frühen Mittelalter herrührten!

Daß die Zeit der Erbauung des neuen Schlosses, dessen Vorschloß samt den Wirtschaftsgebäuden und dem Pfarrhofe schon 1492 niedergebrannt war, etwa drei Jahre gedauert hat, beweist die Jahreszahl 1767, welche über der Haustür des Schlosses eingehauen steht.

Im Jahre 1803 vermachte der kinderlos gebliebene Landkammerrat Friedrich Moritz von Heßler dem zweiten Sohne seiner ältesten Schwester, der Gräfin von der Schulenburg-Burgscheidungen, das Schloß nebst Zubehör. Dessen Nachkommen besitzen es noch jetzt und führen zur Erinnerung an den Erblasser bedungenermaßen den Namen „von der Schulenburg, genannt Heßler".

Wer das Schloß besuchen will, betritt es durch ein hohes Einfahrtstor, an welches sich eine aus rotem Sandstein erst in den Jahren 1881 bis 1884 aufgeführte Ringmauer mit vielen Türmchen anschließt, welche in großem Bogen den mit schönen Teppichbeeten geschmückten Schloßhof umschließt. Über der Torfahrt ist ein sauber ausgeführtes Doppelwappen angebracht, welches (herald.) rechts drei (2 : 1) gesetzte Adlerbeine, links dagegen einen halben Löwen und einen Türkensäbel zeigt, die Wappen der Familien von der Schulenburg und von Heßler, sowie der Familie Senfft von Pilsach, welcher die Gemahlin des jetzt lebenden Besitzers entstammt.

Darüber steht der Wahlspruch:

Mit starker Hand.

Darunter:

Der - Herr - behuete - dieses - Haus.
Und - alle - die - gehen - ein - und - aus.

Von dem ehemaligen Kloster und seiner Dionysiuskirche, die an der Stelle des südlichen Schloßflügels gestanden haben soll, aber dem Neubau des Schlosses im Jahre 1764 hat weichen müssen, ist jede Spur verschwunden.

Die außerhalb des Schloßhofes gelegene, in den Jahren 1713—1715 neu erbaute Kirche, welche an derselben Stelle steht, auf welcher ehemals die Pfarrkirche S. Johannis des Täufers gestanden hat, bietet, abgesehen von einigen Grabsteinen, nichts Merkwürdiges; doch sollen bei ihrem Neubau ausgezeichnete Kunstwerke des früheren Mittelalters verloren gegangen sein. Nur zwei Glocken von dem bekannten Erfurter Gießer Eckhart Kuchigen oder Kucher aus dem Jahre 1573 sind beachtenswert. Beide tragen, wie die meisten Glocken dieses Gießers, die Losung der Reformationszeit, die größere in deutscher, die kleinere in lateinischer Sprache, beide allerdings in fehlerhafter Schreibung: „Gots Wort bleibet ebig" und „Verbum Domini mannet in aethernum."

Von einigen in der Nähe von Bitzenburg gefundenen und auf dem Schlosse aufbewahrten Altertümern ist besonders ein Muschelschmuck aus Schalen einer Spondylusart von Scheiben-, Eberzahn- und Walzenform, der bei der Zuckerfabrik Bitzenburg gefunden worden ist, beachtenswert. Die nächste Bezugsquelle derartigen Schmuckes, welcher in die Zeit der bombenförmigen, bandverzierten Gefäße und somit mindestens in das dritte Jahrtausend v. Chr. G. gehört, ist das rote Meer oder der indische Ocean. Um etwa 3000 Jahre jünger, aber auch ein merkwürdiger Überrest der Vergangenheit, ist die Ausbeute eines an der Grenze der Fluren Reinsdorf und Carsdorf auf dem Lerchenfelde eröffneten kleinen Gräberfeldes, dessen Fundstücke der römischen Kaiserzeit und der thüringisch-fränkischen Urzeit, also etwa den ersten 5 Jahrhunderten n. Chr. G. angehören. Von ihnen sind besonders hervorzuheben mehrere Tongefäße altthüringischer Herkunft, verschiedene Fibeln oder Gewandnadeln aus Bronze, Eisen und Silber, weiblicher Schmuck aus Metall, Glas und Bernstein, und eine fränkische Wurfaxt, eine sogenannte Francisca aus Eisen.

Endlich ist noch als ein immerhin seltenes Stück aus christlich-romanischer Zeit eins jener Gießgefäße aus Bronze zu erwähnen, ein sogenanntes Aquamanile, dessen sich der Priester bei Handwaschungen in der Kirche zu bedienen pflegte. Das Bitzenburger Aquamanile, welches aus der Liederstedter Kirche stammen soll, hat die Gestalt eines Löwen, dessen Mähne durch gleichmäßig geformte Wellenlinien dargestellt ist. Der Schweif verbindet sich mit dem rechten Hinterbein zu einem Henkel, der aber nicht als solcher dienen sollte, da noch ein besonderer Henkel angebracht ist, welcher von dem Hinterhaupte des Löwen bis zu dessen Kreuzwirbel reicht. Aus dem Rachen des Löwen geht eine runde, als Ausguß dienende Röhre hervor. Das Gefäß hat von den Tatzen bis zu den Ohren 25,5 cm Höhe und fast genau dieselbe Länge vom Schweife bis zum Rande der Ausgußröhre. Besonders ähnlich ist dem hier beschriedenen ein ebenfalls löwengestaltiges Aquamanile aus Braunschweig, welches Kruse auf Tafel II seiner deutschen Altertümer I, 4 abgebildet hat.

Vor dem Scheiden kann man mit Erlaubnis des Schloßherrn von einem nach Osten zu gelegenen, bastionsartig vorspringenden Aussichtspunkte des sorgsam gepflegten Parkes, in dessen Mitte eine schattende Linde steht, eine überaus schöne Aussicht auf das liebliche Tal der Unstrut genießen, welche sich von Carsdorf bis nach Nebra dicht am Fuße des steil abfallenden Schloßberges vorbei in schöngeschwungenem Bogen hinzieht. Da Vitzenburg gerade im Scheitelpunkte des hier fast einen rechten Winkel bildenden Unstruttales liegt, so ist dieses dem Blicke hier sowohl nach Carsdorf wie nach Nebra zu geöffnet.

Reinsdorf. Der Schlangengang bei Steigra.

Um von Vitzenburg aus zum Vitzenburg-Reinsdorfer Bahnhofe zu gelangen, welcher Reinsdorf erheblich näher liegt, als Vitzenburg, folgt man vom Gasthofe zum Schweizerhaus in östlicher Richtung bis über den Park hinaus der Fahrstraße und geht dann auf einem durch eine Pappelallee gekennzeichneten Fußwege an der Vitzenburger Zuckerfabrik vorbei hinab zum Bahnhofe, den man in 25—30 Minuten erreicht. (Der Nebraer Bahnhof ist von Vitzenburg ungefähr gleich weit entfernt. Von Nebra aus kann man Reinsdorf in nordöstlicher Richtung erreichen, wenn man die dicht bei der Reinsdorfer Kirche gelegene Fähre über die Unstrut benutzt.)

Das ansehnliche Dorf Reinsdorf, welches im Jahre 1890 660 Einw. hatte, hieß im 8. Jahrhundert Reginheresdorpf, 1127 Regenstorff, später

Reinsdorf, und war sonach im früheren Mittelalter leicht von Reinsdorf bei Artern (im 8. Jahrhundert Reginhardesdorf, später Reynerstorff) und Reinsdorf a. d. Geisel (991 Regingeresdorf) zu unterscheiden. Der Gründer war also ein Mann namens Reginher, dessen Name entweder einen klugen oder einen gottbegnadeten Krieger bedeutet. Nicolaus von Siegen, der sich im Jahre 1492 in dem Kloster aufhielt, deutete den damals schon zu der Form Reinsdorf zusammengeschrumpften Namen sehr ungeschichtlich, indem er annahm, der erste Abt Ludiger habe den Ort als Ort der Reinheit bezeichnen wollen („constructoque monasterio Reynsdorf ipsum quasi mundam villam sive villam Puritatis sepedictum monasterium nuncupavit"). Es zerfiel vor Zeiten in zwei besondere Dörfer, das Ober- und Unterdorf. Ein Teil des Unterdorfes ist zerstört worden und mit ihm die dem h. Wenzel geweiht gewesene Pfarrkirche des Unterdorfes, welche man nicht wieder aufgebaut hat. Diese Kirche lag ohne Zweifel am östlichen Ende des Dorfes ganz nahe bei der jetzigen Pfarre, da wo in der Nähe der Schule und der Brauerei noch jetzt eine Stelle „der alte Kirchhof" heißt. Jetzt dient als Pfarrkirche die westlich vom Oberdorfe gelegene ehemalige Klosterkirche S. Johannis Baptistae, welche mit den Klosterwiesen, den Klosterhäusern und der Buschmühle zu dem Rittergute Zingst gehört. Nicht weit von der Pfarre nach Carsdorf, also nach Südosten zu, liegt die Altenburg, von deren Vergangenheit man nichts mehr weiß, auf einer erhöhten, gegen Überschwemmungen geschützten Bodenschwellung nahe der Unstrut. Doch ist Schutt und Asche in Menge vor mehreren Jahrzehnten von da weggefahren worden, aber von den bei dieser Gelegenheit gemachten Funden ist nichts erhalten geblieben. Ebenso dunkel ist die Kunde von der **Rattenburg**, ein Name, welcher an den westlich von der Altenburg gelegenen Wiesen haftet.

Von der größten Bedeutung für den Ort ist das hierher verlegte Benediktiner-Mönchskloster Johannis des Täufers gewesen, dessen Urkunden im Dresdner Staatsarchive lagern und leider noch immer ihrer Veröffentlichung harren. Was die geschichtliche Vergangenheit dieses Klosters betrifft, so ist schon in dem Abschnitte Vitzenburg darauf hingewiesen worden, daß es sich ursprünglich auf der Vitzenburg befunden hat, aber in den Jahren 1121—1124 von dem Markgrafen Wiprecht von Groitsch auf Rat des Bischofs Otto von Bamberg namentlich wegen Wassermangels nach Reinsdorf verlegt worden ist.' Die Verlegung fand unter dem von dem Kloster Korvey erbetenen ersten Abte Ludiger statt und zum Standorte wurde nach Nicolaus von Siegen eine Wiese unterhalb von Vitzenburg zwischen zwei Dörfern auserkoren. Diese beiden Dörfer waren nicht, wie Plath annimmt, Ober- und Unter-Reinsdorf, denn das Kloster lag ja oberhalb von Reinsdorf, sondern letzteres Dorf und das alte Dorf Nebra, welches damals noch in der Gegend der Grabenmühle lag. („Cum ibidem — sc. in castro Vizenburg — penuria aque propter montis altitudinem esset, idem pater Ludigerus, fretus consilio et auxilio Ottonis episcopi et Wigberti comitis, de monte se transtulit et inter duas villas inferius circa litus in loco ameno, scilicet prato, habitacula monachorum constituit.“)

Der Bau des Klosters und der Kirche muß mit Eifer betrieben worden sein, denn bereits in der Osterwoche des Jahres 1127 (am 5. April) weihte Bischof Otto von Bamberg auf seiner zweiten Missionsreise nach Pommern einen Teil des von ihm neuerbauten Gotteshauses. („Feria secunda pasche monasterium noviter a se constructum (1127) Regenheresthorf expeciit, quod et feria tertia pasche in honore S. Iohannis Baptiste debita cum veneratione dedicavit, multum se iterque suum beato Iohanni, intimo patrono suo, commendans.“ Ebonis Vita Ottonis.) Daß das Hochstift Bamberg diesen Besitz der Huld des Kaisers Heinrich V. verdankte, ist schon früher bemerkt worden. (Abbaciam enim Vicenburc, que nunc mutato loco et nomine Regenstorf appellatur, cum omnibus ad eam pertinentibus a munificentia domini Heinrici imperatoris iunioris acceptis privilegiis regie auctoritatis sancte Babenbergensi ecclesie adiecit“ berichtet der Dialogus Herboldi I, 14.) Im Jahre 1135 muß der Bau der Klosterkirche im wesentlichen vollendet gewesen sein, denn Nicolaus von Siegen berichtet: „Anno domini 1135 consecratum fuit solempniter monasterium Reynsdorff per reverendissimum ac sanctissimum virum Ottonem Babenbergensem episcopum octavum, qui de consensu Halberstatensis episcopi nonas maji temporibus Lotharii regis ipsum cenobium procurante Wulfframo abbate secundo in honorem Dei ac virginis marie et summum altare consecravit in honorem sancti Johannis baptiste ac precursoris domini.“ Bischof Otto beraubte also den Märtyrer Dionysius seiner Würde als Schutzheiliger des Klosters und setzte den Täufer Johannes, den des Bischofs Lebensbeschreiber dessen intimus patronus nennt, an seine Stelle. Die Beziehung zu Bitzenburg wurde wenigstens insofern festgehalten, als die Jungfrau Maria Mitpatronin blieb und der Täufer Johannes auch Patron der Bitzenburger Pfarrkirche war. Freilich kann in Bezug auf diese die Sache auch so liegen, daß sie erst von den Reinsdorfer Äbten erbaut und dem Schutze ihres Klosterheiligen unterstellt worden ist. Eine eigentliche Geschichte des Klosters zu geben ist hier nicht der Ort. Nur die wichtigsten Entwickelungspunkte können hier angedeutet werden. 1139 nahm der Papst Innocenz II. das Kloster in seinen besonderen Schutz. 1491 traten die Insassen desselben der Bursfelder Kongregation bei. Im folgenden Jahre wurde der bekannte thüringische Geschichtschreiber Nicolaus von Siegen hierher als Prior versetzt, um die aufsässig gewordenen Mönche zu zügeln, kehrte aber nach einem Aufenthalte von nur 37 Wochen nach Erfurt zurück, weil er sich dieser Aufgabe nicht gewachsen fühlte. 1525 wurde im Bauernaufruhr das Kloster, wie so viele andre, geplündert und 1540 säkularisiert.

Die von dem Bischof Otto von Bamberg dem Täufer Johannes gewidmete ehemalige Klosterkirche war ursprünglich eine romanische Kreuzkirche, ist aber heutzutage in ihrem Grundriß nur unvollständig erhalten, überdies durch spätere Umbauten entstellt und darum für den Freund des Altertums von verminderter Wichtigkeit. Doch finden sich an einer oder zwei Ecken der Kreuzverzierung noch reich verzierte romanische Kämpfer, die sicher der Zeit der Gründung angehören. Allerdings ist dabei zu bemerken, daß von dem ersten Bau der Reinsdorfer Klosterkirche nichts erhalten zu sein scheint. Denn Bischof Konrad bekundet, daß er die Kirche in Reinsdorf, unter der er nach dem Inhalte der Urkunde die Klosterkirche versteht, bei einer Visitation daselbst ungeweiht gefunden und auf Bitte des Abtes Heinrich im Jahre 1206 am 9. September, dem Tage des h. Gorgonius, geweiht habe. Es wird also Anfang des 13. Jahrhunderts ein Neubau der Kirche stattgefunden haben. Das gotische Maßwerkfenster im Altarraume zeigt, daß auch im späteren Mittelalter ein Umbau stattgefunden hat. Die Decken und Wände sind mit Malerei, wohl durchweg nicht hohes Alters, bedeckt.

Besondere Beachtung verdient nur ein Stein mit Bildwerk aus romanischer Zeit, welcher 1893 in die äußere Mauer links vom Westportale eingefügt ist und eine eingehende Besprechung verdient. Es ist ein Tympanon oder Türbogenfeld, wie wir dergleichen häufig über den Haupteingängen alter romanischer Kirchen finden. Nach Professor Nebes Annahme erblicken wir hier die Gottesmutter, vor welcher ein Ritter kniet, der ihr eine Kirche anbietet, während ein Bischof ihr zur Seite stehe. Jedoch die Angaben Nebes sind nicht genau. Zwar nimmt die Jungfrau Maria, welche nur einfach gescheiteltes Haar, aber keinen Heiligenschein hat und das ungewöhnlich große Jesuskind mit ihrer Linken auf ihrem Schooße, sowie in der Rechten ein lilienartiges Szepter hält, die Mitte des Bogenfeldes ein, und vor ihrer Rechten (links vom Beschauer) kniet auch eine ein Kirchenmodell darbietende männliche Figur mit langherabwallendem, talarähnlichem Gewande, welche man für einen Laien ritterliches Standes halten kann, aber zur Linken der Jungfrau erblickt man nicht nur eine, sondern zwei Personen, und zwar zunächst einen Engel mit ausgebreiteten Flügeln, welcher mit der Rechten sein langherabwallendes Gewand emporhält, während er in der Linken, wie die h. Jungfrau, auch ein fächerförmiges Liliensczepter führt. Die Haltung dieser Figur ist der Art, daß man annehmen möchte, die Widmung der Kirche solle auch ihr gelten, oder doch, ihre Gegenwart solle die Bedeutung der weiblichen Figur erklären. Hinter diesem Engel ist nun noch ein Geistlicher in halber Figur, anscheinend knieend, wahrzunehmen, den man allenfalls für einen Bischof, freilich ohne Bischofsmütze, halten könnte, mit dem Gesichte nach der Jungfrau gewendet. Diese bildliche Darstellung ist von einer Majuskel-Inschrift eingefaßt, welche nicht nur den halbkreisförmigen Saum über den Figuren, sondern auch den wagerecht verlaufenden Saum unter ihnen noch zur Hälfte erfüllt. Die Lesung dieser bis dahin nicht enträtselten Inschrift wurde durch verschiedene Umstände erschwert. Erstens haben manche in ihr auftretenden Majuskeln eine eigenartige, sonst nicht übliche Form; namentlich ist die Form des A am Anfange und Ende mehrerer Wörter ganz ungewöhnlich. Zweitens ist die Schrift, deren Buchstabenformen ans Ende des 11. oder ins 12. Jahrhundert zu gehören scheinen, zum größten Teile, nämlich in dem halbkreisförmigen Saume, Spiegelschrift; doch ist gerade dieser Teil mit zweifelloser Sicherheit zu entziffern. Drittens sind manche Buchstaben nur zur Hälfte oder nur zum Drittel erhalten, andere sogar durch Abstoßen ganz vernichtet, sodaß zwei Worte des wagerecht verlaufenden Teiles unsicher bleiben. Gleichwohl ist es mir gelungen, die Inschrift fast lückenlos zu entziffern. Sie ist anscheinend eine Strophe aus einem altkirchlichen Hymnus und lautet folgendermaßen:

Alma Teotoka
Virgoque regia,

Solve precatu
Nostra piacula
(Absque fid)ucia,
Plena reatu.

Ins Deutsche habe ich die Strophe im Anschluß an das Versmaß des Originals folgendermaßen übertragen:

Gottes Gebärerin,
Jungfrau und Königin,
Bitt' ab in Hulden
Unsere Missetat,
Unseren Treuverrat
Voller Verschulden.

Natürlich möchte man nun auch wissen, woher und aus welcher Zeit das Bildwerk stammt. Erwägt man, daß der Hochaltar der Reinsdorfer Klosterkirche dem Täufer Johannes geweiht war, und daß dieser unter den Figuren des Bildwerks nicht vertreten ist, so ist klar, daß es dieser Johanneskirche ursprünglich nicht angehört haben kann. Denn es soll doch offenbar andeuten, daß das Gotteshaus, für welches es bestimmt war, die Jungfrau Maria und vielleicht auch noch einen Erzengel zu Schutzheiligen hatte, was bei dem Reinsdorfer Kloster, das ja immer nur als ein Kloster St. Johannis des Täufers bezeichnet wird, nicht zutrifft. Der nunmehr ganz vom Erdboden verschwundenen Pfarrkirche des Unterdorfes kann der Stein auch nicht entnommen sein, weil diese dem h. Wenzel geweiht war; das Oberdorf aber scheint keine oder nur eine kleine Pfarrkirche gehabt zu haben; folglich muß der Stein von anderswoher gebracht worden sein. Weil nun die Bitzenburger Klosterkirche außer dem h. Dionysius auch und zwar in erster Reihe der Jungfrau Maria gewidmet war, so nahm ich an, daß er dieser

Kirche angehört habe und nach Verlegung des Klosters Reinsdorf früher oder später in die neue Heimat des Konvents übergeführt worden sei. Plath verwirft diese Auffassung. Da er aus noch nicht veröffentlichten Urkunden des Klosters Reinsdorf hat nachweisen können,[1]) daß es in dem Kloster Reinsdorf nicht nur eine Kapelle U. L. Frau, sondern auch eine dem Erzengel S. Michael geweihte Kapelle gegeben hat, die der Ritter Einhard von Scheidingen im Jahre 1226 hat erbauen lassen, so ist er der Meinung, Einhard habe den Bildstein für beide Kapellen, die wohl eigentlich nur eine und dieselbe gewesen, anfertigen lassen, und so erkläre sich die Darstellung der Jungfrau Maria und des Erzengels in demselben Rahmen. Auf diese Weise scheint die Frage nach der Herkunft und dem Alter des Bildwerks befriedigend gelöst zu sein. Aber abgesehen von der Kühnheit, zwei besonders bezeugte Kapellen für eine einzige zu erklären, bleiben doch sehr erhebliche Bedenken zurück. Erstlich dies, daß doch sowohl die Vitzenburger Klosterkirche, wie die Reinsdorfer in erster Reihe der Jungfrau Maria geweiht war. (991 Vitzenburg: sub honore dei et eius genetricis sanctae Mariae semper virginis; 1135 Reinsdorf: in honorem Dei ac virginis Marie.) Freilich will Plath diese Worte zu einer bedeutungslosen Formel herabdrücken und nur die weitere Angabe ad reverentiam Dionysii martyris gelten lassen, aber ohne genügenden Grund. Denn der das Bildwerk umgebende lateinische Vers wendet sich ja weder an den Dionysius noch an den Täufer, sondern an die Jungfrau Maria und be-

[1]) Plath, Ein Tympanon aus Kloster Reinsdorf. (Zeitschrift des Harzvereins XXVI, 409—415, Wernigerode 1893.)

zeichnet somit diese ausdrücklich als die Hauptperson, wie sie ja auch in der bildlichen Darstellung entschieden als solche erscheint. Zweitens ist ja der Beweis gar nicht erbracht, daß der in dem Tympanon dargestellte Engel der Erzengel Michael sein soll. Von vornherein liegt es da doch näher, an den Erzengel Gabriel zu denken, der ja ausschließlich als der Vermittler zwischen Gott und der Jungfrau Maria gilt, sowohl in der christlichen Überlieferung, wie in der christlichen Kunst. Nun aber erweist sich der Engel unseres Bildwerks durch das Lilienszepter, welches er trägt und welches die kirchliche Kunst unter den Engeln nur dem Gabriel beigelegt hat, als der Erzengel Gabriel. (Otte, Handb. der kirchl. Kunstarchäologie 2. Ausg. I, S. 519 und 527.) Ist aber der Engel auf dem Steine nicht Michael, sondern Gabriel, so fällt Plaths ganze Beweisführung dahin. Drittens ist das Tympanon, mit anderen bildergeschmückten Türbogenfeldern verglichen, so reich ausgestattet, daß man es sich nicht als Bauteil einer bloßen Kapelle vorstellen kann, zumal viele Pfarrkirchen sich mit viel einfacheren Darstellungen haben begnügen müssen. Kurz: das Rätsel der Herkunft und des Alters des Tympanons ist erst noch zu lösen.

Außer dem Tympanon gehört auch die große Glocke noch dem Mittelalter an. Sie zeigt auf der Westseite eine Darstellung der „kleinen Kreuzigung" (mit Maria und Johannes zur Seite des Kreuzes), deren Crucifixus, ein Zeichen hohes Alters, wagerecht ausgebreitete Arme, nebeneinander stehende Füße, ein rockartiges Lendentuch und einen Kreuznimbus hat. Das Medaillon auf der Ostseite zeigt Simson, wie er dem Löwen den Rachen auseinander reißt.

Auf einen beachtenswerten Punkt des nördlichen Geländes soll hier für diejenigen, welche Zeit zu einem Abstecher haben, wenigstens aufmerksam gemacht werden. Am westlichen Eingange des von Reinsdorf etwa vier, von Querfurt etwa 10 km entfernten Dorfes Steigra (1890: 561 Einw.) liegt dicht neben der Heerstraße, von fünf Linden umgeben, auf dem als Erhebung kaum wahrnehmbaren „grünen Hügel" ein noch wohl erhaltener, in den Rasen gestochener Schlangengang von etwa 27 Fuß Durchmesser, eine um sich selbst gerollte Schlange darstellend, welcher im 17. Jahrhundert von den Schweden angelegt worden sein soll und jetzt in ziemlich weiter Umgebung wohl der einzige seiner Art ist. Um den Windungen des Schlangenganges zu folgen, sind 245 Schritte erforderlich. Das Ende liegt unmittelbar neben dem Eingange. Derartige Anlagen unter verschiedenen Namen, z. B. Schlangengang, Irrgang, Irrgarten, Labyrinth, Wunderburg, Jerusalemsweg hat es vorzeiten in Deutschland nicht wenig gegeben; denn wenn auch verhältnismäßig nur selten, so z. B. bei Steigra, Teicha und Eberswalde, solche Anlagen sich bis auf die Gegenwart erhalten haben, so sind doch die erwähnten Namen weit über Deutschland verbreitet. Am häufigsten ist der Name Wunderburg. Eine solche Wunderburg gab es bei Ahlsdorf unweit Eisleben, bei Stedten unweit Schraplau, hinter dem Schloßgarten in Halle a. S., bei der Kirche zu Teicha unweit Halle, auf dem Haus- oder Schloßberge zu Eberswalde in der Mark, bei der Kirche zu Wietzen im Amte Nienburg (Prov. Hannover), bei Roßwein in Sachsen, ja sogar bei Gmunden im österreichischen Salzkammergut. Der ovalrunde Schneckengang dicht an der Kirche von Graitschen bei Camburg a. S. führte den Namen Schwedenhieb, während ein unweit des Schlosses Riesenburg in Westpreußen von den Rittern des deutschen Ordens angelegter Irrgarten den Namen Jerusalem führte, angeblich weil die Ritter sich mit ihrem Gelübde, Jerusalem zu erobern und die Gottlosen daraus zu verjagen, in der Weise hätten abfinden wollen, daß sie von Zeit zu Zeit ihre Knechte als Vertreter der Gottlosigkeit hineingeschickt und dann mit Schlägen wieder herausgetrieben hätten. Aber auch in den Mosaikfußböden mancher französischen Kirchen haben sich solche Irrgänge unter dem Namen Jerusalemswege (chemins de Jérusalem) mehrfach erhalten. Übereinstimmend bestehen alle noch erhaltenen, unter freiem Himmel befindlichen Irrgänge aus einem Gewirr von Schneckenwindungen, die durch kleine, aus dem Rasen ausgestochene Gräben angedeutet sind, mit nebeneinander liegendem Eingang und Ausgang. Die Größe war verschieden; denn während zum Durchlaufen des Steigraer Schlangenganges nur 245 Schritte erforderlich sind, rechnete man auf die Durchwanderung der Eberswalder Wunderburg gegen 800 Schritte. Fragt man nun aber nach dem Zweck dieser Anlagen, so scheint es fast, als hätten dieselben nur zur Unterhaltung der Jugend und allenfalls als Mittel zur Übung körperlicher Gewandtheit dienen sollen. Sieht man aber, daß auch die christliche Kirche des Mittelalters solcher Irrgänge unter dem Namen Jerusalemswege sich bedient hat, um das Durchwandeln derselben unter dem Hersagen gewisser Gebete als Ersatz für eine zwar gelobte, aber unausführbar gewordene Pilgerreise nach Jerusalem gelten zu lassen, so dürften doch auch die Irrgärten und Wunderburgen in Deutschland, die überdies fast sämtlich dicht neben Kirchen, heiligen Stätten oder Schlössern (Burgkapellen?) lagen, ursprünglich religiösen Zwecken gedient haben und erst allmählich zu Spiel- und Wettlaufplätzen der Jugend herabgesunken sein. Die sogenannten Trojaburgen fallen ohne Zweifel mit den Wunderburgen oder Labyrinthen zusammen.

Die hohe Gräte und Karsdorf.

Verfolgt man nach Durchschreitung des Dorfes Steigra die Chaussee nach Gleina (1890: 790 Einwohner), um Karsdorf zu erreichen, so trifft man oberhalb dieses Marktfleckens und der zu ihm gehörigen Weinberge auf die hohe Gräte, einen der schönsten Aussichtspunkte über dem Unstruttal, der aber auch von Karsdorf aus, freilich mit beschwerlichem Anstieg durch die „rote Hohle" in 20—30 Minuten erreicht werden kann. Der von Steigra Kommende kann entweder am Gasthofe zum Ritter S. Jörge vorbei, welcher der Schutzheilige der Steigraer Kirche ist und den darum auch die Dorfgemeinde in ihrem Siegel führt, bis zur zweiten Windmühle gehen, von dort (immer in rechtem Winkel) erst rechts und dann links abbiegen und den Rand der Lehden bis zur hohen Gräte ostwärts verfolgen oder er verläßt etwa 1/4 Stunde hinter Steigra die Chaussee und geht auf einem Feldwege in südöstlicher Richtung (etwa 1/4 Stunde lang) bis zu einem Wegweiser, der am Anfange eines mit kleinen Pappeln bepflanzten Fahrweges steht und die Aufschriften: Laucha 1 3/4 St., Schnellroda 3/4 St., Karsdorf 1/4 St. trägt. Diesen Pappelweg verfolgt man nach Süden und erreicht, in seiner Verlängerung fortschreitend, nach 5—10 Minuten den südwärts unmittelbar vorliegenden, in das Unstruttal weit vorgeschobenen und steil abfallenden, durch eine aufgesteckte, hohe Stange noch besonders bezeichneten Spitzhügel der hohen Gräte, den schon sein Name (ahd. m. grât, mhd. fem. graete = Bergrücken, namentlich aber scharf hervorstehende Spitze) als solchen bezeichnet und der seiner herrlichen Aussicht wegen von den Bewohnern der Umgegend häufig besucht wird. Man erblickt nämlich von hier aus das Städtchen Laucha, den Turm von Burkersrode (weit hinter Laucha), nach Westen zu Karsdorf, Wetzendorf, Liederstedt und den Ziegelröder Forst, vor allem aber das gesegnete, mannigfach gewundene Unstruttal zu seinen Füßen.

In vorgeschichtlicher Zeit muß dieser Spitzhügel, dessen eigentümliche Form offenbar Menschenhand geschaffen hat, samt seiner Umgebung für die Umwohner besondere Bedeutung gehabt haben. Denn es handelt sich hier meines Erachtens um eine von N nach S sich erstreckende vorgeschichtliche Schutzburg, deren Gesamtlänge 400—450 Schritt betragen haben mag, während ihre größte Breite an der Nordseite nur etwa 160 Schritt betrug. Man kann noch recht wohl eine nördliche Vorburg und eine südliche Hauptburg unterscheiden. Die größere nördliche Hälfte ist die Vorburg, die kleinere zungenförmige südliche die Hauptburg. Die Vorburg zeigt auf ihren etwa 200 Schritt messenden Langseiten im W und O und desgleichen auf ihrer viel schmaleren, nur etwa 50 Schritt langen Südseite noch deutlich erkennbare Wallreste, die zumteil aus tiefschwarzer Erde bestehen, die sich von dem weißen Urboden des Muschelkalks scharf abhebt und in der ich schon bei kurzem Besuche ein Feuersteinmesserchen und einen Spinnwirtel fand. Während nun die Westseite durch den steilen Abfall des Berges und den den Rand krönenden Wall zur Genüge geschützt war, ist die Ostseite, welche von dem oberen Ende der roten Hohle begleitet wird, zwar auch durch Wall und steilen Abfall geschützt, aber, weil der Abhang nach dem Plateau zu sich immer mehr vermindert und schließlich ganz aufhört, noch durch einen besonderen Wall mit Graben auf dem östlichen Abhange zu schützen versucht worden. Kurz vor dem südlichen Ende dieser Ostseite läßt sich noch deutlich der ehemalige Aufgang erkennen, welcher beide Wälle auf dieser Seite durchbricht und wohl deshalb an diese Stelle gelegt ist, weil andringende Feinde hier von der nahegelegenen hohen Gräte aus beschossen werden konnten. Natürlich muß auch an der Nordseite, welche 160—200 Schritt gemessen haben muß, ein Wall nebst Graben vorausgesetzt werden. Aber heute sind beide verschwunden; vermutlich hat man um landwirtschaftlicher Interessen willen mit den Erdmassen des Walles den Graben wieder zugefüllt, und so läßt sich denn die Lage und Länge dieses Grabens nicht mit unbedingter Sicherheit bestimmen.

An diese die Nordhälfte bildende Vorburg schließt sich nun nach Süden zu die von der Natur durch besonders steile Böschung des Berges gut geschützte Hauptburg an, an deren Rändern keine Wallspuren mehr wahrzunehmen sind. Ihre Länge beträgt ziemlich genau 200 Schritt oder, wenn man von der Spitze der hohen Gräte aus bis zum südlichen Böschungsrande mißt, 180 Schritt; ihre Breite nur etwa 60 Schritt. Von der Nordburg ist diese südliche durch einen aus dem bröckeligen und doch sehr festen Muschelkalk tief herausgearbeiteten Graben geschieden, der den ganzen Rücken quer durchschneidet. Unmittelbar hinter ihm steigt, einem Bergfried vergleichbar, der mit hoher Stange besteckte Spitzhügel der hohen Gräte auf, der den Zugang zu der südlichen Burg in der ganzen Breite des Bergrückens geradezu absperrt. Gewiß ein überaus merkwürdiger und anderswo wohl kaum so gut erhaltener Vorläufer der sogenannten „Motte“, oder besser eines Spitzhügels in vorgeschichtlicher Zeit! Etwa 50 Schritt südlich von ihm erhebt sich auf der Mitte des kahlen, steinigen Rückens noch ein kegelförmiger Hügel, dessen Höhe aber hinter der der hohen Gräte erheblich zurückbleibt. Offenbar hat nur die völlige Unfruchtbarkeit des Bodens diese merkwürdige vorgeschichtliche Anlage vor völliger Zerstörung bewahrt.

An Karsdorf (1890: 593 Einw.), das sich sogar rühmen darf, ein Marktflecken zu sein, sind die Führer durch das Unstruttal bisher fast teilnahmlos vorübergegangen, weil dieser Ort, abgesehen von dem hier lebhaft betriebenen Weinbau, durchaus nichts Merkwürdiges darzubieten schien. Und doch ist auch er geeignet, die Aufmerksamkeit des Forschers in Anspruch zu nehmen, zunächst schon durch seinen Namen. Freilich dessen jetzige Form würde sehr irreführen und hat schon irregeführt, wie das Siegel des Ortes beweist, welches in sonderbarem Mißverständnis des Ortsnamens außer dem h. Laurentius in einem Schilde drei gekreuzte, mit den Stielen nach unten gerichtete Karste zeigt, als ob jener eigentlich Karstdorf geschrieben werden müßte und auf den fleißigen Gebrauch des Karstes — namentlich in den zahlreichen Weinbergen — zurückzuführen wäre. Das älteste mir bekannt gewordene Beispiel für diese mißratene Namendeutung fand ich auf der Karsdorfer Mittelglocke aus dem Jahre 1666, welche außer dem Karsdorfer Kirchensiegel, in welchem der h. Laurentius mit dem Roste zu sehen ist, auch noch unter diesem das Ortssiegel mit drei (2 : 1 gesetzten) Karsten zeigt. Wie verfehlt diese Namensdeutung ist, zeigt sich sofort, wenn man sich die Mühe gibt, die ältesten urkundlich bezeugten Namensformen des Fleckens zu ermitteln. Da stellt sich denn bald heraus, daß sein Name bis weit ins 14. Jahrhundert hinein, ja sogar bis zum Anfange des 15. Jahrhunderts Karlsdorf gelautet hat (1203 Karlestorph, 1209 Karlestorp, 1326 und 1364 Karlstorp, 1400 Karlstorff). Aus diesen Formen ergibt sich unzweifelhaft, daß der Ort nicht etwa der ganz verdienstlichen Karstarbeit, sondern einem Karl seinen Namen zu verdanken hat, sei es nun, daß ein Mann dieses Namens sein Gründer gewesen, sei es, daß man ihn einem Karl zu Ehren so genannt hat. Da der Name Karl (ahd. charal, carl, agſ. cearl) einen freien Bauer bedeutet, so könnte man vielleicht an die Siedelung eines freien Bauern denken, die zur Unterscheidung von benachbarten zu Zins und Frohnde verpflichteten Dörfern diesen kennzeichnenden Namen empfangen hätte; näher aber liegt es, an eine bestimmte Person zu denken. Da ist es nun auffällig, daß der Personenname Karl, wenigstens in diesem Teile Thüringens, während des Mittelalters überhaupt nicht vorkommt. Nur ein ziemlich zweifelhafter Ritter Karl von Nebra, dessen Vorname aber auch Halt und Katt gelesen worden ist, ist mir begegnet. Der Name Karl muß demnach auf eine nicht einheimische Persönlichkeit als Gründer hindeuten. Da liegt denn der Gedanke an einen fränkischen

Hausmeier oder König dieses Namens nahe, und um so näher, als Karsdorf der einzige Ort in dem ehemaligen Burgbezirke Burgscheidungen ist, der Marktgerechtigkeit erhalten hat und im Mittelalter Sitz eines Landgerichtes gewesen ist, sodaß man geradezu den Eindruck empfängt, Karsdorf sei gegründet und mit Vorrechten ausgestattet worden, um die Bedeutung Burgscheidungens herabzusetzen. Eine unmittelbare Einwirkung der fränkischen Regierung in merowingischer oder karolingischer Zeit läßt sich auch darin erkennen, daß die Kirche des westlich von Karsdorf gelegenen Dorfes Bunisdorf (jetzt Wüstung Pinßdorf), dessen Flur jetzt zum größten Teil der Karsdorfer Flur einverleibt ist, dem fränkischen Nationalheiligen Martin von Tours geweiht war. Zu dieser offenbaren Begünstigung seitens der Herrscher gesellt sich nun aber auch eine besondere Gunst der Lage. Nur wenig unterhalb der jetzigen Karsdorfer Brücke befand sich nämlich früher die flachste und darum wichtigste Unstrutfurt, welche Wagen, Reitern und sogar Fußgängern schon in der Urzeit einen fast jederzeit benutzbaren Durchgang durch den ungewöhnlich tiefen und nur hier bequem durchschreitbaren Fluß gewährte und darum auch, so lange es bei Karsdorf keine Brücke gab, von allen Heeres- und Warenzügen benutzt werden mußte, die vom Rheine oder Maine her durch Ostthüringen hindurch die Saale erreichen wollten. Diese Furt war ein außerordentlich wichtiges Glied jener jetzt zwar verödeten, einst aber sehr belebten Verkehrsstraße, welche wegen der aus dem Frankenlande kommenden Weintransporte bald Wein- oder Frankenstraße, bald auch wegen der in späterer Zeit von Mansfeld und Eisleben nach dem Frankenwalde, Nürnberg und weiterhin gehenden Kupfertransporte die Kupferstraße genannt wurde. Da war es für die fränkischen Herrscher geradezu eine Notwendigkeit, diesen wichtigen Übergang unter die Obhut zuverlässiger Wächter zu stellen; es wird demnach irgend ein fränkischer Herrscher des Namens Karl eine fränkische Kriegerschar hier angesiedelt und in dem nahen Bunisdorf die Gründung der Martinskirche veranlaßt haben. Auch eine curtis, ein herrschaftlicher Hof, wurde in dem neuen Orte angelegt, der gleich der curtis in Memleben durch Mauern oder andere Befestigungen gesichert gewesen sein mag und später geradezu als castrum (Schloß oder Burg) bezeichnet wird. Man muß übrigens zugestehen, daß für die zum Burgbezirk Burgscheidungen gehörigen Ortschaften kein anderer Ort so günstig lag und verhältnismäßig so bequem zu erreichen war, um als Kauf- und Gerichtsort zu dienen, als Karsdorf, wo der Verkehr zu Wasser und zu Land sich kreuzte.

Waren aber Franken die Gründer des Ortes, so erklärt es sich auch, warum gerade in der Flur von Karsdorf und des benachbarten Bunsdorf verhältnismäßig sehr früh der Weinbau eifrig und mit Erfolg betrieben worden ist, denn fränkische Ansiedler verstanden sicherlich nicht nur gründlich Weinbau, Kelterung und Pflege des Weines, sondern hatten auch für Reben und Setzlinge gute Bezugsquellen. Gewiß hat der Karsdorfer Weinbau schon viel früher begonnen, als er sich aus Urkunden nachweisen läßt; aber es spricht für seine Bedeutung, daß im 12. Jahrhundert die geistlichen Stiftungen der näheren und weiteren Umgebung ernstlich darauf bedacht gewesen sind, sich entweder Weinberge in Karsdorfer oder Bunsdorfer Flur oder zum wenigsten jährliche Weinlieferungen aus den dortigen Bergen (urnas vini de vinea in Karlesdorf) zu sichern, sei es nun zum Gebrauch als Abendmahlswein, sei es zu erheiterndem Trunk, da der Frankenwein für den gewöhnlichen Verbrauch viel zu teuer war. (Überdies verstand man auch die sauren Jahrgänge durch die Verwandelung in „Würzwein“ — man denke nur an Waldmeisterbowle! — genießbar zu machen.) So sehen wir bereits im Jahre 1057 das Stift Simonis und Judae zu Goslar im Besitze eines prediums, d. h. eines herrschaftlichen Gutes in Bunesdorf, welches 1109 durch Tausch in den Besitz Werners, des Sohnes der h. Pauline gelangte und durch dessen Schenkung in den Besitz des von seiner Mutter gegründeten Klosters Paulinenzelle überging, wie wir auch 100 Jahre später im Jahre 1209 das Kloster Sittichenbach im Besitze der curtis Karlestorp mit allen ihren Zubehörungen finden, zu denen später das predium in Bunisdorf gerechnet wird. Auch das Kloster Holzzelle hatte bis zum Jahre 1319 einen Hof in Bunisdorf und damit wohl auch einen Weinberg daselbst.[1]) Von Karsdorf aus wird sich dann der Weinbau auch weiter flußab- und -aufwärts sehr schnell verbreitet haben, da die sonnigen Steilabhänge des die Unstrut auf ihrer linken Seite begleitenden Muschelkalkplateaus für den Weinbau so günstige Lagen darboten, wie anderswo in weiter Umgebung nicht. Namentlich ist weiter aufwärts im Unstruttale ziemlich früh Weinbau bezeugt. 1207 erwähnt Bischof Konrad von Halberstadt drei Weinberge des Klosters Reinsdorf;

[1]) An diese Zeit klösterlicher Wirtschaft erinnert noch der Mönchsrain in der Nähe des kleinen Huthügels. (Schlag ca in Sektion II der Karsdorfer Flurkarte.)

einen schon fertig gestellten und zwei, die es erst herrichten wollte (unam excoluerint et duas adhuc proponant excolere), nämlich einen auf dem Berge vor der Nebraer Brücke (in monte ante pontem Nevere), d. h. unterhalb der Vitzenburg gegenüber der Grabenmühle, wo die alte Nebraer Brücke sich befand; und die beiden andern auf dem Steigraer Berge (in monte qui vocatur Steigere) und bei S. Johannrode (in monte qui vocatur novale S. Johannis), einer Neurodung der Reinsdorfer Äbte im Forste südwestlich von Vitzenburg. Der Bischof überwies den Zehnten dieser drei Weinberge dem Kloster mit der besondern Bestimmung, daß der dritte Teil des Weinbergs auf dem S. Johannisröder Berge dem Armenspital zustehen solle. Der hier erwähnte Johannröder mag wohl eine sehr saure Sorte geworden sein. 1249 schenkt Abt Werner von Hersfeld dem Reinsdorfer Kloster den Zehnten des Hofes Zingst (curie Scindest) samt einem Weinberge neben diesem Hofe (cum vinea iuxta curiam eandem).

Der Herrschaftshof, die curtis in Karsdorf, das spätere castrum oder Schloß, war ursprünglich offenbar der Wohnsitz des Vertreters der fränkischen Staatsgewalt, muß aber sehr früh aus dem schon angedeuteten Grunde in geistliche Hände übergegangen sein. Während der Jahre 1202 bis 1314 befand sich die curtis Karlesdorp, soweit Urkunden darüber Auskunft geben, im Besitze des Klosters Sittichenbach; bald nach 1314 (vermutlich 1317, wo Graf B. nach Spangenberg Bunisdorf erwarb) muß Graf Burchard von Mansfeld ihn käuflich erworben und in ein Schloß (castrum) umgewandelt haben, denn bereits 1326 verkauft er das Schloß Karlsdorf mit allem Zubehör für 1100 Mark Freiberger oder Stendaler Silbers an den Bischof Gebhart von Merseburg, und dieser wiederum übereignet seine Erwerbung im Jahre 1331 seinem Hochstifte. Doch muß noch vor dem Jahre 1383 das Schloß Karsdorf mit Zubehör in den Besitz des im Jahre 1383 verstorbenen Edlen Gebhart von Querfurt übergegangen sein, da diesem auf seinem Grabdenkmale in der Querfurter Schloßkirche nachgerühmt wird, er habe außer andern Schlössern auch das Schloß Karsdorf käuflich erworben. Gebharts Nachkomme Bruno sah sich freilich im Jahre 1463 genötigt wegen einer Schuld von 4200 fl. den Karsdorfer Besitz vorübergehend den Rittern von Harras zu überlassen, erhielt ihn aber gegen Zahlung einer Abschlagssumme im Jahre 1467 zurück. Am 3./7. dieses Jahres wurde er von Herzog Wilhelm von Sachsen sowohl mit dem Dorfe Wenigen (= Wennungen), wie mit einer Zeil an der langen Gasse zu Karsdorf beliehen (Harzzeitschr. VII, 171). Beim Aussterben des Querfurter Geschlechts im Jahre 1496 fiel Karsdorf mit anderen sächsischen Lehnstücken an Sachsen zurück.

Die Lehnsverhältnisse waren wohl diese: Eigentümer der Herrschaft Burgscheidungen und somit auch von Karsdorf war das Hochstift Bamberg durch kaiserliche Schenkung; dieses hatte die Markgrafen von Meißen — vermutlich gezwungener Weise nach dem Aussterben der thüringischen Landgrafen — mit diesem Besitz belehnt: diese wieder mit Karsdorf und anderen Lehnstücken die Edlen von Querfurt, und von den Edlen von Querfurt haben wieder Familien von niederem Adel Karsdorf oder Teile davon in Afterlehn gehabt, welche den herrschaftlichen Hof bewohnt haben werden. Da nun nach 1428 die Eyler von Roghusen (Rockhausen) als erbgesessen auf Karsdorf aufgeführt werden[1]) und noch im Jahre 1608 ein Wolf Christoph von Rockhausen in Karsdorf wohnt,[2]) so muß der Karsdorfer Edelhof damals noch bestanden haben. Heutzutage freilich weiß niemand mehr etwas von seinem ehemaligen Dasein und ebensowenig von seiner Lage, was aber durch die Schicksale Karsdorfs begreiflich wird. Denn Karsdorf ist von Flammen und Fluten wiederholt arg heimgesucht worden. Am 8. Mai 1608[3]) brach in des eben erwähnten W. Chr. von Rockhausen Schuppen ein Feuer aus, „welches das ganze Dorf, als in die 117 Wohnheuser sambt der schönen, neuerbauten Kirche, Pfarre, Schule, Mühle, Brauhauß, Backhauß und Kelttern mit vielem Vorrath alles im Grunde verbrant, daß auch nicht das geringste Holz darinnen überblieben. Und seindt in solchem brant mehr nicht, denn 8 Wonheuser, unter denen 5 gar geringe Hüttlein, neben 5 Scheunen stehen geblieben, welchs in 2 Stunden fast Alles in die Asche gelegt.“ Und im Jahre 1799 trat am 22. Febr. die Unstrut aus und stieg so hoch, daß die meisten an ihr gelegenen Dörfer argen Schaden erlitten. Reinsdorf wurde bis auf wenige Häuser ganz verwüstet, in Karsdorf aber wurden 140 Gebäude so stark beschädigt, daß viele von ihnen einstürzten.[3]) Unter diesen Umständen wäre es wohl begreiflich, daß der Edelhof als solcher nicht wieder aufgebaut worden, wie

---

[1]) Schmidt, Burgscheidungen S. 172; Halle, 1900.

[2]) Kuntze, Denkwürdiges aus dem Amtsbezirke Burgscheidungen. (Mansfelder Blätter XV, 252. Eisleben, 1901.)

[3]) Ebenda.

[4]) Kuntze, Auszüge aus den Denkwürdigkeiten des Kirchenbuchs von Burgscheidungen. (Mansf. Blätter XIII, 117. Eisleben, 1899.)

aus ihnen sich auch erklärt, daß Karsdorf keine wirklich alten Altertümer aufzuweisen hat. Darum kann allenfalls auch nur der Grundriß des Ortes Anhalt zu Vermutungen über die Lage des Edelhofes geben. In dieser Hinsicht verdient zunächst Beachtung, daß die von der langen Gasse nach Reinsdorf zu führende Gasse die Herrengasse heißt, die doch von oder zu dem Herrenhofe oder an ihm vorbei geführt haben muß. Der dem südlichen Ende der Herrengasse vorgelegte, zwischen der Pfarrgasse einerseits und der Mühle, dem Brauhause und der Unstrut andererseits in der Richtung von S nach N sich erstreckende Häuserblock, welcher die Häuser Nr. 76—87 umfaßt, dürfte die westliche Hälfte der ehemaligen Burg gewesen sein, weil er, abweichend von den andern, zumteil abgerundete Ecken hat, vorzugsweise aus Wohnhäusern besteht und Scheunen und Wirtschaftsgebäude nur spärlich und nachträglich in ungeschicktem Verhältnis eingebaut zu sein scheinen. Da die Fortsetzung der Herrengasse nach S zu die Pfarrgasse heißt, diese aber ihren Namen erst im 17. Jahrhundert erhalten hat, weil die in ihr gelegene jetzige Pfarre nach Aussage des Herrn Pastor Schmidt in Karsdorf erst nach dem 30jährigen Kriege angekauft worden ist, nachdem die alte, neben der Kirche gelegene Pfarre zerstört worden war, so muß diese Gasse früher einen andern Namen gehabt haben. Vermutlich hat sie ebenfalls Herrengasse geheißen und ist eigentlich eine Durchfahrt durch das Schloß gewesen. In diesem Falle muß das Schloß auch den östlich zwischen der Pfarrgasse und der breiten Straße liegenden Häuserblock mit umfaßt haben. Diese Wahrscheinlichkeit wird durch den Umstand, daß die Häuser auf beiden Seiten der Pfarrgasse nach

Ausweis des Erbzinsbuches des Amtes Freyburg vom Jahre 1589 und der an mehreren von ihnen angebrachten Inschriften und chursächsischen Wappen sich als aufgeteiltes „vererbtes Herrengut“ und somit als chursächsische Lehnstücke erweisen, fast zur Gewißheit. Dazu kommt nun noch, daß der unweit des Bahnhofs entspringende Klingbrunnen oder Klinkborn sich früher in zwei Arme geteilt hat, deren westlicher den Flecken auf seiner Nordseite noch jetzt umfließt, um in den Flutgraben der Unstrut zu münden, wogegen der östliche, der erst im Jahre 1862 zugeschüttet worden ist, unter den westlich an der Schulgasse gelegenen Gebäuden hinweg und östlich von den Wohnhäusern an der Ostseite der Pfarrgasse durch Höfe, Gärten und Scheunen hindurch unterhalb der Brücke und oberhalb der Furt nach Aussage des Ortsrichters Schlichting die Unstrut erreichte, so daß also das von beiden Armen des Klingborns und der Unstrut umflossene Schloß eine Art Wasserburg gewesen zu sein scheint, die auf ihrer N- und W-Seite überdies noch von den Quell- und Wildwassern der roten Hohle umflossen wurde, welche die von O nach W führende lange Gasse herabkommen und dicht unterhalb der Mühle in die Unstrut fallen. Einen eingehenderen Beweis für diese Auffassung zu führen ist hier nicht der Ort.

Die dem h. Laurentius gewidmete Karsdorfer Kirche ist zwar sicher jüngeren Ursprungs, als die dem Bischof Martin gewidmete des eingegangenen Nachbardorfes Bunsdorf, aber doch auch schon alt, weil die in Nordthüringen seit dem Siege über die Magyaren auf dem Lechfelde (955) aufgekommene Verehrung des h. Laurentius, dessen Fürsprache man diesen Sieg zuschrieb, kaum länger als 1—1½ Jahrhundert gedauert hat. Man wird also die Stiftung der Karsdorfer Kirche in die zweite Hälfte des 10. oder in das 11. Jahrhundert setzen können. Allerdings hat sich gar kein altertümliches Überbleibsel aus der Frühzeit dieser Kirche erhalten. Alles an ihr ist, nicht zu ihrem Vorteil, modern; selbst der Turm stammt laut Inschrift über einer Tür erst aus dem Jahre 1701. Am ehesten verdient noch die auf diesem Turme hängende, im Jahre 1666 von dem Magdeburger Gießer Jakob Wenzel für das protestantische Karsdorf auf Bestellung gegossene Mittelglocke Beachtung, auf welcher unter den Auspicien des Pfarrers Johannes Wolweber die Krönung der Maria durch Christum und Gottvater dargestellt ist, welcher letztere wunderlicherweise, um ihn doch von dem Papste unterscheiden zu können, durch eine vierfache Krone in Tiarenfarm, ähnlich der des Papstes, gekennzeichnet ist. Da muß man denn doch fragen, ob der Herr Pfarrer dieses Gebilde wirklich bestellt oder sich um die Auswahl der bildlichen Darstellungen für die Glocke gar nicht gekümmert hat. Zu einigem Kopfschütteln veranlaßt auch der rätselhafte, zu beiden Seiten eines Münzabdruckes verteilte Name

REDSVHCS ○ XIDNEB,

der sich aber bei Lesung von rechts nach links gar bald als ein biederer BENDIX SCHVSDER entpuppt, dessen Beziehungen zur Karsdorfer Kirche einstweilen noch mit dem Schleier des Geheimnisses bedeckt sind.

Etwa 100—200 Schritt unterhalb des Karsdorfer Bahnhofes nach dem Flecken zu entspringt der in einem Steinhause gefaßte Klinkborn, der sehr gutes Wasser hat. (Über den Namen siehe Seite XV der allgemeinen Bemerkungen.) Ein

Stein, welcher als Sturz über der Öffnung liegt, zeigt außer der Zahl des Jahres 1775, in welchem das Brunnenhaus wohl erbaut sein wird, ein ziemlich roh ausgeführtes Bildwerk, nämlich zwischen zwei Mauerpfeffer ähnlichen Gewächsen einen Storch, dessen Beziehung zu dem Klinkborn ebenfalls erst noch zu enthüllen ist.

Schließlich möge noch erwähnt sein, daß kaum 2 Minuten vom Karsdorfer Bahnhofe nach SO zu gerade dem Gottesacker gegenüber der kleine Huthügel sich erhebt, dessen westliches Ende infolge des Eisenbahnbaues abgetragen worden ist. Trotz seiner geringen Höhe gewährt er eine prächtige Fernsicht einerseits nach Bitzenburg und Nebra, andrerseits nach Burg- und Kirchscheidungen zu, sodaß sich bei seiner großen Nähe sein Besuch entschieden empfiehlt.

Wenn wir nun Karsdorf in südlicher Richtung verlassen, müssen wir der schon erwähnten, nicht weit unterhalb der Brücke gelegenen Unstrutfurt, jetzt Ladestelle, noch unsere Aufmerksamkeit schenken. Denn an ihr, und nicht am Fuße des Ronnebergs bei Nebra, der aus den verschiedensten Gründen nicht in Betracht kommen kann, hat die große Schlacht zwischen Thüringern und Franken an der Unstrut stattgefunden, die den König Irminfried zwang, sich mit dem Reste seiner Krieger in die Burgscheidunger Befestigungen zurückzuziehen. Die meisten fränkischen Berichterstatter wissen nur von einer großen Niederlage der Thüringer an der Unstrut zu berichten, so groß, daß die Franken über die Leichen der in die Unstrut getriebenen Thüringer hinweg, wie auf einer Brücke, den Fluß hätten überschreiten können, und die meisten Neueren, welche sich mit diesen Ereignissen befaßt haben, nehmen in völliger Verkennung der Umstände und in willkürlicher Auslegung der Quellen an, dieser Kampf sei ein Rückzugsgefecht der bei Nebra geschlagenen Thüringer gewesen. Aber aus dem Berichte des Mönchs Aimoin von Fleury ergibt sich, daß die Thüringer die Franken vom Übergange über den Fluß — der damals nur durch die Furt bei Karsdorf möglich war — haben abhalten wollen (ibi adversarii ausi transitu prohibere Francos), daß sie hart um den Sieg gerungen (gravi satagebant certamine), daß die Franken nur mit dem Aufgebot all ihrer Kraft (nisu omni ac virtute) und dank ihrer alterprobten Kriegsübung (ipso usu veteri assuetaque vincendi consuetudine) die regellos anstürmende Menge der Angreifer haben zurück und schließlich in den Fluß drängen können. Der Kampf war also kein Rückzugsgefecht eines geschlagenen Heeres, sondern die Thüringer waren in dieser Schlacht ohne Zweifel die Angreifer (incursantes nennt sie Aimoin), und erst nach langem, furchtbarem Ringen wandte sich das Glück von ihnen ab und es erfolgte eine Metzelei, bei der von den zum Tode Ermatteten eben so viele im Flusse ertrunken, als durch die Waffen der Franken erschlagen zu sein scheinen. Der Angriff der Thüringer erfolgte — zu dieser Annahme nötigen die örtlichen Verhältnisse — südlich von Karsdorf bei der „nahen“ Furt, als die Franken diese durchschreiten wollten; die eigentliche Schlacht aber muß sich auf dem linken Ufer der Unstrut auf den sogenannten schmalen Wiesen entwickelt haben, die sich bis zu der „weiten“ Furt nach Wennungen zu hinziehen, wo der Schluß des Trauerspiels stattgefunden haben muß. Denn an dieser Stelle, Wennungen gerade gegenüber, lag vorzeiten ein im Hersfelder Zehntverzeichnis bereits im 8. Jahrhundert erwähntes, nun aber längst wieder eingegangenes Dörfchen mit dem höchst auffälligen Namen Sigiristat, später Siegerstedt und Seigerstedt, welcher geradezu Siegesstätte bedeutet und offenbar den Ort bezeichnet, an welchem die Franken ihren Sieg über die Thüringer vollendet haben. Spätestens in der Karolingischen Zeit, vermutlich gleichzeitig mit dem damals gegründeten Karsdorf (richtiger Karlsdorf) müssen die Sieger zum Gedächtnis ihres Sieges hier ein Denkmal errichtet und eine Anzahl von Wächtern dabei angesiedelt haben, deren Siedelung begreiflicherweise den Namen „Siegesstätte" empfing. Wenn nun auch das Denkmal selbst und sogar das bei ihm erbaute Dörfchen spurlos wieder verschwunden ist,[1]) so bezeugt doch dieser bedeutungsvolle Name als ein bis auf die Gegenwart erhaltenes Denkmal der Nachwelt die Stätte des einstmals hier errungenen oder doch vollendeten großen Sieges, dessen Ergebnis, wie schon bemerkt, die Einschließung der noch überlebenden Thüringer in Burgscheidungen war.[2])

Heutzutage gehört die Wüstung Siegerstedt zu Karsdorf. Früher aber hat sie zu Burgscheidungen gehört, wie auch die Siegerstedter Kirche eine Tochter der Burgscheidunger war. Nach dem

---

[1]) Bereits 1471 wird Siegerstedt als wüstes Dorf bezeichnet. (Schmidt, Burgscheidungen, S. 77).

[2]) Alle hier in Betracht kommenden Fragen habe ich unter Beleuchtung der fränkischen und sächsischen Berichte erörtert in meiner kritischen Abhandlung: „Der Sturz des thüringischen Königreichs im Jahre 531 n. Chr. G. (mit einer Karte der Umgegend von Burgscheidungen), die in Band XIX der Zeitschrift für Thüringische Geschichte und Altertumskunde, S. 1 – 55, Jena, 1897 erschienen ist. Eine dramatische Bearbeitung desselben Stoffes ist meine in E. Piersons Verlag zu Dresden im Jahre 1902 erschienene Dichtung „Thüringens Sturz".

Aussterben der Edlen von Querfurt (1496) gedachte der Bischof von Bamberg diese Wüstung mit den zu ihr gehörigen Wiesen sich bezw. seinem Stifte vorzubehalten, wie schon zuvor Bruno von Querfurt sie nicht als Lehen vergeben hatte, aber als seine Abgesandten förmlich von ihr Besitz ergreifen wollten, hatten schon Beamte des Herzogs Georg sie in Besitz genommen, und als der Bischof sich (1497) bei dem Herzog darüber beschwerte, entgegnete dieser, seine Vettern hätten das Lehen in gänzlichem Besitz gehabt und der Bischof möge die Berechtigung seines Anspruchs erst einmal nachweisen. Das scheint unterblieben oder nicht geglückt zu sein und seitdem gehört die Siegerstedter Flur zu Karsdorf.

Um von Karsdorf aus nach Burgscheidungen zu gelangen, kann man links oder rechts der Unstrut gehen. Der Weg auf dem linken Ufer ist für den Forscher anziehender, weil er über das eben geschilderte Schlachtfeld führt; aber er ist auch kürzer, da nur die Erhebungen des großen und kleinen Mermel (vom lat. marmor, ahd. marmul, später marmel und mermel), welche ihren Namen offenbar ihrem marmorähnlichem Gestein verdanken, das Schlachtfeld von der alten Königsburg Scheidungen trennen. Dennoch werden die meisten Wanderer dem Wege auf dem rechten Ufer, wenn er auch reichlich 1/4 Stunde länger ist, den Vorzug geben, weil er nach Durchschreitung Wennungens, eines zweifellos uralten Dorfes, meist zwischen der Unstrut und einem bewaldeten, Schatten spendenden Berghange sich hinzieht und einen schönen Blick auf das frischgrüne Unstruttal und das Schloß Burgscheidungen gewährt.

Der Wanderer, welcher diesen Weg wählt, muß zunächst gleich unterhalb Karsdorf auf einer

Brücke die Unstrut überschreiten. Seit wann es überhaupt eine Brücke hier gegeben hat, läßt sich urkundlich nicht erweisen, doch wird schon im Mittelalter eine dagewesen sein, da ja auch bei Nebra bereits 1207, wie wir sahen, eine Brücke bezeugt ist. Vorläufig ist aber nur festgestellt, daß im Jahre 1573 eine hölzerne Brücke über die Unstrut neu erbaut worden ist, die aber, „weil die Balken, Träger, Schalholz und Lehnen gar wandelbar geworden“, im Jahre 1589 aus Eichenholz abermals neu erbaut werden mußte. 1636 wurde diese von schwedischen Soldaten abgebrannt, aber wohl bald wieder hergestellt. Als aber im Oktober 1806 die Franzosen nach der Schlacht von Jena und Auerstedt auch diese zweite Brücke in Brand gesteckt hatten,[1]) begnügte sich die Umgebung fast 70 Jahre lang mit einer Fähre, bis endlich in den 1870er Jahren die nächstbeteiligten Gemeinden Karsdorf, Wetzendorf und Wennungen den Forderungen des Verkehrs nachgaben und auf gemeinsame Kosten unter erheblicher Beisteuer aus Staats- und Kreismitteln eine neue, die jetzige, erbauten. (Für Fußgänger 2 Pfg. Brückenzoll!)

Einige hundert Schritt von der Unstrutbrücke biegt die Chaussee im rechten Winkel links nach Wennungen um und führt alsbald über die Dissau, deren weiter aufwärts tiefeingeschnittenes und von steilen Hängen eingefaßtes Bett sich bis nach Altenrode hinaufzieht. Als die Umgebung des Dissaubettes noch stark bewaldet war — gleich hinter Wennungen gab es früher einen „Hain“, und weiter aufwärts beweisen Namen

[1]) Die Annahme, daß die Königin Luise von Preußen nach der Schlacht bei Jena über diese Brücke geflohen sei, hat sich als eine irrige erwiesen.

wie Altenrode und Neurode zur genüge ehemals ausgedehnten Waldbestand —, wird wohl die Dissau keinen Wassermangel gehabt haben, sondern ihrem Namen entsprechend (von ahd. diozo, diezo Wasserschnelle und diozan, diezen laut tönen, tosen) stetig als rauschender, tosender Bach dahin geflossen sein.[1]) Seitdem jedoch aller Wald ringsum gerodet ist, erinnert sie nur zu gewissen Zeiten noch an ihre alte Eigenart, genau so wie die weiter abwärts in Tröbsdorfer Flur, Burgscheidungen gegenüber, in die Unstrut mündende Blinde. Beider Betten sind meist wasserlos, aber nach andauernden Regengüssen und zur Zeit der Schneeschmelze führen sie eine Unmasse von Schutt, Geröll und Steinblöcken mit sich, die sie in der Unstrut ablagern und durch welche sie die geschichtlich so verhängnisvoll gewordenen Furten bei Karsdorf und Burgscheidungen geschaffen haben, zu denen sich noch eine dritte unterhalb der Bibermündung gesellt. Übrigens weist schon der Name der Blinde auf ihre Gewohnheit hin, Schlamm und Erde mit sich zu führen, denn ahd. blint, plint bedeutet eigentlich vermischt, daher denn auch trübe, undurchsichtig (von ahd. und as. blantan vermischen, wovon Blendling = Misch-

[1]) Daß sie auch in der waldarmen Zeit manchmal noch recht ungestüm auftritt, beweist ein Vorkommnis am 28. Januar 1799. Da mußte (nach einer Mitteilung in den Mansf. Blättern XIII, S. 114, Eisleben 1899) ein sächsischer Artillerie-Train „wegen eingefallenen Tauwetters an der Tisse 2 Stunden lang halten, weil das Wasser stark lief". Eine „kleine Disse" kommt von der Hungerquelle, bringt meist nur Wildwasser und fließt nicht weit oberhalb von Wennungen in die Unstrut. Das Ergebnis ihrer Anschwemmungen ist „die weite Furt" (so von Karsdorf aus bezeichnet, im Gegensatze zu der nahegelegenen Hauptfurt am Ladeplatze), die sich nahe unterhalb der Mündungsstelle befand. Jetzt ist sie, wie die nahe Furt, durch Baggerung beseitigt.

ling und Plunder = Vermischung, Verwirrung). Erst später wurde der Ausdruck auch von der Trübung und Verdunkelung des Auges gebraucht.

Doch kehren wir nun noch einmal zur Dissau zurück. Wenn man in ihr aufwärts geht, so trifft man $\frac{1}{2}$ Stunde von Wennungen entfernt am Fuße des ehemaligen Hains südlich von der Dissau da, wo die Talwände sich steiler erheben und näher zusammenrücken, auf eine Stelle, die die Teufelskirche heißt. Dort lag vor noch nicht lange vergangener Zeit ebenfalls auf der Südseite des Talgrundes ein großer, hoher Felsblock, den man den Teufelsstein, aber auch Teufelsaltar und Teufelskanzel nannte. Er hatte die Größe eines Hoftores, war unten unterhöhlt und zeigte seltsame Eindrücke, als wenn eine Person darunter gestanden hätte, um den Felsen aufzuladen und fortzutragen. Leider ist der merkwürdige, aus der Heidenzeit herrührende Stein beseitigt worden, weil beladene Fuder nur schwer an ihm vorüberfahren konnten.[1]) Es verdient noch bemerkt zu werden, daß nach einer Mitteilung des Herrn Rentmeisters Kuntze in Burgscheidungen, der den Stein als Knabe selbst noch gesehen hat, hufeisenförmige Eindrücke auf der Oberfläche des Felsbodens, welchen der Stein nach Art einer Grotte überdeckte, wahrzunehmen waren. Nicht bloß hierdurch, wie durch seinen Namen, sondern auch durch eine Sage wird dieser Teufelsstein als eine Stätte heidnischer Gottesverehrung gekennzeichnet. Einst hatte sich der Teufel — so berichtet die Sage — verpflichtet, in Memleben eine Kirche

---

[1]) Vierte Nachlese zu meinen Sagen der Grafsch. Mansfeld und ihrer Umgebung in den Mansf. Blättern VI, S. 101 Nr. 30, nach einer Mitteilung des Herrn Pfarrers Pfeil in Wennungen.

zu bauen. Weil er aber um den Baulohn betrogen wurde, ergriff er den bezeichneten Stein und warf ihn nach der von ihm erbauten Kirche, verfehlte aber sein Ziel und so blieb der Stein in der Dissau liegen. Andre dagegen behaupten, der Teufel habe sich erboten, übernacht bis vor Tagesanbruch bei Kösen eine steinerne Brücke über die Saale zu bauen. Ehe er jedoch mit dem Baue fertig war, krähete ein Hahn, und weil er nun um seinen Lohn betrogen war, erfaßte er den Stein, um sein Werk wieder zu zerstören, warf aber fehl, und der Stein fiel in der Dissau[1]) nieder.

Weit zurück in die Vergangenheit führen diese Sagen, in eine Zeit, in der man so schwierige Bauten, wie die Memleber Stiftskirche und die Kösener Brücke, die bekanntlich eine der ältesten in Deutschland ist, sich als nur mit Hilfe des Teufels zustande gekommen vorzustellen vermochte. Sie erinnern an den bekannten Mythus der Edda von dem riesischen, um seinen Baulohn betrogenen Baumeister. Über die „Teufelskirche" hat mir niemand Näheres berichten können. Vielleicht verstand man darunter ursprünglich einen Steinkreis oder einen durch Wall und Graben eingehegten Raum auf der Höhe des südlich sich erhebenden Bergvorsprunges, des Hains, und der Wurf galt vielleicht eigentlich dieser Teufelskirche.

Wenige hundert Schritte oberhalb des Dorfes Wennungen liegen dicht an der Kupferstraße da,

---

[1]) In meinen „Sagen der Grafschaft Mansfeld u. s. w.", wo ich diese Sagen S. 228 u. 229 als Nr. 278 zuerst veröffentlich habe, steht statt Dissau fälschlich Neideck. Dieses Versehen kommt auf Rechnung des Ökonomie-Inspektors H., damals in Birkicht bei Altenrode, der mir zuerst beide Sagen erzählte.

wo ein Weg ins Dorf hinabgeht, die Schanzen, der Rest einer zum größten Teile schon abgefahrenen Befestigung. Über Alter und Zweck dieser Anlage ist gar nichts bekannt.

Tröbsdorf und Burgscheidungen.

Wir nahen uns nun einer Perle des Tals, der alten thüringischen Königsburg Burgscheidungen, gleich ausgezeichnet durch eine Fülle schöner Landschaftsbilder und Aussichtspunkte, wie durch hochbedeutsame geschichtliche Begebenheiten. Mit Ausnahme der Nordseite, wo der Mermel sie zum größten Teile verdeckt, gewährt sie von allen anderen Seiten her einen stets wechselnden, immer schönen Anblick. Besonders zu empfehlen ist die Aussicht von der Ecke des Nebraer Berges über dem Schleusenhause, von der Neideck, vom Kucksberge, vom Mühlberge und der Chaussee nach Kirchscheidungen, wie auch von den Gleinaer und Dorndorfer Bergen über das ganze Tal, und nicht minder vom Burgscheidunger Schloßgarten aus über die Unstrutaue und das von den erstgenannten Bergen amphitheatralisch umgebene Tröbsdorfer Unterfeld, sodaß es sich lohnt, der schönen Umgebung von Tröbsdorf aus (Gasthof von A. Sachse) mehrere Tage zu widmen.

Die Umgebung von Burgscheidungen und überhaupt das Unstrutgelände ist schon in frühen, vorgeschichtlichen Zeiten besiedelt gewesen, wie die zahlreichen Hügelgräber und Wohngruben aus der jüngern Stein- und angehenden Metallzeit, die in der Nähe aufgedeckt worden sind, beweisen. Hauptfundorte waren der Nebraer Berg, die Neideck mit dem waldbewachsenen Bühnzchen, der Heidelberg, das Tröbsdorfer Unterfeld, sämtlich in der

Flur Tröbsdorf; ferner der Anger, der Märmel und der weiße Berg in der Flur Burgscheidungen; und nicht minder der südwestliche Rand des Muschelkalkplateaus in den Fluren Gleina und Dorndorf hoch über der Unstrut. Funde aus der ältesten und mittleren Bronzezeit sind häufig, selten die aus der Eisen- bezw. La Tène-Zeit. Auch aus der Zeit des thüringischen Königreichs ist bisher wenig gefunden worden, vermutlich weil in dieser Zeit tiefe Flachgräber gebräuchlich waren, die nur durch Zufall entdeckt werden können. Was an vorgeschichtlichen Altertümern gerettet worden ist, befindet sich in der von Herrn Amtsvorsteher und Rentmeister Kuntze in Burgscheidungen mit unermüdlichem Eifer und Sachverständnis zusammengebrachten und sorgfältig verzeichneten Sammlung auf dem Schlosse Burgscheidungen. Der größte Teil dieser Sammlung ist das Ergebnis von Ausgrabungen, die der Verfasser in Gemeinschaft mit Herrn Kuntze in den Jahren 1897 bis 1902 vorgenommen hat, oder besteht aus Funden, die von Herrn Kuntze gelegentlich erworben worden sind. Kennern und Freunden der Vorgeschichte wird diese lehrreiche Sammlung von dem genannten Herrn auf Wunsch gern gezeigt.[1])

[1]) Folgende Schriften berichten über die bei Burgscheidungen gemachten Ausgrabungen: Größler, Vorgeschichtliche Gräber und Funde im Amtsbezirke Burgscheidungen a. d. Unstrut. Erster Teil. (Mitteilungen aus dem Provinzial-Museum der Provinz Sachsen II, S. 70—104.) Mit 2 Tafeln, vier Plänen und vielen Textabbildungen. Halle, O. Hendel, 1900. — Zweiter Teil, mit 3 Tafeln. (Jahresschrift für die Vorgeschichte der sächsisch-thüringischen Länder I, S. 88—116. Halle, O. Hendel, 1902.) Der bei Reinsdorf-Vitzenburg gemachten Funde, die in diesem zweiten Teile genauer beschrieben sind, ist zum Teil schon auf S. 122 und 123 gedacht worden.

In diesem Zusammenhange möge auch der Waffenfunde

Treten wir nun die Wanderung nach Tröbsdorf und Burgscheidungen an. Wer den Weg auf dem rechten Ufer der Unstrut über Wennungen wählt, erreicht an der Ecke des Nebraer Berges beim Schleusenhause das Tröbsdorfer Unterfeld, auf welchem sich das große Ereignis der Eroberung von Burgscheidungen und der Zerstörung des thüringischen Königreichs vorbereitet hat. Denn da, wo jetzt das Dorf Tröbsdorf steht, oder doch in dessen nächster Umgebung muß das Lager der fränkischen Könige Theodorich und Chlothar im Jahre 531 n. Chr. aufgeschlagen worden sein, um Burgscheidungen zu beobachten und die Ankunft der Sachsen, welche ihnen Hilfe versprochen hatten, abzuwarten. Ein anderer Platz für diesen Zweck ist gar nicht denkbar, denn die Dorflage

---

gedacht werden, die weiter aufwärts auf den wiederholt erwähnten Ronnebergen bei Zingst gemacht und als Beweis dafür angeführt worden sind, daß die vielbesprochene Schlacht an der Unstrut auf jenen Bergen stattgefunden habe. Aber noch hat kein Verteidiger dieser Ansicht mitgeteilt, was für Waffen dort gefunden sind, geschweige denn sie beschrieben, mit Ausnahme ihres Urhebers, des Leipziger Professors Böhme, der sich aber mit ganz allgemeinen Angaben begnügt und selbst zweifelhaft ist, ob die ihm zur Ansicht zugesandten Fundstücke der Zeit des thüringischen Königreichs zugeschrieben werden dürfen, was aber seine Anhänger nicht verhindert hat, sich auf diese Funde zu berufen. Nun habe ich durch die Güte des Herrn Barons von Helldorf auf Zingst eine ganze Anzahl von Waffen und Geräten, welche auf den Ronnebergen, im besondern auf ihrer südlichsten Erhebung, dem Bock, gefunden worden sind, besichtigen können und gefunden, daß diese Steinkeile und Bronzen der überwiegenden Mehrzahl nach teils der jüngeren Steinzeit, teils der ältesten und mittleren Bronzezeit, also einer Zeit angehören, die von der Schlacht bei Runibergun durch mindestens ein bis zwei Jahrtausende getrennt ist. Man wird also, so lange nicht bessere Beweise beigebracht werden, einer Berufung auf jene Funde nicht das geringste Gewicht beilegen können.

von Tröbsdorf, welche die Stelle einer uralten Ansiedelung aus der Zeit der Bandkeramik (im 3. Jahrtausend vor Chr. G.) einnimmt, beherrscht einschließlich des Tröbsdorfer „Unterfeldes“ nicht nur vollständig den Zugang zum Bibertale und die engen Paßwege nach Wennungen und Kirchscheidungen, sondern ermöglichte auch eine durch die Unstrut gegen Überfälle gesicherte Beobachtung der feindlichen, nur wenige Minuten entfernten Feste aus nächster Nähe und gewährte auch eine ausreichende Verpflegung. Sogar der Name des Dorfes (in den Traditiones Fuldenses: Trubesdorf) kann eine Erinnerung an die kriegerischen Ereignisse bewahren, die sich hier abgespielt haben, da das Bestimmwort das ahd. drupo zu sein scheint, welches Keil, Schlachthaufe bedeutet. Unmittelbar östlich von Tröbsdorf aber, auf der andern Seite des Biberflüßchens, ist in dem jetzigen Gewehricht, welches die Unstrut auf ihrer Südseite eine Strecke begleitet und früher Wiese war, der ehemalige Lagerplatz der sächsischen Hilfsschar zu erkennen, der nach Widukinds von Corvey Bericht südlich von der Burg auf den dem Flusse benachbarten Wiesen (ad meridianam plagam urbis in pratis fluvio contiguis) sich befunden hat.

Doch wenden wir uns nun der merkwürdigen Geschichte Burgscheidungens zu. Um das Jahr 500 n. Chr. G. war dieser am frühesten vom Lichte der Geschichte erhellte Ort im Innern Deutschlands der Sitz des thüringischen Königs Irminfried und seiner Gemahlin Amalberg, einer Nichte des ostgotischen Königs Theodorich. Drei Brüder, die Söhne des Königs Bisino (Basinus), dessen Sitz im 5. Jahrhundert die im Mansfelder Seekreise gelegene Bösenburg (urk. Bisiniburg) gewesen sein dürfte, beherrschten nämlich damals das nach des

Vaters Tode geteilte thüringische Land, Baderich, Irminfried und Berthachar (Berthar). Da der Name der Burg (um 530 Scidingi) offenbar dieser Teilung oder der Lage derselben an der Scheide der geteilten Reiche seine Entstehung verdankt, so hat höchstwahrscheinlich Irminfried nach vollzogener Teilung sich diese Stelle zu seinem Königssitz ausersehen und die Burg an der in der Teilung festgesetzten Grenzscheide, der Unstrut, erbaut. Hier wuchs der Sohn Irminfrieds, Amalfried, mit seiner Base Radegund, der Tochter Berthachars, in Jugendfröhlichkeit heran. Aber das friedliche Verhältnis zwischen den Brüdern dauerte nicht lange, denn Amalberg, von unersättlicher Herrschsucht getrieben, mißbrauchte, wenn wir dem freilich nicht sehr glaubwürdigen Berichte Gregors von Tours glauben dürfen, den Einfluß auf ihren Gemahl dazu, denselben zum Morde seiner Brüder aufzureizen. Anfänglich widerstrebte der König ihren Klagen und Bitten, sich zum Alleinherrscher des ganzen Landes zu machen, aber schließlich erreichte sie ihren Zweck. Eines Tages ließ sie ihm den Tisch nur zur Hälfte decken und rief dem darob Verwunderten höhnisch zu, dem halben König gebühre nur der halbe Tisch. Von diesem Augenblicke an soll er auf Beseitigung seiner Brüder gesonnen, zunächst seinen Bruder Berthachar umgebracht und dann auch den anderen Bruder Baderich mit Hilfe des ostfränkischen Königs Theodorich besiegt haben. Es sind triftige Gründe vorhanden, die Wahrheit des Berichtes Gregors in wesentlichen Punkten zu bezweifeln;[1] Tatsache

[1]) Es darf hier nicht unerwähnt bleiben, daß es mit den geschichtlichen Quellen, aus denen die Kunde von dem Sturze des thüringischen Königreichs geschöpft werden kann, eine eigene Bewandtnis hat. Es sind nämlich zwei durch-

scheint aber zu sein, daß Irminfried seinen Bruder Baderich mit Hilfe Theodorichs des Lebens und Thrones beraubt hat. Weil jedoch der Bundesgenosse des Siegers von diesem um den versprochenen Lohn betrogen worden war, zog der fränkische Theodorich, verbündet mit seinem jüngsten Bruder Chlothar, gegen die Thüringer. In mehreren blutigen Schlachten, deren erste bei Ronnenberg, südlich von Hannover, deren zweite an der Ocker, deren dritte bei Karsdorf unweit von Burgscheidungen, und deren vierte nordöstlich dicht vor Burgscheidungen auf dem Anger und der anstoßenden Sandgebreite stattfand, wurde mit Hilfe eines sächsischen Heerhaufens die thüringische Macht gebrochen. Burgscheidungen wurde 531 von den

---

aus verschiedene Gruppen von Berichten zu unterscheiden: erstens fränkische (die Dichtungen des Venantius Fortunatus bez. der h. Radegundis und die Historia Francorum des Gregor v. Tours), welche schon in der zweiten Hälfte des 6. Jahrhunderts, also nur 50 Jahre nach den erzählten Begebenheiten niedergeschrieben worden sind, und sächsische (die Translatio S. Alexandri des Presbyters Ruodolf, die Res gestae Saxonicae des Widukind von Corvey und die Annales Quedlinburgenses), welche erst im 9. und 10. Jahrhundert, also 300—450 Jahre nach den Ereignissen zur Niederschrift gelangt sind. Sind demnach die fränkischen Berichte durch ihre viel frühere Aufzeichnung den sächsischen zeitlich gewaltig überlegen, so haben dafür diese vor jenen das voraus, daß sie auf dem Boden entstanden sind, auf welchem die erzählten Begebenheiten sich zugetragen haben, und daß sie allein nicht anzuzweifelnde Tatsachen von höchster Wichtigkeit und bleibender Wirkung (z. B. die Beteiligung der Sachsen am Sturze des thüringischen Königreichs und ihre Ansiedelung im Nordthüringerlande) berichten, die von den fränkischen Berichterstattern einfach totgeschwiegen werden.

Bei solcher Lage der Sache ist es natürlich schwer, die eine oder die andere Gruppe der Quellen als allein maßgebend anzuerkennen, zumal die Glaubwürdigkeit Gregors gerade in Bezug auf thüringische Begebenheiten entschieden in Zweifel gezogen werden darf.

Franken belagert und im Herbst dieses Jahres von den verbündeten Sachsen erstürmt, welche als Preis ihres Sieges das Land zwischen Sachsgraben (bei Sangerhausen), Helme, Unstrut, Saale, Elbe, Ohre, Ocker und Harz erhielten. Seitdem wurde das Nordthüringerland nördlich der Unstrut zu Sachsen gerechnet; auf Burgscheidungen aber mag ein sächsisches Herrengeschlecht seinen Sitz genommen haben.

Während der folgenden vier Jahrhunderte erfahren wir nichts von den Geschicken der Burg. Wenn nun in der ersten Hälfte des 10. Jahrhunderts das sächsische Königsgeschlecht der Ludolfinge im Besitze von Burgscheidungen erscheint, so dürfte sich dieser Besitz so erklären, daß König Heinrich I. Burgscheidungen als Mitgift seiner ersten Gemahlin Hadwig, welche eine Tochter des Grafen Erwin von Merseburg war, erlangt hat, und daß die Grafen von Merseburg von einem alten sächsischen Eroberergeschlechte abstammten. Doch ist auch möglich, daß König Heinrich als Reichsoberhaupt in den Besitz der Burg gelangt ist, da Burgscheidungen ohne Zweifel eine Reichsburg war und als solche (um 900 Scidingeburg, 979 Scithingaburch) wiederholt erwähnt wird.

Im Jahre 939 während des Kampfes des Königs Otto I. mit seinem Bruder Heinrich war die Burg, wie auch viele andere thüringische Burgen, in Heinrichs Besitz, dem sie entweder als Erbteil oder als Reichslehn zugewiesen sein mochte. Als nun in dem erwähnten Jahre König Otto die Festen seines Bruders Heinrich bedrängte, blieben nur Merseburg und Scheidungen (Scithingi) dem Prinzen treu. Doch verlor er bald darnach (um 940), als er zum zweiten Male von seinem Bruder besiegt worden war, alle seine thüringischen Besitzungen, im besonderen auch Burgscheidungen. Burg wie Herrschaft scheint aber beim ludolfingischen Hause bis zum Aussterben desselben im Jahre 1024 geblieben und mit den übrigen Reichsgütern an das salische Kaiserhaus übergegangen zu sein, denn im Jahre 1043 übereignete Kaiser Heinrich III. die im Hassegau in der Grafschaft des Pfalzgrafen Teti gelegene Burg Schidingen — ein Zeichen, wie sehr er die schöne Lage der Burg zu schätzen wußte — seiner eben erst von ihm heimgeführten Gemahlin Agnes von Poitou als Morgengabe (pro dote), und darum wird wohl die Kaiserin Agnes zeitweilig ihren Wohnsitz auf Burgscheidungen gehabt haben. Nach dem Tode ihres kraftvollen Gemahls aber hatte die Kaiserin durch die Habsucht und Untreue der Reichsfürsten viel zu leiden; gierig griffen dieselben überall nach den Reichsgütern, und so ist ihr ohne Zweifel auch Burgscheidungen abgedrungen worden. Markgraf Dedo von der Lausitz, der durch seine Gemahlin Adela, die Tochter des Grafen Lambert von Löwen und zugleich Witwe seines Stiefsohnes Otto von Meißen-Orlamünde, aufgehetzt worden war, beanspruchte nach dem im Jahre 1067 erfolgten Tode desselben mehrere thüringische Reichsgüter, auf welche er auch nicht den geringsten rechtlichen Anspruch hatte. Anscheinend hatte die Kaiserin Agnes, welche damals nicht mehr in Deutschland weilte, ihre Burg Scheidungen dem Markgrafen Otto zu Lehen gereicht, und lediglich aus diesem Grunde scheint Dedo dieselbe ebenfalls beansprucht zu haben. Der junge König Heinrich IV. jedoch wies die Ansprüche des Markgrafen zurück und nun erhob der sonst ruhige und bedächtige, jetzt aber durch seine herrschsüchtige Gemahlin aufgereizte Markgraf in offenem

Aufruhr die Waffen gegen seinen König. Dieser aber rückte sofort (1069) mit einem gewaltigen Heere in Thüringen ein, nahm zunächst die Burg Beichlingen, welche er anzünden ließ, und dann nach kurzem, wenn auch tapferem Widerstande, infolgedessen viele Krieger des königlichen Heeres bei Erstürmung der Feste fielen oder verwundet wurden, auch Burgscheidungen, in welches Dedo eine Besatzung gelegt hatte. Schon damals dürfte Burgscheidungen durch königliche Schenkung als Reichslehn in den Besitz des Hochstifts Bamberg gelangt sein; ja vielleicht schon 1067 nach des Markgrafen Otto Tode, da die Altaicher Jahrbücher (Monum. Germaniae, SS. XX, 820) zum Jahre 1069 Scidingun bereits ausdrücklich als eine Burg des Bischofs von Bamberg bezeichnen. Zugleich mit Burgscheidungen war auch die Reichsburg Mücheln dem Hochstifte Bamberg übereignet worden. Beide Herrschaften haben seitdem bis über die Zeit der Reformation hinaus den Bischöfen von Bamberg gehört, welche Burgscheidungen Burgmannen zur Bewachung übergaben, von denen sich einige nach der Burg selbst nannten.

Auf diesem Besitztum seiner Kirche verweilte in der Osterwoche des Jahres 1127 (vom 6.—9. April) der Bischof Otto von Bamberg (1102 bis 1139), um sich hier mit den nötigen Vorräten für seine zweite Missionsreise nach Pommern zu versehen, die er dann in der Richtung über Halle und Magdeburg antrat und welche bis 1129 dauerte.

Seit wann die Bischöfe von Bamberg ihr Schloß Burgscheidungen an edle Geschlechter der Umgebung zu Lehen gegeben haben, steht nicht fest, aber vermutlich früher, als dies aus Urkunden erhellt.

In der ersten Hälfte des 13. Jahrhunderts muß Burgscheidungen während des Krieges, den Landgraf Hermann von Thüringen mit dem Bischof Eckbert von Bamberg führte, in die Gewalt der Landgrafen von Thüringen und durch diese in den Besitz der Markgrafen von Meißen geraten sein, denn Markgraf Heinrich der Erlauchte von Meißen, der durch seine Mutter Jutta, Ludwigs des Frommen Tochter, Thüringen ererbt hatte, belehnte bald nach 1250 den Ritter Knut mit dem Schlosse Schydingen nebst Zubehör. Doch wurden 1290 die Knutonen von einem Schiedsgerichte dazu verurteilt, das Schloß Scheidungen dem Bischofe Arnold von Bamberg wieder auszuhändigen. Die Knutonen begannen darauf mit den Lehnsleuten des Bischofs eine Fehde, ließen sich aber schließlich durch Vermittelung des Königs Adolf gegen Entschädigung zur Rückgabe bewegen und begnügten sich seitdem mit einem festen Rittersitze (der Kemenate) zu Kirchscheidungen. Von da an wurde Burgscheidungen wieder von Bambergischen Vögten verwaltet. 1307 erscheint als ein solcher Hermann von Oberndorf. Im Jahre 1310 verpfändete der Bischof von Bamberg Burgscheidungen an die edlen Herren von Querfurt und 1334 an die Vitztume von Apolda. 1373 erhielt der Vitztum Busso von Apolda die Herrschaft Burgscheidungen als ein feudum ex dato et oblato mixtum und mußte sich dabei verpflichten, das Schloß dem Hochstift Bamberg allezeit offen zu halten, die Feste dem Bischof von Bamberg in allen Kriegen, die dieser etwa führen würde, zur Verfügung zu stellen und ihm überhaupt zu Diensten zu sein, nur nicht gegen den Markgrafen von Meißen, des Lehnsinhabers Landesherrn. Für den freilich nicht sehr wahrscheinlichen Fall eines Krieges zwischen Meißen- und Bamberg sollte die Burgmannschaft stille sitzen und keinem der Kriegführenden dienen.

Schon 1376 verkaufte der Vitztum Busso sein Lehn an den Edlen Gebhart von Querfurt († 25. Nov. 1383), der denn auch in Gemäßheit dieses Kaufs 1389 von dem Bischofe Lamprecht von Bamberg mit dem so erworbenen Schlosse belehnt wurde. Nach ihm behielten auch seine Nachkommen Burgscheidungen vom Bistum Bamberg zu Lehn, so Bruno 1389; Johann 1401; Johann und sein Bruder Protze 1406; Gebhart Protze's Sohn 1427 und bald darnach dessen Bruder Bruno, der 1441 die Burg und Herrschaft vermutlich als Afterlehn an die Brüder v. Harras, an Otto v. Nismitz und dessen Vettern Berthold und Friedrich veräußerte. Die neuen Besitzer verkauften bald darnach den halben Teil an die v. Rolitz und die v. Schidingen, welche 1445 belehnt wurden. Spätere Afterlehnsinhaber waren die v. Veltheim (1452), v. Ende (1464), v. Hoym (1468), v. Witzleben (1471). Da Bruno, der letzte Edelherr von Querfurt, keinen männlichen Erben hatte, so erbat und erhielt er von dem Bischof Heinrich von Bamberg die Einwilligung, daß nach seinem Ableben Fürst Waldemar von Anhalt mit Burgscheidungen belehnt werden sollte. Das geschah denn auch: seit 1496 besaßen daher die Fürsten von Anhalt Burgscheidungen als bambergisches Senioratslehn und haben es, wie die Edlen von Querfurt, auch ihrerseits an andere zu Lehn gegeben, nämlich an die von Meusebach, (1496–1530), v. Reipisch (1530), v. Wiehe (1536 bis 1629), v. Hoym (1629—1714). Im Jahre 1714 vertauschte der Graf Adolf Magnus von Hoym Burgscheidungen an den Generalfeldmarschall Grafen von Flemming; dieser verkaufte es 1721 an den Oberamtmann Wedemeyer und dieser endlich 1722 schon wieder an den sardinischen Generalfeldzeugmeister, Freiherrn Levin Friedrich von der Schulenburg, den späteren Stifter des Majorats Burgscheidungen.

Schon bis zu diesem Zeitpunkte mag sich von alten Bauten infolge der wiederholten Belagerungen, Zerstörungen, Um- und Neubauten nur wenig erhalten haben. Nur die beiden alten Flügel im O und S, welche im 15. Jahrhundert um- oder neugebaut worden sind, können noch Reste älteren Bestandes in sich schließen, da an der südlichen Hoffront zugemauerte Rundbogenfenster wahrzunehmen sind. Die Fenster der östlichen Hoffront stammen aus dem Ende des 15. oder Anfange des 16. Jahrhunderts, desgleichen der Turm mit seinen schrägen, dieser Zeit entsprechenden Fenstern. Andre Teile scheinen dem 17. Jahrhundert anzugehören. Die allerstärksten Veränderungen hat dem Schlosse das 18. Jahrhundert gebracht. Denn Levin Friedrich von der Schulenburg hat den nördlichen und westlichen Flügel des Schlosses in den Jahren 1724—1728 völlig umbauen und von italienischen Künstlern nach dem Geschmacke der Zeit ausschmücken lassen. Da hat denn alles Alte weichen müssen. Doch befinden sich in der Schloßbibliothek Abbildungen des Schlosses aus der vorhergehenden Zeit, unter ihnen auch eine, die es im Jahre 1728 darstellt.[1]) Eine Büste Levin Friedrichs hat der verstorbene

[1]) In dem reichhaltigen, aus besten Quellen schöpfenden Werke „Burgscheidungen“ von G. Schmidt (Pfarrer in Sachsenburg) — (zweite Aufl. in Kommission bei Max Niemeyer in Halle, 1900) —, welches auch reich mit Abbildungen ausgestattet ist, sind mehrere dieser Gemälde nachgebildet worden.

Graf Werner von der Schulenburg an der nördlichen Innenmauer des Schloßhofes rechts neben der Torfahrt anbringen lassen. 1728 besuchte Levin Friedrich Burgscheidungen, um das neuerbaute Schloß, die von ihm neuerbaute Kirche, von welcher Bauteile aus romanischer Zeit in die Kirchhofsmauer eingefügt sind, den neuangelegten Park und die zu ihm hinabführenden Terrassen zu besichtigen, doch sollte er sich seines Werkes nicht lange erfreuen, denn er starb bereits am 17. Mai 1729 zu Turin. Er wurde auf seinen Wunsch zu St. Jean d'Agregne, einer protestantischen Gemeinde im Luzerner Tale an der Grenze von Piemont und Frankreich begraben, sein Herz aber wurde in einer silbernen Kapsel nach Burgscheidungen gebracht und dort beigesetzt.

Gelegentlich der Ebnung und Terrassierung des Burgberges wurden im Jahre 1727 in einem unterirdischen Gewölbe alte Gräber aufgedeckt. Die darin aufgefundenen Wertstücke und Waffen wurden dem Bauherrn nach Italien geschickt, dort aber ist diese für die Geschichte Burgscheidungens so wertvolle Hinterlassenschaft einer großen Vergangenheit verloren gegangen und verschollen. Nur ein an sie erinnerndes Stückchen eines gelblichbraunen, mit echten Perlen und Türkisen in Weintraubenform besetzten Gewandes von brokatartiger Seide ist auf Burgscheidungen zurückgeblieben, wo es sorgfältig gehütet wird. Sofort nach dem Funde verbreitete sich das Gerücht, der „thüringische Königsmantel", der wertvoller wäre, als ganz Burgscheidungen, sei gefunden. Leider hat es niemand für nötig erachtet, den Fund genau zu beschreiben und die Fundumstände aufzuzeichnen. Allerdings soll nach Angabe ihrer Excellenz, der Frau Gräfin von der Schulenburg ein Brief aus der Zeit der Auffindung vorhanden sein, in welchem eine Beschreibung des „Mantels“ gegeben sei, doch war er zur Zeit nicht zu ermitteln. Auf dem Zettel, in welchen das Gewandstückchen eingeschlagen ist, steht nur: „Ein Stückchen Zeug von einem Gewand, welches man im Jahr 1727 beim Schloßbau zu Burgscheidung in einem gemauerten Grabe gefunden, welches man für das Grab eines thüringischen Königs gehalten hat.“

In dem Schlosse befindet sich auch eine nicht geringe Anzahl von beachtenswerten Gemälden, zumeist Portraits, darunter solche von geschichtlich bedeutenden Persönlichkeiten. So hängen an einer Wange der Haupttreppe, welche zu dem großen Gemäldesaale hinauf führt, die Portraits des Königs Friedrich Wilhelm I. und seiner Gemahlin, beide in noch jugendlichem Alter; einige Stufen weiter hinauf über dem Mittelpodest hängt das Portrait des Prinzen Eugen von Savoyen (das rechte der horizontalen Mittelreihe). Ist man in den Gemäldesaal eingetreten, so findet man rechts vom Eingange als unterstes von 4 weiblichen Bildnissen ein durch besondere Schönheit ausgezeichnetes. Angeblich ist die hier Dargestellte die 1680 geborene Anna Konstantia von Brockdorff, zuerst Gemahlin des Grafen Adolf Magnus von Hoym auf Burgscheidungen, später Geliebte des Königs August des Starken und 1706 vom Kaiser Josef I. zur Gräfin Kosel erhoben. An der gegenüberliegenden Westwand hängt in der Nähe des nördlichen Fensters als erstes in der untersten Reihe das Bild des Mainzer Erzbischofs Anselm Kasimir Wambold von Umstadt, der 1629 bis 1647 den Mainzer Erzstuhl inne hatte. Er trägt einen Bart à la Henri quatre und auch sonst ungeistliche, wenn auch schwarze Tracht. In der oberen Ecke der Tafel erblickt man das Wappen von Mainz und derer von Umstadt. An derselben Wand hängt auch ein Porträt des Grafen Moritz von Lynar. Es wäre sicher manchem erwünscht, wenn einmal ein Verzeichnis der hier vorhandenen Gemälde unter Angabe der dargestellten Persönlichkeiten und wenn möglich auch des Malers oder doch Künstlerzeichens aufgestellt würde; es würde da vielleicht manches Wertvolle sich ergeben. Gemälde, welche die Kriegstaten des venetianischen Feldmarschalls Joh. Matthias v. d. Schulenburg darstellen, hängen in einem Korridor des Schlosses; sie sind beachtenswert wegen der dargestellten Örtlichkeiten und Trachten.

Die nahe beim Schloßportal gelegene Kirche enthält nur mehrere den Heraldiker anziehende Grabdenkmäler. Leider ist der Heilige, dem sie geweiht war, noch nicht ermittelt; man darf aber vermuten, daß er unter den fränkischen Nationalheiligen zu suchen ist. Südlich von der Kirche steht eine Linde, die wegen ihrer mächtigen, den Felsboden überziehenden Luftwurzeln Beachtung verdient.

Der vom Schlosse nach Tröbsdorf Zurückkehrende stößt vor dem breiten, stromartigen Mühlgraben auf die dicht unter dem Schlosse gelegene, schon im Jahre 1441 nachweisbare Mühle. Ihre jetzigen Gebäude sind laut Jahreszahl über der Toreinfahrt im Jahre 1782 erbaut. In das nördliche Gewände des innern Torbogens nach dem Hofe zu ist eine Wassermarke eingehauen, welche anzeigt, daß im Jahre 1871 die Unstrut 49 cm, im Jahre 1881 aber 60 cm über dem Erdboden der Torfahrt gestanden hat. Doch auch der Biberbach wird zuzeiten — bei Wolkenbrüchen — gefährlich. An der Südseite der Tröbsdorfer Kirche ist an einem links vom Portal angebrachten Reformationsdenkmal eine Wassermarke bemerkbar, welche bekundet, daß am 23. Juni 1841 das Wasser des Biberbaches 3 Fuß hoch in der Tröbsdorfer Kirche gestanden hat. Da die Ufer des Baches hier über 2 m hoch sind, so hat also damals der Biberbach eine Wassertiefe von mindestens 3 m gehabt. — Wer übrigens noch keinen Kleienspeier gesehen hat, findet einen außer Dienst gestellten in Gestalt eines aus Holz geschnitzten Mannskopfes mit weit aufgesperrtem Munde — gerade kein Ideal von Schönheit — an dem Kaploche des nördlich liegenden Stallgebäudes der Burgscheidunger Mühle.

Thalwinkel und Bibra.

Seitwärts vom Unstruttale, auf der Scheitelfläche der „dürren Finne", an dem Burgscheidungen gegenüber bei Tröbsdorf in die Unstrut sich ergießenden Biberbache liegt 6 km von Tröbsdorf entfernt, in einer Talsenke eingeengt, das Städtlein Bibra, ein wenig bekannter, zeitweilig abnehmender Badeort (1867: 1473, 1880: 1568, 1885: 1531, 1890: 1464, 1895: 1526 Einwohner), den man von Burgscheidungen aus über Thalwinkel (3,5 km, 1890: 242 Einw.) in einer starken Stunde erreicht, wenn man das überaus anmutige Tal des Biberbaches aufwärts geht; von Laucha aus über Golzen (1890: 148 Einw.) in anderthalber Stunde. In dem links gelegenen Kloß-Holze steht eine mächtige Kiefer von ausgezeichneter Schönheit, die wohl in weiter Umgebung ihresgleichen nicht haben dürfte. Den Standort kann Herr Förster Wolf (im Forsthause zwischen Tröbsdorf und Thalwinkel) nachweisen.

Für Freunde der Glockenkunde sei bemerkt, daß auf dem Tröbsdorfer Kirchturme 2 Glocken mit gotischen Minuskelinschriften aus dem 15. Jahrhundert, auf dem Kirchturme des von Tröbsdorf 3 km entfernten Dorfes Thalwinkel aber, durch welches der Weg führt, eine noch erheblich ältere Glocke mit gotischer Majuskelinschrift von dem Glockengießer Günther von Erfurt hängt. Die Inschrift, welche in 2 Reihen die Glocke umzieht, lautet:

O O VOX ◦ VOX O VOX ◦ VI O TE
VOCO O ◦ VOS ADORA^T^E ◦ VE |
◦ NITE ◦ O O REX GLORIE ◦
VEN_I_ CVM PACE G FVSIT ME
DE ERA.

In lateinischen Lettern:

O vox, vox, vox vite, voco vos, adorate, venite!
O Rex glorie veni cum pace! G. fusit me de Erf.

Deutsch:

O, als Stimme, Stimme, Stimme des Lebens
rufe ich euch: Kommet und betet an!
O König der Ehren, komm mit Frieden!
G(ünther) von Erf(urt) hat mich gegossen.

Der Name des Gießers ist auf der Glocke zwar nur durch den Anfangsbuchstaben angedeutet, läßt sich aber mit Sicherheit ergänzen, da noch drei andere Glocken von der Hand Günthers erhalten sind, aus deren Inschriften sich zugleich die Entstehungszeit der Thalwinkeler Glocke ziemlich genau feststellen läßt.

Die erste hängt auf dem Turme der Dorfkirche zu Nottleben im Landkreise Erfurt. Einstmals dem Peterskloster zu Erfurt gehörig, dient sie jetzt den Nottlebern als Mittelglocke. Sie trägt in gotischen Majuskeln die Inschrift:

O Vox, Vox, Vite, voco vos, adorare venite

und darunter in Currentschrift in kleinen Lettern die Angabe:

Fusit me Gūtherus de Erfurt in honorem
S. Petri.

(Deutsch: Günther von Erfurt hat mich in die Ehre St. Peters gegossen.)

Ob wirklich hier adorare statt adorate steht, wäre nachzuprüfen.[1])

Die zweite ist die große Glocke zu Görmar bei Mühlhausen. Auch diese trägt in gotischen Majuskeln, aber traurigem Latein folgende Inschrift:

O REX • GLORIE VENI ∘ C̄V ∘ PACE ∘ CON
PANA ∘ ISTA ∘ FVSIT ∘ ME GVNTERVS ∘
DE • ĒR ∘ ANO. D̄I. M ∘ CCC ∘ LI ∘

Deutsch: O König der Ehren, komm mit Frieden! Diese Glocke. Es goß mich Günter von Er(furt) im Jahre des Herrn 1351.

Die Namen der alsdann noch genannten Kirchenväter (procuratores) werden hier weggelassen.[2])

Als dritte ist zu nennen die vierte Glocke des Dorfes Sollstedt im Kreise Grafschaft Hohnstein. Diese trägt die gotische Majuskelinschrift:

O ∘ VOX ∘ VOX ∘ VITE ∘ VOCO ∘ VOS ∘
ADORĀE ∘ VENITE ∘ [3])

---

[1]) Beschreibende Darstellung der älteren Bau- und Kunstdenkmäler der Provinz Sachsen: v. Tettau, Die Stadt Erfurt und der Erfurter Landkreis, S. 356 u. 392. Halle, 1890.

[2]) Ebenda: Sommer und Otte, Kreis Mühlhausen, S. 23. Halle, 1881. Die Herausgeber haben die den Spruch beginnende Jahresangabe fälschlich an den Anfang statt ans Ende gestellt.

[3]) Ebenda: Schmidt, Kreis Grafschaft Hohnstein S. 157.

Aus allen diesen Inschriften ergibt sich also mit zweifelloser Sicherheit erstens, daß der Gießer der Thalwinkeler Glocke in der Tat Günther von Erfurt gewesen ist und daß die Glocke, worauf schon die zum Teil sehr verkünstelten gotischen Majuskeln hinweisen, um 1350 gegossen sein muß. Latein hat Meister Günther offenbar nicht verstanden. Er hat durch die dreimalige Setzung des Wortes Vox den Vers ungebührlicherweise um eine Silbe bereichert, die Interpunktionen wiederholt an falscher Stelle angebracht, auch zweimal Buchstaben ausgelassen und dann nachträglich den der oberen Reihe über- und den der unteren untergeschrieben, nämlich das T in dem Worte ADORATE und das I in dem Worte VENITE. Eigentümlich ist auch, daß er, sobald mit der Silbe VE das Ende der ersten Zeile erreicht war, gleich darunter in der zweiten Zeile den Rest des Wortes (NITE) bringt und so weiter das Übrige. Eigentlich müßte dem Sinne gemäß das Wort venite vor adorate stehen, denn erst mußten die Gläubigen in die Kirche gekommen sein, bevor sie in ihr anbeten konnten; aber der Verfasser des Verses sah sich zu dieser Verkehrung des natürlichen Verhältnisses gezwungen, wenn er einen glatten Vers herausbringen wollte. Steht aber auf der Nottleber Glocke wirklich adora**r**e, so fällt das geäußerte Bedenken hinweg. Jedesfalls verdient die Thalwinkeler Glocke, welche nunmehr 550 Jahre alt ist, wegen ihres Alters und trotz, oder vielmehr wegen ihrer lehrreichen Nachlässigkeiten sorgsam gehütet zu werden. Im Falle

---

Fig. 77. Halle, 1889. Auch Schmidt hat den an den Anfang gehörigen Ausruf O fälschlich ans Ende gestellt und damit den Rhythmus des Verses zerstört.

der Beschädigung müßte sie, wie alle alten Glocken, dem Provinzialmuseum zugeführt werden.

Setzen wir nun unsere Wanderung nach Bibra fort. Es kann keinem Zweifel unterliegen, daß Bibra (786 Bibraho, 944 und 963 Biuuora, 968 Biuora, 1119 Byuara, 1225 Byvera, 1260 Biuera und Biberaha) dem Biberbache, an welchem es liegt, seinen Namen verdankt, weshalb auch die Stadt einen Biber im Wappen führt. Freilich sieht das Tier einer Katze bedenklich ähnlich, was sich aber ganz einfach dadurch erklärt, daß der einstmals in dem Bache so zahlreich vorkommende Biber zu der Zeit, wo die Zeichnung gemacht wurde, längst ausgerottet war.

Bibra ist ein sehr alter Ort. Bereits in dem Breviarium des Lullus wird es unter dem Namen Bibraho als einer der Orte erwähnt, in welchen das Kloster Hersfeld vor dem Jahre 786 von dem König Karl d. Gr. mit Grundbesitz begabt worden war. Im 10. Jahrhundert bestand hier eine Burg des königlichen Geschlechtes der Ludolfinge, auf oder bei welcher im Jahre 963 oder schon etwas früher der Graf Hermann Billung ein den Heiligen Petrus (und Paulus), Johannes, Vitus, Stephanus und Agathe gewidmetes Benediktinerkloster gründete, sicher das älteste Kloster im nordöstlichen Thüringen. (In späterer Zeit, etwa um 1100, treten übrigens neben den ursprünglich genannten Heiligen auch Justus und Clemens, die im Jahre 1148 in der Stiftskirche einen Altar besaßen, als Schutzpatrone hervor.). Papst Johann XII. stellte das Kloster gegen eine Abgabe an Silber unter seinen unmittelbaren Schutz und Kaiser Otto I. übereignete es 968 nebst der Burg dem neugegründeten Erzstifte Magdeburg.

An die Gründung des Stifts und seinen

Stifter erinnert noch der angebliche Grabstein des Grafen Billung, der, der baufälligen Stiftskirche beim Abbruch derselben entnommen, in die Vorhalle der in den Jahren 1869—1871 an Stelle der Stiftskirche neu erbauten und an ihren 1402 erbauten Turm angeschlossenen Bibraer Stadtkirche hinübergebracht, dort an der südlichen Innenseite der Vorhalle des Hauptportals eingemauert ist und im Volksmunde schlechtweg „der Billing" heißt. Man erblickt auf demselben einen barhäuptigen, bärtigen, geharnischten Ritter, dessen erhobene Linke das Modell einer romanischen Kirche hält, während die nach unten gewendete Rechte sich auf das Schwert stützt. Der Ritter wird vom Volke für den Vater des Sachsenherzogs Hermann gehalten. Da jedoch zu der Zeit, in welcher Billing lebte, vornehme Leute keinen Bart trugen, während doch der Stein einen bärtigen Ritter zeigt, wie auch die Rüstung des Ritters der Tracht des 10. Jahrhunderts nicht entspricht; da ferner auf dem Steine Wappen eingemeißelt sind, die man vor dem Beginn des 12. Jahrhunderts auf Grabsteinen nicht anzubringen pflegte, da endlich den Rand des Steines eine Inschrift in gotischen Minuskeln des 14. oder 15. Jahrhunderts umzieht, so ist kein Zweifel, daß der Stein vor dem Anfange des 15. Jahrhunderts nicht wohl angefertigt sein kann. Dazu kommt noch, daß die nur zum Teil noch lesbare Inschrift den Stifter als einen Grafen von Orlamünde bezeichnet. Nach P. Mitzschke (Deutscher Herold 1887, S. 2) ist es Graf Hermann VIII. von Orlamünde (geb. 1305, † 1372).

Um das Jahr 1107, vielleicht aber geschah es schon geraume Zeit vorher, finden wir die ehemalige Benediktinerabtei in ein Augustinerchorherrenstift verwandelt, dessen jedesmaliger Probst ein Magdeburger Domherr sein mußte, wie auch die übrigen Präbenden in Bibra, z. B. die Dechanei, nur Magdeburger Domherren übertragen werden sollten. Deutet dies auf eine ansehnliche Begüterung des Klosters hin, die zum besten Teile wohl kaiserlicher Gunst zu danken sein mochte, so ist eine andere Bevorzugung des Bibraer Stifts wohl dem Umstande zuzuschreiben, daß es, wie schon bemerkt, die älteste geistliche Stiftung in diesem Teile Thüringens war. Der Probst von Bibra war nämlich in ältester Zeit höchstwahrscheinlich Archidiakon des ostthüringischen Landes zwischen Saale, Unstrut, Gera und dem Thüringer Walde, d. h. der oberste Aufseher über die Geistlichkeit dieses Teiles von Thüringen und scheint diesen Vorzug erst im Jahre 1286 eingebüßt zu haben.

Schirmvögte des Klosters waren ursprünglich vermutlich die Sprossen des Billung'schen Hauses, später die in der Nachbarschaft wohnenden Grafen von Buch, die aber ihr Amt, wenn wir den Klagen der Bibraer Stiftsherren trauen dürfen, nur dazu benutzten, das ihrem Schutze anvertraute Stift in tyrannischer Weise zu bedrücken, was den Bibraer Konvent im Jahre 1264 zu dem Entschlusse brachte, den Grafen von Buch ihr Schirmvogteirecht für 300 Mark Freibergischen Silbers abzukaufen. Nach den Grafen von Buch erscheinen als Schirmvögte des Stifts die Grafen von Rabenswald, nach diesen Graf Hermann von Orlamünde, und nach diesem die Landgrafen von Thüringen, eine Reihenfolge, die sich aus der Verwandtschaft der Inhaber oder aus den geschichtlichen Ereignissen ergibt. (Vgl. Wiehe.)

Die Bedrückungen der Vögte, die starken nach

Magdeburg zu leistenden Abgaben — so wurde z. B. 1274 von dem Erzbischofe Konrad zu Magdeburg angeordnet, daß der Bibraer Propst, wie die Pröbste aller anderen dem Erzstifte zustehenden Klöster die Einkünfte ihres ersten Amtsjahres als Beitrag zu den Baukosten des Magdeburger Domes einzahlen sollten — und endlich die unablässigen Fehden (guerrae) der umwohnenden Fürsten scheinen den Wohlstand des Stiftes so heruntergebracht und das Behagen der Chorherren in dem Maße gestört zu haben, daß sie die Hoffnung auf ein gedeihliches Fortbestehen des Stifts an seiner bisherigen Stelle aufgegeben zu haben scheinen. Denn im Jahre 1286 ließen sie den Erzbischof Erich von Magdeburg durch den Erzbischof von Mainz, ihren geistlichen Oberherrn, um seine Zustimmung bitten, daß das Stift unter Wahrung der Rechte des Erzstifts Magdeburg nach Erfurt verlegt werde. Jedoch der Plan ward nicht verwirklicht, denn das Stift blieb nach wie vor in Bibra. Wohl aber scheint der Erzbischof von Mainz die günstige Gelegenheit, daß die Bibraer Chorherren selbst über die für geistliche Zwecke ungünstigen Verhältnisse Bibras geklagt hatten, dazu benutzt zu haben, das Archidiakonatsrecht über Ostthüringen dem Bibraer Propste zu entziehen, denn seitdem erscheint als Archidiakonus des bezeichneten Gebietes der Propst des Stifts Beatae Mariae Virginis zu Erfurt. Um die Mitte des 15. Jahrhunderts nahm Herzog Wilhelm von Sachsen den Plan der Verlegung von neuem auf, nur hatte er diesmal Weimar zur neuen Heimat des Stiftes ausersehen. Papst Nikolaus erklärte sich 1453 mit der Verlegung einverstanden, 1484 erfolgte eine zweite Genehmigung durch den päpstlichen Legaten, jedoch abermals kam die Verwirklichung des Planes nicht zustande. Dem neuen Geiste der Reformation war es vorbehalten, dem Stifte, in welchem 1553 einige Stellen noch neu besetzt worden waren, nach 600 jährigem Bestehen ein Ende zu bereiten. 1565 wurden die Urkunden und das Siegel des Stifts auf kurfürstlichen Befehl nach Leipzig geschickt und 1571 wurde dem Rate der Stadt ein Teil des Stiftsvermögens zur Unterhaltung von Kirche, Pfarre und Schule überwiesen; den Rest der Stiftsgüter erhielt 1607 der Junker Albrecht von Krosigk. Das Stift und die Stiftskirche sind jetzt völlig vom Erdboden verschwunden, nur der schon erwähnte „Billing" ist das einzige bis auf unsere Zeit erhaltene Überbleibsel beider.

Aus der Zeit des Mittelalters verdient ein Vorgang Erwähnung, der die hierarchische Willkür des päpstlichen Legatentums, unter der selbst hochgestellte Geistliche zu leiden hatten, zu kennzeichnen geeignet ist. Am Ägidientage des Jahres 1225 nämlich kam der päpstliche Kardinallegat Graf Egeno von Urach nach Magdeburg und gab dort eine erledigte Pfründe in der Stiftskirche Bibra einem seiner Günstlinge, ohne den Propst von Bibra, Wilbrand, der ein geborner Graf von Hallermund und ein leiblicher Bruder des Erzbischofs von Magdeburg war, um seine Genehmigung anzugehen. Als Wilbrand das Vorgehen des Legaten als Gewalttat bezeichnete, exkommunizierte ihn dieser, belegte ihn mit Schimpfworten und nahm ihm tags darauf die Präpositur von Bibra. So wollte er ihm täglich eine seiner Würden nehmen, bis er keine mehr hätte und sein Name im Erzstift ausgelöscht wäre. Nur mit Mühe erwirkten ihm sein Bruder, Erzbischof Albrecht, und die übrigen in Magdeburg anwesenden Bischöfe die Verzeihung des Legaten, indem sie ihn bewogen, sich jenem zu Füßen zu werfen. Später bestieg dieser Wilbrand, wie sein Bruder, den erzbischöflichen Stuhl von Magdeburg.

Außer der Stiftskirche bestand übrigens in Bibra noch eine Kirche S. Ägidii, welche die Pfarrkirche des Ortes war, nach Einführung der Reformation aber nicht mehr benutzt und schließlich abgebrochen wurde. Im Jahre 1700 stand sie noch als wüstes Gebäude da, wo jetzt die Schule steht.

Was nun die Entwickelung des Ortes selbst betrifft, so wird Bibra zwar im Jahre 1124 noch ein Dorf genannt, hatte aber damals schon Marktgerechtigkeit und einen Marktmeister (forensis centurio). Es war eben durch seine Lage an der Vereinigungsstelle dreier Bäche und Täler vor den andern Orten der Nachbarschaft bevorzugt, die hier ihren natürlichen Knotenpunkt fanden. 1293 heißt es ein Flecken (oppidum). Wann es Stadtrecht erhalten, ist nicht bekannt. Während des thüringischen Bruderkrieges hatte es, wie alle benachbarten Orte, schwer zu leiden. 1450 verbrannte Kurfürst Friedrich von Sachsen den seinem Bruder Wilhelm gehörigen Ort.

Eine Zeitlang hatte Bibra einen ziemlichen Ruf als Badeort. Es besaß eine heilkräftige Stahlquelle, den Fieberbrunnen, ein Name, der höchstwahrscheinlich eigentlich Biberbrunnen lautet. Zu Anfang des 17. Jahrhunderts soll derselbe entdeckt sein, aber erst in den Jahren 1680—1684 wurde die Quelle auf Befehl des Herzogs Johann Adolf von Sachsen-Weißenfels durch den Leibarzt Siebert untersucht und als Gesundbrunnen mit einer Einfassung versehen. Anfangs war der Zudrang von Badegästen bedeutend. Gichtkranke Leute, die auf Krücken gekommen waren, sollen nach wenig Wochen imstande gewesen sein, an Tanzvergnügungen teilzunehmen. Von dem Zustande des Städtchens um das Jahr 1700 haben wir eine merkwürdige Schilderung in Erdmann Neumeisters „Bibraischem Brunnengast“, auch als „Verse von der Beschaffenheit des Städtleins Bibra“ bezeichnet. Der Verfasser war von 1697 - 1699 Pfarrsubstitut und von 1699—1704 Pfarrer in Bibra. Sein ziemlich umfangreiches, aus unmittelbarer Anschauung geflossenes, urkräftiges Spottgedicht will nicht bloß spotten, sondern auch bessern. Unter der Maske eines Kurgastes gibt er das Städtchen der Lächerlichkeit preis, hält aber dessen einfache Verhältnisse den Zeitgenossen als Spiegel vor und geißelt die Gebrechen und Untugenden der Mitwelt. Über den Namen der Stadt bemerkt er:

„Von einem Bieber soll die Stadt den Namen tragen,
Zwar auch der Ursprung trifft von bibere wohl ein,
Wiewohl ich will mich nicht mit jemand darum schlagen.“

Er begründet seine Auffassung folgendermaßen:

„So offt sie Freude haben,
Vermehren sie den Trunck, und wenn sie Leid betrübt,
So wird es ebenfalls auch durch den Trunck begraben.
Wer was verkaufft und kaufft, versiegelt es damit.
Berufft man die Commun, berathen sich die Zünffte,
Macht man ein Testament, fällt sonst ein Handel für,
Versammelt sich der Rath und hält Zusammenkünffte,
So sorget man zuerst vor eine Kanne Bier.“[1]

Über Bibra's Vergangenheit berichtet er:

„Du warest sonst ein Stifft, und manche fette Pfründe
Ließ die canonicos mit fetten Bäuchen gehn.

[1]) Ein Volkssprüchlein stellt Zägen-Bäber neben Butten-Näber. Ein anderes nennt Bibra „des Teufels Vorbehalt“, tut aber heutzutage dem freundlichen Badeorte entschieden Unrecht.

Graf Billing baute dich, ein Herr von Orlamünde,
Den man im Bilde noch sieht in der Kirche stehn.
Doch hat der alte Glanz in allem abgenommen,
Denn alles siehet alt und ganz verfallen aus,
Das Münster deines Doms ist ziemlich runterkommen,
Und unten lieget gar ein wüstes Gotteshaus.
Die Bürgerhäuser sind mit Ziegeln gar gedecket,
Jedoch die man von Stroh in Scheunen machen kann;
Den Kalck, mit welchem man die Häuser hat beklecket,
Sieht wohl ein Blinder auch für leimicht Erdreich an."

Dagegen rühmt er die gesunde Lage Bibra's in folgenden Versen:

„Laß sein, du mußt dich mit zur dürren Finne zählen.
Wird auf der Finne nicht gesunde Luft gespürt?
Drum durffte dich kein Gifft und andre Seuchen quälen,
Als um und neben dir die Pestilenz regiert.
Was brüstet ihr euch doch, die ihr im Thale stecket,
Und prahlet, wie ihr's nennt, mit eurer goldnen Au?
Ist's nicht ein Wetterloch, das Dufft und Nebel hecket?
Uns aber feuchtet hier der allerschönste Thau!
Sind eure Städte denn noch besser? Etwa Wiehe?
Dies heißt ein Bettelsack, wie sonst ein Reimgen spricht,
Mit allen andern auch verlohnt sich's nicht der Mühe,
Darum verachtet nur das gute Bibra nicht."[1])

Eine Feuersbrunst veranlaßte eine Abnahme des Fremdenverkehrs. Den verfallenen Gesundbrunnen ließ Herzog Christian von Sachsen-Weißenfels 1727 wieder reinigen und fassen, aber die Kurgäste wollten sich nicht wieder einstellen. Anläßlich einer von dem Rate und dem Arzte Hesse der Landesregierung gewidmeten Schrift, betitelt „Das wiederlebende Bibra", bewilligte diese zur Wiederherstellung des Bades 100 Taler, aber viel ließ sich damit nicht machen, und der erhoffte Aufschwung des Bades blieb aus, welches aber immer noch besucht wird.

---

[1]) Dr. Paul Mitzschke, Erdmann Neumeister und sein Bibraischer Brunnengast. (Neue Mitteilungen des Thüringisch-Sächsischen Vereins XVI, S. 353—394.)

Den besten Blick auf Stadt und Umgegend hat man von der nahegelegenen „spitzen Hut“ und einem der Stadt noch näher gelegenen Aussichtsturme.

Wer etwa von Bibra aus den Orlasberg und die Kupferstraße überschreiten will, kann zwischen Saubach (Amtsanteil) und Altenrode — etwa 2 km von Saubach entfernt — einen auf der Ostseite der Kupferstraße stehenden, fast rechteckigen Sandstein besichtigen, welcher 1,85 m über den Boden hervorragt, 0,45—0,55 cm breit und 0,18 cm dick ist und vor der Grundstückszusammenlegung (Separation) zehn Ruten westlich von seiner jetzigen Stelle gestanden hat. 1,58—1,62 m über dem Boden hat er auf der südlichen Schmalseite ein fast viereckiges Loch und ebenda, nur 6 cm vom Boden entfernt, ein napfförmiges von 4 cm Tiefe und ebensoviel Durchmesser. Nach einer freilich nur unsicheren und schwankenden Sage ist dieser Stein, welcher der lange Stein heißt, ein Denkmal des Sturzes des Thüringischen Königreichs. Nach der Behauptung mancher Umwohner bezeichnete der frühere Standort dieses Steines die Stelle, auf welcher der letzte Thüringerkönig Irminfried auf der Flucht von Burgscheidungen erschlagen worden wäre. Diese Auffassung ist vielleicht auf eine Äußerung des M. Cyriacus Spangenberg in seiner Mansfeldischen Chronik (Eisleben 1572, bei Andreas Petri, Fol. 56$_v$) zurückzuführen, welcher anscheinend zuerst schon vor mehr als 300 Jahren im Anschlusse an den mißverstandenen Bericht des Geschichtschreibers Gregor v. Tours „einen Berg bei Saubach — indem er statt Tulbiacum Subiacum las und dies auf Saubach bei Bibra deutete — als Todesstätte des Königs Irminfried bezeichnet hat. Nach andern ist beim langen Stein überhaupt nur ein Großer erschlagen worden, und andere wissen nur, daß Kriegsleute da gefallen sind.

Nicht weit vom langen Stein liegt nun aber auf der Höhe zwischen Bibra und Altenrode die Wüstung Neurode, welche im dreißigjährigen Kriege zerstört worden sein soll, und dicht bei der Dorfstätte eine Stelle, die allgemein das Übelessen genannt wird. Vor längst vergangener Zeit soll dort während eines Krieges eine Heerschar sich gelagert haben und beim Essen von den Feinden so völlig überrascht worden sein, daß sich das Mahl in ein vernichtendes Blutbad verwandelte. Darum sei nachher die Unglücksstelle das Übelessen genannt worden. Eine andere Überlieferung freilich verschiebt den Anlaß zu dieser Benennung ganz munter unter entsprechender Veränderung der Umstände in die neuere Zeit, indem sie erzählt, in Neurode hätten einmal Schweden in Quartier gelegen und die Offiziere hätten sich außerhalb des Dorfes im Freien zur Tafel gesetzt. Währenddem hätten aber die Kaiserlichen eine Kanone auf die Stelle gerichtet und so gut gezielt, daß die Kanonenkugel mitten auf den Tisch getroffen und alles zertrümmert hätte. Da habe einer von den Offizieren gesagt: „Meine Herren! Hier ist übel essen!“ und schnell hätten alle den gefährlichen Ort verlassen. Fast genau dieselbe Geschichte und denselben Ausspruch erzählt man in der Umgebung von Leipzig (Thonberg) vom König Gustav Adolf, dem dort eine Kanonenkugel in die Suppenschüssel geflogen sein soll.

In allen diesen Erzählungen scheint die Volkssage die Erinnerung an einen für die Einwohner einstmals sehr wichtigen Vorgang festgehalten zu haben, freilich in schwankender, durch spätere Ereignisse getrübter und darum unzuverlässiger Fassung. Es ist gar nicht unmöglich, daß sowohl die Sage vom langen Stein, wie die vom Übelessen noch als Erinnerungen an die Zeit des thüringischen Königreichs angesehen werden dürfen, nur daß vielleicht der König, der hier ermordet worden, nicht Irminfried gewesen, sondern sein Bruder Berthar, der Vater der h. Radegund. Auch die ganz eigentümliche Sage vom Hasenspiel am Mordgraben (richtiger wohl Moorgraben) bei der Wüstung Neurode, laut welcher ein von seinem Gastgeber durch vergifteten Hasenbraten getöteter Großer sich mit jenem um Mitternacht in Hasengestalt grimmig bekämpft, und nicht minder die Sage von der Neidecke, nach welcher ein mit seinem Bruder in Streit geratener Schloßherr von Burgscheidungen das Schloß verlassen und sich unweit davon zum Ärger und zur Schädigung seines Bruders ein neues erbaut hat, — alle diese Sagen scheinen auf betrübende Vorgänge in der thüringischen Königsfamilie hinzudeuten, die dem Volke unvergeßlich geglieben sind, wenn sie auch allmählich verblaßten, wie auch die Namen der beteiligten Personen nach und nach dem Gedächtnis entschwunden sind.

Kirchscheidungen und Laucha.

Von Bibra aus kann man Laucha über Golzen, von Tröbsdorf aus über Kirchscheidungen (2,5 km, von da bis Laucha 3 km) erreichen.

Es sind viele Jahrhunderte vergangen, bevor Kirchscheidungen von dem nahegelegenen Burgscheidungen durch ein vorgesetztes Bestimmwort unterschieden wurde und darum ist es schwierig festzustellen, auf welchen dieser beiden Orte die uns erhaltenen urkundlichen Nachrichten sich beziehen. Aber so nahe sie beieinander liegen, so streng waren sie in ältester Zeit — eine Nachwirkung der Aufteilung des thüringischen Königreichs — von einander geschieden. Burgscheidungen lag im sächsischen Nordthüringen, im besondern im südlichen Hosgau; Kirchscheidungen im fränkischen Südthüringen und gehörte zum Gaue Engilin oder Englehem (= Angelnheimat), dessen östlichste Mark es ausmachte. In kirchlicher Beziehung lag Burgscheidungen im Sprengel des Hochstifts Halberstadt, Kirchscheidungen aber in dem des Erzstifts Mainz und war in der katholischen Zeit der Sitz eines Erzpriesters, der anfangs dem Propste zu Bibra in dessen Eigenschaft als mainzischer Archidiakonus, später dem Archidiakonus B. M. V. zu Erfurt unterstellt war. Schon die Benennung K i r ch scheidungen deutet an, daß es als Mutterkirche für eine Anzahl umliegender Dörfer eine höhere Bedeutung hatte. Zu diesen gehörten wohl ziemlich sicher Wennungen, Tröbsdorf, Thalwinkel, Golzen und das wüste Wartha, über welche insgesamt in späterer Zeit dem Bischofe von Naumburg das Patronatsrecht zustand.

Im vierten Abschnitte des Hersfelder Zehntverzeichnisses wird (nach 866) Scidinga als locus sancti Uuigberhdi in potestate ducis Otdonis bezeichnet, d. h. als ein Besitztum des Klosters Hersfeld unter der Landeshoheit des Herzogs Otto. Dieser Otto war sicher der Sachsenherzog Otto der Erlauchte (von 880—912), der Vater des Königs Heinrich I, zumal des Herzogs Otto Enkel, König Otto I, im Jahre 952 die ihm gehörige Mark Scheidinga an seinen Vasallen, den Markherzog Hermann Billung, vertauschte. Da nach obiger Nachricht das hessische Kloster Hersfeld in ältester Zeit Kirchscheidungen besaß, so befremdet es, daß nach einer von manchen freilich nicht für ächt gehaltenen Urkunde vom Jahre 874 das hessische Kloster Fulda von König Ludwig dem Deutschen den Zehnten in Skidinga erhalten haben soll.

Um das Jahr 1200 finden wir das Bistum Bamberg, welches schon im 11. Jahrhundert die Herrschaften Burgscheidungen und Müncheln und im zwölften die Abtei Bitzenburg-Reinsdorf, vom Reiche zu Lehen erhalten hatte, auch im Besitze von Kirchscheidungen und Umgebung. Durch wen und bei welcher Gelegenheit es ihm gelungen ist, seinen Besitz auf das rechte Unstrutufer auszudehnen, wissen wir nicht. Im Jahre 1290 saß auf dem Rittergute Kirchscheidungen, das einen Ober-, Mittel- und Unterhof enthielt, das in der Herrschaft Burgscheidungen und anderswo reich begüterte und kampflustige Rittergeschlecht der Knutonen, das seinen Kirchscheidunger Besitz durch Anlage von Befestigungen zu sichern gesucht hat, aber in einer mit dem Bischofe von Bamberg begonnenen Fehde der größeren Macht des Bischofs erlag und sich nun dazu bequemen mußte, in die Beseitigung seiner Kirchscheidunger Befestigungen — die aber unterblieben zu sein scheint, da ein altes Bild auf dem Schlosse Kirchscheidungen das Kirchscheidunger Rittergut mit seiner „Kempnate“ noch ziemlich wohl erhalten zeigt — einzuwilligen und Kirchscheidungen von dem Bischofe zu Lehen zu nehmen. Seitdem hausten sie dort bis 1422, in welchem Jahre der letzte des kriegerischen Geschlechts als friedlicher Pfarrer und Erzpriester daselbst gestorben ist. Übrigens hatten auch noch andere Dienstmannenfamilien

Lehen in Kirchscheidungen, so die Ritter von (Kirch-)Scheidungen, die sich zeitweilig nach ihren anderen Besitzungen von Mücheln nannten. Lehensnachfolger im Besitze der Knutonen wurden die von Rockhausen, die bis 1748, also länger als 300 Jahre, dort gesessen haben und von denen noch eine ganze Anzahl von Grabdenkmälern in der Kirche des Ortes erhalten ist. Zu ihrer Zeit waren, wann und wodurch, ist unbekannt, die Herzöge von Sachsen Lehnsherren von Kirchscheidungen geworden. Seit 1748 aber haben die Grafen v. d. Schulenburg auf Burgscheidungen das Kirchscheidunger Rittergut erworben und zu einem Zubehör des Majorats Burgscheidungen gemacht.

Die der Jungfrau Maria gewidmete Ortskirche hat noch einen romanischen Turm, wie auch das Schiff noch der romanischen Zeit angehört, wogegen der Chor gotische Bauweise zeigt.

In weiteren Kreisen ist das Dorf bekannt geworden durch zwei tüchtige Männer, die als Söhne des Bäckermeisters und Ackergutsbesitzers Thiersch hier geboren worden sind.

Der ältere Bruder, Friedrich Wilhelm Thiersch, geb. am 17. Juni 1784, war zuerst Gymnasiallehrer, wurde dann Professor in München, Erzieher der Kinder des Königs Max II. von Bayern und starb am 25. Februar 1860. Er hat sich namentlich durch wissenschaftliche Arbeiten auf dem Gebiete der Philologie, Pädagogik u. a. hervorgetan.[1])

Sein jüngerer Bruder, Bernhard Thiersch, geb. am 26. April 1793 als der jüngste von fünf

---

[1]) Friedrich Thierschs Leben, Leipzig und Heidelberg C. F. Winter, 1866.

Brüdern, ebenfalls Altphiloloqe, hat durch sein Preußenlied „Ich bin ein Preuße, kennt ihr meine Farben“ eine nicht unverdiente Berühmtheit erlangt. Er hat es 1830 zur Feier des Königsgeburtstages für die Harmoniegesellschaft in Halberstadt, wo er als Gymnasiallehrer wirkte, gedichtet. Es wurde zum ersten Male nach der Melodie „Wo Mut und Kraft in deutschen Seelen flammen“, nach welcher es auch gedichtet war, vorgetragen, von einem Freunde des Verfassers in die Morgenzeitung eingerückt und aus dieser in der Spenerschen Zeitung abgedruckt mit der Bemerkung, es sei zu bedauern, daß man keine Melodie dazu habe. Eine von Greulich versuchte Komposition wurde, obwohl sie vielen Beifall gefunden hatte, durch die Komposition des am 10. August 1794 zu Schleiz geborenen Heinrich August Neithardt, welche schnell volkstümlich wurde, in Vergessenheit gebracht. Da das Lied ursprünglich nur für einen Solovortrag mit begleitenden Brummstimmen bestimmt war, so spottete Hoffmann von Fallersleben darüber:

„Ich bin ein Preuße“ singt nur Einer,
Die andern aber brummen drein“,

worauf Thiersch treffend erwiderte:

„Doch sangen es schon Millionen,
Drum kann das Lied kein Solo sein.“[1])

Ein eigentümlicher Zufall ist es gewiß, daß gerade diese beiden Gegner berufen gewesen sind, mehr als andere und jeder in seiner Weise, das Gefühl für Volk, Vaterland und Herrscherhaus zu beleben, Hoffmann von Fallersleben durch sein zur deutschen Volkshymne gewordenes Lied „Deutschland, Deutschland über Alles.“

---

[1]) Bernhard Thiersch, Geschichte des Preußenliedes an dessen 25jährigem Jubiläum. Düsseldorf, Wilh. Kaulen, 1855.

Vom Städtchen Laucha, welches 1815: 251 Häuser, 670 Einw., 1867: 2016, 1880: 2360, 1885: 2353, 1890: 2416, 1895: 2421 Einw. hatte, erfährt man aus Urkunden erst ziemlich spät etwas. Da aber in einer Urkunde vom Jahre 1124, in welcher Laucha in der Form Lochowo zum ersten Male genannt wird, ein Wendenzins daselbst (dominicale ad Sclauos) erwähnt wird und auch der Name (in urk. Formen Lochowo, Lochowe, Luchowe) in slawischer Gegend als Ortsname häufig vorkommt, so ist Laucha ohne Zweifel ursprünglich eine slawische Gründung und schon darum für alt zu halten, wenn es auch jünger ist, als die meisten Orte des Tals mit deutschen Namen. Der Name ist von dem altsl. lagu Wald, serb. lug Hain, Schilfteich, russ. lug Wiese, tschech. luh feuchter Ort, oberserb. luh Moor, Wiesenbruch, niederserb. lug Wasserpfuhl abzuleiten und bezeichnet treffend die Beschaffenheit des Bodens, auf oder bei welchem Laucha gegründet ist, dessen Umgebung aus weit ausgedehnten Wiesenflächen besteht.

1124 bekundet der Erzbischof Rüdiger von Magdeburg, daß dem Propste zu Bibra unter andern auch die gesamte Hausgenossenschaft (familia) nebst den Frohnzinsen in dem Dorfe Lochowo zustehe. Demnach waren die Einwohner Lauchas ursprünglich zinspflichtige Fröhner slawischer Abstammung.

Von 1245 bis 1437 erscheint in den Urkunden häufig ein Dienstmannengeschlecht de Lochowe oder Luchowe (mit den Vornamen Gelfrad, Otto, Heinrich (welcher den anmutigen Zunamen Mussac führt), Christian, Klaus, Gebhart u. a.), dessen Grundbesitz der nach und nach zur Stadt sich erhebende Flecken erworben hat.

Etwa um das Jahr 1190 schenkte Bischof Berthold von Naumburg dem Kloster Pforta ein Gut in Laucha (predium in Luchowe), mit welchem bis dahin Albertus de Riguz belehnt gewesen war. Sonst aber finden wir Laucha samt seiner Kirche und Einwohnerschaft, soweit geschichtliche Kunde zurückreicht, stets von der Propstei in dem nicht weit entfernten Bibra abhängig. Es deutet aber schon eine erhöhte Bedeutung und eine beträchtliche Zunahme der Einwohnerzahl des Ortes an, daß im Jahre 1287 in Laucha ein Landgericht abgehalten wird, denn der Graf Friedrich von Rabenswald bekundet, daß sein Vogt Hermann Pouc auf dem Landgerichte zu Laucha an seiner Statt den Vorsitz geführt habe (in plebiscito Luchowe coram advocato nostro Hermanno cognomento Poux, qui ibidem presedit vice nostra).

Die Gerichtsherren der Stadt waren also, so weit unsere Kunde reicht, zuerst die Grafen von Buch, dann die Grafen von Wiehe-Rabenswald, ohne Zweifel in ihrer Eigenschaft als Schutzvögte des Bibraer Stiftes; und nach diesen ihre Erben, die Grafen von Orlamünde aus dem Askanisch-Ballenstedtischen Hause. Nach Angabe der Statuten der Stadt Laucha ist diese von den Grafen von Orlamünde mit städtischem Recht „begnadet und begabet" worden. Da nun Graf Heinrich von Orlamünde trotz dem Widerspruche seiner Verwandten 1344 seine Besitzungen an den Landgrafen Friedrich den Ernsthaften verkauft hat und 1372 auch die letzten orlamündischen Besitzungen an das landgräfliche Haus gekommen sind, so muß Laucha spätestens vor diesem Jahre städtisches oder doch Fleckenrecht erhalten haben. Nach andern hat König Wenzel um 1390 Laucha Stadtrecht verliehen. Vermutlich handelt es sich bei dieser Nachricht lediglich um eine nachträgliche königliche Bestätigung. 1419 begnadete der Landesherr, Markgraf Friedrich der Einfältige aus dem Hause Wettin die junge Stadt mit zwei Jahrmärkten, der freien Wahl des Rates und der niederen Gerichtsbarkeit, ausgeschlossen Diebstahl, Notzucht, Mord, Hals und Hand nach Maßgabe des Rechtes seiner Stadt Salza; er erweiterte also das bisherige Stadtrecht. Im Jahre 1450 wurde Laucha während des thüringischen Bruderkrieges von dem Kurfürsten Friedrich von Sachsen verbrannt. Vielleicht war dies die Ursache, daß sich die Stadt gegen feindliche Angriffe durch einen Kranz von Zinnenmauern und betürmten Toren besser, als bisher zu schützen suchte. Einige Reste von letzteren haben sich noch erhalten, namentlich das ziemlich trotzig aussehende Obertor, welche die ehemalige Wehrhaftigkeit des Städtchens zur Genüge bekunden. Am 13. April 1731 brannte Laucha bis auf 20 Häuser nieder, bei welcher Gelegenheit auch die Kirche zumteil zerstört wurde, so daß es erklärlich ist, daß die Stadt heutzutage kein altertümliches Aussehen mehr hat. Die Stadt Laucha führt in ihrem Siegel, welches aus der Zeit der Wettinischen Herrschaft stammt, einen Löwen, daneben als Schildhalter einen geharnischten Ritter mit Fahne und Schwert. Der Löwe ist wahrscheinlich der meißnische Löwe der Wettiner. Den Ritter halten die Einwohner für einen Grafen von Orlamünde, und zwar nach dem oben Dargelegten wohl mit gutem Grund. Die Ansicht, daß der Schildhalter der Schutzheilige der Stadt sei, ist unhaltbar, da die Stadtkirche der Jungfrau Maria geweiht war und U. L. Frauen heißt. Auch an dem zwischen der Kirche und dem Bahnhofe gelegenen Rathause kehrt eine ähnliche Darstellung wieder. Denn über seinem Eingange erblickt man unter dem Lutherischen Schibboleth V(erbum) ⁊ D(omini) ⁊ M(anet) ⁊ I(n) ⁊ A(eternum) ⁊ und der Jahreszahl 1 ⁊ 5 ⁊ 6 ⁊ 3 einen gepanzerten Ritter, welcher ein Wappen mit einem Löwen hält.

Die Kirche von Laucha, welche der Jungfrau Maria geweiht ist und nach Ausweis einer Urkunde im Jahre 1287 schon vorhanden war, sollte im Falle einer Erledigung von dem jedesmaligen Propste in Bibra mit einem Bibraer Stiftsherrn besetzt werden. 1335 und 1343 erwirkte das Bibraer Capitel Gnadenbriefe für die Lauchaer Kirche von dem Erzbischofe von Mainz, welche die Folge hatten, daß zahlreiche Wallfahrten nach Laucha stattfanden, zu denen vielleicht auch der jetzt zum Wahrzeichen der Stadt gewordene sogenannte „Herrgott von Laucha“, ein uraltes, verwittertes, nicht mehr recht erkennbares Steinbild in der nördlichen Vorhalle, Anstoß gegeben hat. Soweit sich ersehen läßt, stellt es Jesum im Garten Gethsemane betend dar. Die Zunahme der Einwohnerschaft in dem zur Stadt erblühten Dorfe oder auch die Baufälligkeit des alten Kirchengebäudes bewirkte, daß man im 15. Jahrh. sich mit dem Gedanken eines Neubaues trug, aber der Eifer, mit dem man an die Verwirklichung dieses Planes ging, war in hohem Maße durch Bedächtigkeit gebändigt. 1423, nachdem die Stadt nicht lange zuvor eine Erweiterung ihrer Rechte erlangt hatte, entwarf man den Plan zum Neubau, 1479 legte man den Grundstein und 1532 wurde der neue Bau geweiht! Eine Minuskelinschrift an der Südseite des Chors, die nur zumteil noch zu lesen ist, besagt:

Anno · salvator · m° qdrngen (tesimo) **lxxix · Structura · h9 · edificij tercia · pt9 bonifacii · In . .**

Aufgelöst:

Anno salvatoris millesimo quadringentesimo undeoctogesimo structura huius aedificii tertia (feria) post Bonifacii in (cepta est).

Vermutlich ist das begonnene Wort so zu ergänzen, daß man lesen muß: incepta. Die noch weiter folgenden vier Zeilen sind stark beschädigt. Doch ergibt sich aus dem Erhaltenen, daß mit dem Baue des Chors am dritten Tage nach S. Bonifatii (7. Juni) im Jahre 1479 begonnen worden ist. Die sich durchschneidenden Rundstäbe des Portals und ihre mit rautenförmigen Feldern verzierten Füße bekunden schon zur Genüge die Entstehung des Baues gegen Ende des 15. oder Anfang des 16. Jahrhunderts. Doch haben sich noch Spuren eines älteren Baues aus romanischer Zeit erhalten, welche, weiter zurückreichend als eine Urkunde auf Pergament, beweisen, daß mindestens schon im 12. Jahrhundert eine steinerne Kirche in Laucha gestanden hat. Das sind mehrere ganz oder zumteil erhaltene Pfeilerkapitäle mit Schachbrettmuster. Ein ganzes, wohlerhaltenes liegt unter der Wendeltreppe des nordwestlichen Treppenturmes; das Bruchstück eines solchen steckt in der Südseite des Turmerdgeschosses oberhalb der spitzbogigen Durchfahrt; in den Treppenturm aber bei der an der Südseite gelegenen Sakristei sind gar noch acht mehr oder minder große Stücke von Schachbrettkapitälen eingemauert. Uebrigens besaß die Kirche in katholischer Zeit fünf Altäre, deren Pfründen von dem Rate der Stadt vergeben wurden. Bis in die achtziger Jahre des

19. Jahrhunderts hat auch noch auf dem Kirchturme eine Glocke gehangen, der man nachsagte, sie sei eine der ältesten und größten in Thüringen, aber leider ist von keiner Seite her Vorsorge getroffen worden, das Bild ihrer Gestalt und die Formen ihrer Inschriften irgendwie auf die Nachwelt zu bringen, obwohl auf der jetzigen, im Jahre 1880 von Gottfried Ulrich in Laucha neugegossenen, angeblich 78 Zentner schweren „großen" Glocke bemerkt ist, daß ihre Vorgängerin, die am 25. Mai 1879 vom Blitz beschädigte Glocke „wegen ihrer Größe und der Schönheit ihres Klanges der Stadt Laucha Stolz" gewesen sei, und obwohl am Orte selbst die schon lange blühende Glockengießerei von Ulrich besteht, deren Aufgabe es doch sicher gewesen wäre, dieses Erzeugnis mittelalterlicher Kunst nicht ohne wissenschaftliche Daseinsspur verschwinden zu lassen.

Die im Jahre 1888 neugegossene Mittelglocke, über deren Vorgängerin in bezug auf Ursprung, Alter und Ausstattung ebensowenig eine Nachricht erhalten ist, war beim Trauerläuten nach Kaiser Friedrichs Tode in Stücke gesprungen. Sie selber verkündet:

Als Kaiser Friedrichs Tode galt mein Klang,
Mit schrillem Ton ich da in Stücke sprang.
Durch Meister Ulrichs Kunst und fleiß'ge Hand
Aus Feuersgluten ich dann neu erstand.

Unter der bereits erwähnten Inschrift an der Südseite des Chors erblickt man in den Quadern der Mauer und der Strebepfeiler viele breite Rillen und auch einige „Näpfchen", wie sich solche auch an vielen andern Kirchen finden. Über ihren Zweck und ihre Bedeutung ist schon auf Seite 108 etwas bemerkt worden.

Südlich von der Kirche, in gleicher Längenrichtung mit ihr, steht ein Gebäude, dessen Bestimmung und Alter folgende 11 zeilige Inschrift in Römischen Majuskeln vermeldet, die hier zur Bequemlichkeit des Lesers in gewöhnlicher Antiquaschrift wiedergegeben wird:

Extructum | hoc ΠAE (!) DEYTHRION | in honorem Dei et rei | publicae Lauchaviensis | incrementum pastore | Paulo Sperlingio Diaco | no Leonhardo Genselio | Consulibus Blasio Ung | ero et Johanne Voge | lio. Anno salutis | M.DC.XV.

Darunter:

Discere fili artem nullam potes absque magistro.
Ad praeceptorem festino currito gressu.

Deutsch:

Diese Erziehungsanstalt (bezw. Schule) ist zur Ehre Gottes und zur Förderung der Gemeinde Laucha erbaut worden, als Paul Sperling Pastor, Leonhard Gensel Diakonus, Blasius Unger und Johann Vogel Ratsherren (bezw. Bürgermeister) waren, im Jahre des Heils 1615.

Die nun folgenden Verse sind eine Mahnung an die Lauchaer Schuljugend. Deutsch:

Lernen kannst du, mein Söhnchen, nichts ohne Hilfe des Lehrers.
Hin zum Lehrer darum begib dich eiliges Schrittes!

Zscheiplitz und die Weißenburg.

Um von Laucha aus nach Zscheiplitz zu gelangen, gehe man von dem Ostende des Städtchens aus auf fast nur schnurgeradem Wiesenpfade zunächst nach Weischütz, einem Dorfe mit

(1890) 202 Einwohnern, welches noch einen romanischen Kirchturm hat, lasse sich auf der dortigen Fähre über die Unstrut setzen und steige dann den Merzberg hinauf, auf dessen westlichem Vorsprunge man von einer Krähenhütte aus eine prächtige Aussicht in das obere Tal hat. Will man die Mühe verringern, so fahre man auf der Eisenbahn bis Balgstedt (5 km), besichtige diesen Ort und gehe dann über die Zeddenbacher Brücke nach Zscheiplitz (2 km). Wer Zscheiplitz nicht besuchen will, hat von Balgstedt über die Zeddenbacher Brücke bis Freyburg 2,5 km zurückzulegen.

Auf einer westlich vom Zeddenbache (im 8. Jahrh. Zidamacha) gelegenen Bergkuppe, welche namentlich in der Nähe der Kirche köstliche Blicke ins Tal hinab und hinauf gewährt, liegt weithin sichtbar das Rittergut, in einer Schlucht am Nordfuße des Berges aber das Dörfchen Zscheiplitz, welches 1890 mit dem Nickelchen 79 Einwohner zählte. In der Urzeit war dieses Dörfchen, wie schon sein Name (im 11. Jahrh. Sipplice, 1254 Shypliz) bekundet, der vermutlich von polnisch čapla Reiher, altslov. čaplja Storch abzuleiten ist, eine slawische Ansiedelung. Die Ableitung des Ortsnamens von dem lateinischen supplicium ist eine Ausgeburt beschränkten Gelehrtentums. Schon im 11. Jahrhundert stand auf dem über dem Dorfe sich erhebenden, zu einer Burg wie geschaffenen Berge ein Schloß, welches aber nur kurze Zeit als solches bestanden haben kann. Gegründet zu sein scheint es erst, nachdem die pfalzgräflichen Gebrüder von Goseck ihr Stammschloß in ein Kloster verwandelt hatten, also um 1042; aber nur wenig über 40 Jahre hatten die Gosecker Pfalzgrafen hier ihren Sitz. Im Munde des Volkes hieß die neue Residenz die Weißenburg und darum nennt auch das Volkslied die schöne Gemahlin des Pfalzgrafen, Adelheid, die Frau von der Weißenburg. Unweit dieser Burg in dem Reußenwäldchen fand die meuchlerische Ermordung des jungen Pfalzgrafen Friedrich III. durch den Landgrafen Ludwig den Salier oder mehrere von ihm zu der Meintat gedungene Ritter, Theodorich und Udalrich von Deidenlibe und Reinhart von Runenstide statt, nachdem sich, wie die Sage erzählt, Adelheid mit Ludwig verabredet hatte, ihren Gemahl zur sofortigen Ahndung eines von Ludwig und seinen Leuten absichtlich verübten Jagdfrevels anzureizen. Der Pfalzgraf ging auch in die ihm gelegte Falle. Ohne Wehr und Waffen, nur von einem leichten Gewande bekleidet, sprengte der eben dem Bade Entstiegene, angestachelt durch die Reden seines ungetreuen Weibes, arglos den Jagdfrevlern nach und wurde nach kurzem Wortwechsel mit einem Jagdspieße meuchlings durchstochen. Die Stelle des Mordes bezeichnete noch lange ein Stein mit einem eingehauenen Spieße im Reußenwäldchen, den der Chronist Brotuff im Jahre 1556 noch gesehen, und von welchem er folgende Inschrift abgelesen hat:

Anno Domini 1065.
Hic comes cecidit Palatinus Fridericus,
hunc prostrauit comes Ludouicus.

Freilich gesteht er zu, man habe „die Jahrzall und etliche worther nit woll lesen“ können. Jetzt, nachdem der Eichwald zum Teil gerodet ist, steht der Stein im Reußen-Felde. Ein anderer, etwa 200 Schritt näher am Dorfe in der Maidenau gelegener Stein bezeichnet nach der Sage die Stelle, wo eine treue Magd, die den Pfalzgrafen vor dem Verrate hatte warnen wollen, vom heftigen Laufen erschöpft, ihren Geist aufgegeben hatte. Schon im ersten Jahre nach dem am 5. Februar 1085 verübten Morde heiratete die Pfalzgräfin den Landgrafen und dieses Ehebündnis vor allem hat den von fast gleichzeitigen Schriftstellern zuerst nur als Vermutung, dann als Gewißheit ausgesprochenen Verdacht hervorgerufen, Adelheid und Ludwig hätten Anteil an der Tat gehabt. Verstärkt wurde dieser Verdacht durch den Umstand, daß Adelheid bald danach, um 1089, die Weißenburg — wie man annahm, zur Sühnung ihrer Schuld — in ein Benediktinerinnenkloster verwandelte, welches sie dem h. Martin weihte und in welches sie späterhin selber eintrat, selbstverständlich, wie man weiter annahm, um ihre Sünden darin abzubüßen. Im Jahre 1110 am 11. Oktober ist sie in demselben gestorben. Freilich wird auch Oldisleben a. d. U. als das Kloster genannt, in welchem die reuige Sünderin ihre Tage beschlossen haben soll. Dagegen nennt Conrad Stolles Chronik S. 124 (herausgegeben von R. Thiele, Halle, 1900) den Landgrafen als den Gründer: „Dornach bawete her uff der borg Schippelitz auch eyn closter, dy des pfalzgrafen Frederichs gewest was, den her erstochen hatte." Tatsächlich übereignete Adelheids hinterbliebener Gemahl das Kloster Zscheiplitz seiner Lieblingsstiftung, dem von ihm zu seiner Begräbnisstätte auserkornen Kloster Reinhardsbrunn, eine Unterordnung, die den Aufschwung des Klosters Zscheiplitz ebenso verhindert zu haben scheint, wie die Unterordnung unter die Abtei Hersfeld den Aufschwung der Abtei Memleben. Als der päpstlich gesinnte Herzog Georg von Sachsen gestorben war, ließ sein evangelischer Nachfolger, Herzog Heinrich, der Freund Luthers, das Kloster visitieren und bewog die Äbtissin Agnes von Trebra mit den noch übrigen zehn Klosterjungfrauen zur Annahme des evangelischen Bekenntnisses. Nachdem die Nonnen ausgestorben waren, wurde der Klosterbesitz in ein Rittergut verwandelt. Von den Gebäuden des ehemaligen Klosters ist heute nur noch wenig übrig. Nur der Altarraum mit halbkreisrunder Apsis, sowie das Langschiff mit dem westlichen, auf zwei Rundbogen ruhenden Unterteile des Turmes, dessen Kämpfergesimse dem 11. Jahrhundert, also der besten Zeit der romanischen Bauweise angehören, ist erhalten.

Das durch seine Lage zur Verteidigung vorzüglich geeignete Rittergut, wie auch die den Fluß weiter hinab (bis nach Freyburg) begleitenden Schweigenberge hatte Napoleon im Jahre 1813 von französischen Truppen besetzen lassen, um den nach der Schlacht bei Leipzig herandrängenden preußischen General York, dessen Batterien vom Reußenwäldchen aus bereits die Zeddenbacher Brücke bestrichen, über welche die französische Artillerie nach der Schlacht bei Leipzig sich zurückzog, an der Störung des Überganges seiner Truppen über die Unstrut zu verhindern. Da ein Sturm der Preußen auf den Berg zu viel Opfer gekostet hätte, unterblieb derselbe.

Die vorerwähnten Schweigenberge, welche ihren Namen vermutlich dem Umstande verdanken, daß auf ihnen vor Zeiten Viehhöfe oder Weideplätze für Rinder angelegt waren (von ahd. sweiga Rinderherde, Rinderstall, eingezäunter Weideplatz, Viehhof) sind eine der vorzüglichsten Weinlagen in Freyburger Flur. Das auf ihnen gewonnene Gewächs erfreut sich mit Recht eines nicht bloß auf seine Umgebung beschränkten guten Rufes. Freilich hat in den Weinpflanzungen der Schweigenberge die Reblaus, und fast noch gründlicher die zu ihrer Vernichtung eingesetzte „Reblauskommission“ fürchterlich gehaust, sodaß selbst ein kurzsichtiger Fahrgast, der auf der Eisenbahn im Tale vorüberfährt, vom Wagen aus die zahlreichen und ausgedehnten kahlen Stellen in dem Rebengelände wahrnehmen kann, auf denen mit den Rebläusen auch den Rebstöcken der Garaus gemacht worden ist. Manche Weinbergsbesitzer sind daher geneigt, auf ihren Fall die Fabel von dem Bären anzuwenden, der in bester Wohlmeinung seinem Herrn mit einem Steine den Schädel einschlug, um ihn von einer sein Behagen störenden Fliege zu befreien. Jetzt sind die gerodeten Flächen zumeist mit Roggen bestellt.

Balgstedt.

An der Einmündung der von Kloster Häseler (1271 Hesillere = Wohnsitz an der Hasel) herabkommenden Hasel (1168 Gazele) in die Unstrut liegt Balgstedt, welches 1890 einschließlich des Rittergutes und des Vorwerks Rödel mit Toppendorf 575 Einwohner hatte. Schon um das Jahr 776 finden wir diesen Ort, dessen Name „Wohnstätte des Balg“ bedeutet, im Besitze der karolingischen Könige. Ausdrücklich führt der dritte Abschnitt des Hersfelder Zehntverzeichnisses (um 880—899) Balgstedt mit Wennungen, Spielberg u. a. Orten als kaiserlichen Besitz (in potestate cesaris) auf. Nach dem Aussterben der Karolinger ist der Ort als Reichsgut in den Besitz der deutschen Könige übergegangen. Auf dem hier befindlichen Königshofe haben die Träger der Reichsgewalt ziemlich häufig geweilt und auch Urkunden hier ausgestellt. So urkundete Otto I.

hier am 24. Mai 943 und 14. April 959, Otto II. am 9. August 975, Heinrich II. am 22. September 1013. Im Jahre 1032 schenkte Kaiser Konrad II. seinen in der Grafschaft des Madelgoho gelegenen Königshof Balgstedt (Balchestad, nostram regalem cortem in pago Thuringiae in comitatu Madelgohonis sitam) dem Bischofe Cadalus von Naumburg, während Erzbischof Siegfried von Mainz am 18. April 1063 den Zehnten dieses noch zu seinem Erzbistum gehörigen Dorfes (Balgenstete) dem Stifte zu Sulza übereignete. Die Bischöfe von Naumburg gaben dann den ehemaligen Königshof in Balgstedt nebst Zubehör zu Lehn aus, was die Veranlassung wurde, daß die Lehnsinhaber sich nach dem Orte nannten. Schon 1152 wird ein Ulrich von Balkstete erwähnt, der dem Hochstifte Naumburg die Erlaubnis erteilte, aus dem ihm und seinem Bruder Friedrich gehörigen Teile des Steinbruchs zu Balgstedt (lapifodine Balkstete) die zum Baue des Naumburger Domes nötigen Steine zu entnehmen (potestatem et auctoritatem liberam fodiendi et deducendi in perpetuum lapides ad opus et structuram fabrice ecclesie Nuenburgensis). Dieser vortreffliche Steinbruch hat aber auch noch für andere Kirchenbauten seine mit Recht geschätzten Steine geliefert. Denn 1275 verliehen die erwähnten Brüder auch dem Kloster Pforta das Recht der freien Benutzung des ihnen gehörigen Teils von dem Steinbruche, und demzufolge ist auch die Klosterkirche zu Pforta zum Teil aus Balgstedter Steinen erbaut, und nicht minder die St. Wenzelskirche in Naumburg. Weil aber in der Folge die Herren von Balgstedt, dem üblen Brauche der Zeit folgend, zu gemeinen Wegelagerern herabsanken, wurde im Jahre 1397 der feste

Sitz der Raubrittersippe in Balgstedt, der freilich nur eine Wasserburg gewesen ist, von den Landgrafen Friedrich und Wilhelm von Thüringen gebrochen und die Insassen vertrieben. Die Oberlehnsherrlichkeit über Balgstedt muß aber das Hochstift Naumburg trotz alledem behauptet haben, denn noch 1404 belehnte Bischof Ulrich II. von Naumburg den Kurfürsten Friedrich den Streitbaren mit Balgstedt.

Die Kirche des Ortes hat nach einer Angabe zum Schutzheiligen S. Nicolaus, was mir aber deshalb zweifelhaft erscheint, weil ein Königshof sicher nicht lange ohne Kirche geblieben ist, Nicolaus aber erst im 12. Jahrhundert Verehrung gefunden zu haben scheint. An dem frühromanischen Turme sind Spuren einer ihm vormals angefügten Apsis wahrzunehmen. Nach Angabe des Herrn Pastor Seiffert (früher in Balgstedt) schloß sich an den Turm, welcher jetzt östlich von der Kirche steht, die Kirche, wie es ja auch die Regel ist, ostwärts an. Wann diese ältere Kirche verschwunden ist, war ihm nicht bekannt; doch ist die jetzige erst 1734 erbaut.

Die größte Merkwürdigkeit der Kirche sind ihre alten, wahrscheinlich gleichalterigen Glocken, namens Anna und Maria. Die Maria trägt in gotischen Majuskeln lediglich den Namen: M·A·R·I·A· Weit wichtiger ist die Inschrift der Mittelglocke, auf deren Wangen je 2 apokalyptische ✝A und ✝Ω stehen. Sie lautet:

ANNO · DNI · M · CCC · XI ·
INVIGILIA · IOHAS · ET ·
PAULI · FUSA · E · H · ANNA ·

In gewöhnlichen lateinischen Schriftzeichen mit Ergänzung der Abkürzungen:

Anno Domini millesimo trecentesimo undecimo in vigilia Johannis et Pauli fusa est haec Anna.

Deutsch:

Im Jahre des Herrn 1311 am Vorabende Johannis und Pauli ist diese Glocke gegossen worden.

Da Joh. u. Paul. auf den 26. Juni fällt, so ist die Glocke am 25. Juni 1311 gegossen worden und somit zu den ältesten datierten Glocken Deutschlands zu rechnen, Grund genug, sie niemals umzugießen.

Freyburg und die Neuenburg.

Fast auf allen Seiten von steil ansteigenden, nach Osten und Norden hoch hinauf mit Reben bepflanzten Bergen umgürtet, liegt das Städtchen Freyburg (1867: 2758, 1880: 3029, 1885: 3142, 1890: 3256, oder wenn man das Schloß (mit 33 Einw.) und die Oberförsterei (mit 7 Einw.) zurechnet, im ganzen 3296, 1895: 3312 Einwohner) auf dem linken Ufer der Unstrut längs des Flusses im Talkessel da, überragt von den immer noch stattlichen Resten des stolzen Landgrafenschlosses Neuenburg. Es ist, als ob das Unstruttal an dieser Stelle noch einmal alle Reize, die es dem Wanderer bisher vereinzelt oder doch nicht in solcher Fülle und Kraft geboten, zusammenfassen wollte, bevor sich der Fluß, dessen Wellen so manchen merkwürdigen Ort bespülen, mit der größeren Saale verbindet. Natur, Sage und Geschichte haben sich vereinigt, um diesen bisher noch lange nicht genug beachteten Fleck thüringischer Erde mit unvergänglichem Reiz zu schmücken;

nicht weniges ist es daher, was hier die Aufmerksamkeit des Wanderers in Anspruch nimmt.

Fragen wir zuerst nach dem Alter des Ortes, so reicht Freyburg zwar in das frühere Mittelalter zurück, ist aber doch der jüngste fast von allen Orten im Unstruttale. Denn wenn auch schon in altersgrauer Zeit kleine Dörfchen am Fuße der Berge standen, zwischen denen jetzt Freyburg liegt, so sind diese doch allmählich in das viel später gegründete Freyburg aufgegangen und nur ihre Namen Eckstedt (Achistide), Erau u. a. haben sich erhalten. Aber die Stadt ist auch jünger als das Schloß, dem sie erst ihre Gründung verdankt.

Der Gründer dieser stärksten Feste des thüringischen Landgrafengeschlechtes ist Landgraf Ludwig der Salier (Springer) gewesen. Gewöhnlich wird behauptet, derselbe habe die Burg schon im Jahre 1064 oder 1069 erbaut, aber diese Behauptung ist schon darum haltlos, weil der Grund und Boden der Burg den Pfalzgrafen von Sachsen aus dem Hause Goseck gehörte, die um die angegebene Zeit keinen Nebenbuhler auf ihrem Gebiete sich hätten einnisten lassen. Erst nach dem Tode des jungen Pfalzgrafen Friedrich III. von Putelendorf (am 5. Februar 1085), den die Sage und Geschichte diesem Landgrafen schuld gibt, und nach dem nicht lange danach (am 27. Mai 1088) erfolgten Abscheiden des Pfalzgrafen Friedrichs II., seines Vaters, war die Zeit gekommen, wo Ludwig hoffen durfte, seinen Plan ohne Widerstand zu verwirklichen. Als zweiter Gemahl der Witwe des ermordeten Pfalzgrafen Friedrichs III. und als Vormund des dem Getöteten nachgeborenen Sohnes, Friedrichs IV., konnte er es wagen, auf dem Vatererbe seines

Stiefsohnes, über das er als Vormund zeitweilig freie Verfügung hatte, die Feste zu gründen, die der Grundstein seiner Macht im Osten des Thüringer Landes werden sollte. Also vermutlich erst um das Jahr 1090 ist die Neueburg, wie ihr Erbauer sie nannte, erbaut worden, und zwar gleich der anderen bedeutendsten Feste des Landgrafen, der Wartburg, in Anmaßung fremden Eigentums und unter Anwendung von Gewalt. An Umfang freilich übertraf die Neueburg (novum castrum), so genannt im Gegensatze zu einem älteren, unmittelbar nördlich davon gelegenen Schlosse, der Haldecke, von welcher noch im 13. und 14. Jahrhundert ein Geschlecht des niederen Adels seinen Namen trug, die Wartburg bei weitem. Die Burg besetzte der Burgherr mit Burgmannen, an deren Spitze — ein deutliches Zeichen, welche Bedeutung er ihr beimaß — ein Burggraf aus dem zum hohen Adel gehörigen Geschlechte der Burggrafen von Meißen und Werben stand, der sich, wie auch seine Nachkommen, nunmehr von Nuenburg oder de novo castro nannte. Zu Füßen der Burg aber gründete Ludwig eine Stadt, deren Bewohner er für einige Zeit von allen Steuern und Diensten befreite, in welcher ohne Zoll, Geleite und Fehde gekauft und verkauft werden konnte und welche darum den Namen Freiburg (Vriborch), der nur der Stadt zukommt, erhalten haben soll. Unweit vom Schlosse und dem Rande der dahinter sich ausdehnenden Hochfläche spannte wohl lange vor dem Jahre 1171 des Gründers ältester Enkel, der in der Waldschmiede zu Ruhla hartgehämmerte Landgraf Ludwig der Eiserne, seine widerspenstigen Adligen nach der Sage in den Pflug und bestimmte den an der „Frankenstraße“ auf dem

Windberge gelegenen, von den unedlen Edlen umgepflügten „Edelacker“ zu einer Freistätte für Übeltäter; hier erbaute wiederum nach der Sage um das Jahr 1171 derselbe Landgraf anläßlich eines Besuches seines Schwagers, des Kaisers Friedrich Rotbart, in einer Nacht die berühmte eherne Mauer aus den nunmehr gefügig gewordenen, erzgepanzerten Vasallen des Thüringer Landes; von hier aus trugen diese Vasallen ihren Herrn auf ihren Schultern zu seiner Gruft im Kloster Reinhardsbrunn im Jahre 1172.[1]) Nach dem Tode des eisernen Landgrafen aber hielt sein jüngerer Sohn Hermann auf der Neuenburg prächtig Hof und öffnete den Sängern und Dichtern seiner Zeit die Tore seines Schlosses. Hier hauste als Hermanns Gast, Schützling und Liebling jener höfische Kunstdichter Heinrich von Veldeke, den Ruodolf von Ems in seinem Alexander rühmt als

„den kunstrîchen stam,
von dem getihte urhab nam,
von Veldeken, den wîsen man,
der rechte rîme allererste began,
den kunstrîchen Heinrich“

und von welchem Gottfried von Straßburg sagt:

„er inphete daz êrste rîs
in tiutescher zungen“

Derselbe hatte am Hofe zu Cleve sein großes Gedicht, die Eneit, um 1175 zum größten Teil vollendet und dasselbe einer Gräfin von Cleve, die sich um 1180 mit Ludwig III. von Thüringen vermählte, zum Lesen geliehen. Bei einer Jung-

---

[1]) Diese und alle andern früher erwähnten Sagen sind ausführlicher aufgenommen in meinen „Sagen der Grafschaft Mansfeld und ihrer nächsten Umgebung“. Eisleben, Selbstverlag, 1880.

frau der Gräfin sah es Graf Heinrich von Schwarzburg, nahm es an sich und sandte es nach Thüringen, worüber die Gräfin natürlich höchlichst erzürnt war. Erst neun Jahre später, nach dem Tode des Grafen († 26. Juli 1183), gelangte das Werk in die Hände des Pfalzgrafen Hermann, von dem es der Dichter, der inzwischen an Hermanns Hof auf die Neuenburg gekommen war, zurückerhielt. Man sieht, auch damals galt: „Habent sua fata libelli.“ Auf Hermanns Bitte vollendete Heinrich von Veldeke auf der Neuenburg sein Werk und las es dann im Jahre 1184 auf dem großen Hoffeste zu Mainz, auf welchem des Kaisers Söhne wehrhaft gemacht wurden, vor einem glänzenden Zuhörerkreise vor.

Auf der Neuenburg ist vermutlich Landgraf Ludwig der Milde, der Gemahl der später (1234) heilig gesprochenen Elisabeth von Ungarn, geboren und hat mit seiner Gemahlin oft auf diesem Schlosse verweilt, das ihm außerordentlich wert war. Als er auf die verschwenderische Mildtätigkeit seiner Gemahlin aufmerksam gemacht wurde, erklärte er (um 1220), er wolle sie gern gewähren lassen, wenn ihm nur die Wartburg und die Neuenburg verblieben: „lazit sie doch got gebin und armin lutin gütlich tun, daz uns jo Wartperg und Nuwenborg zu unsir herschaft blibe.“

Im Jahre 1224 soll hier Elisabeth sogar einen aussätzigen Menschen namens Elias gewaschen und in ihr Bett gelegt haben, worüber sich ihre Schwiegermutter höchlichst entrüstete. Als aber der Landgraf beim Aufwerfen des Bettes die Marter Christi darin liegen sah, soll er ihr erklärt haben, sie dürfe armen Leuten nach ihrem Belieben dienen.

Elisabeth hat auch, während ihr Gemahl auf einer Heerfahrt abwesend war, lange allein „zu Nuwenburc uff deme Huse" gewohnt. Ludwigs Nachfolger, der Landgraf Heinrich Raspe, hatte hier gleichfalls wiederholt seinen Sitz.

Nach dem Aussterben der thüringischen Landgrafen im Jahre 1247 kam die Neuenburg mit den übrigen landgräflichen Besitzungen an die Markgrafen von Meißen aus dem Hause Wettin, von denen namentlich Heinrich der Erlauchte sich häufig auf der Neuenburg aufhielt.

Im Jahre 1292 verpfändete Markgraf Albrecht der Unartige Stadt und Schloß Freyburg an den Bischof von Merseburg unter der Bedingung, daß der Markgraf Otto von Brandenburg mit beiden belehnt werden solle, falls Albrecht sie nicht selbst wieder einlösen könne. Zwar versuchte König Adolf (von Nassau), die Feste in seinen Besitz zu bringen, aber es gelang ihm nicht; vielmehr finden wir dieselbe wenige Jahre später im Besitze des Markgrafen Otto und seines Hauses als ein Merseburger bezw. Magdeburger Lehn, woraus sich ergeben dürfte, daß der Bischof von Merseburg die Oberlehnsherrschaft über das Schloß an den Erzbischof Burchard von Magdeburg abgetreten hat und seitdem nur noch Afterlehnsherr war. Im Jahre 1332 jedoch eroberte Friedrich der Ernsthafte, Friedrichs des Freidigen Sohn, die Neuenburg für sein Haus zurück, weil von derselben aus durch Burgleute des Bischofs Gebhart von Merseburg in seinem Gebiete Wegelagerei getrieben worden war. Seitdem ist Schloß und Stadt Freyburg bis zum Jahre 1815 ohne Wandel im Besitze des Hauses Wettin geblieben. Nach 1436 wurde Herzog Sigismund von Sachsen, der fast auf sein ganzes väterliches Erbe verzichtet hatte, von seinen Brüdern, dem Kurfürsten Friedrich und dem Herzoge Wilhelm von Sachsen, auf der Neuenburg gefangen gehalten, so „daß Tag und Nacht sechs ehrbare Mannen seiner warten mußten.“[1]) 1445 erhielt Herzog Wilhelm in der Landesteilung außer Weißenfels, Muchilde (Mücheln) und anderen Städten auch „Friborg.“[2]) 1447 verhandelte er von hier aus, freilich vergeblich, mit seinem Bruder Friedrich, der in Naumburg lag.[3]) Während des Bruderkrieges bestand die Stadt Freyburg 1446 rühmlichst eine achttägige Belagerung, die der Sohn des Kurfürsten leitete, und desgleichen im Jahre 1450 einen viertägigen Sturm des Kurfürsten selbst. Sie muß also damals recht gut befestigt gewesen sein. Spuren davon sind in Mauern und Türmen noch vorhanden. 1458 erlangte Herzog Wilhelm von Sachsen den alleinigen Besitz der zum Teil an die Herren von Nißmitz verpfändet gewesenen Burg zurück. Bei der Landesteilung im Jahre 1485 fiel Freyburg an den Herzog Albrecht, bei dessen Linie es auch in der Folge verblieben ist, so lange es sächsisch war.

Die dem alten Landgrafenschlosse während des schmalkaldischen Krieges zugefügten Beschädigungen veranlaßten den Kurfürsten August, dasselbe 1552 wiederherzustellen und zu verschönern, besonders ließ er die herrliche Doppelkapelle des Schlosses, welche aus zwei oberirdischen Stockwerken besteht, wiederherstellen, von der noch weiter die Rede sein wird. Im 30jährigen Kriege

---

[1]) Geschichtsquellen der Provinz Sachsen, Halle 1896. Reiche, die Chronik Hartung Kammermeisters S. 32.

[2]) Ebenda S. 77.

[3]) Thiele, Memoriale, thüringisch-Erfurtische Chronik des Konrad Stolle, S. 247.

wurde auch Freyburg hart mitgenommen. Am 27. August 1631 brach eine Tilly'sche Heerschar mit Gewalt in die Stadt ein, plünderte überall, auch im Rathause, und steckte dann die Stadt an zwei Stellen an, sodaß 60 Häuser und 20 Scheunen von den Flammen verzehrt wurden. Durch die Schlacht von Breitenfeld wurde die Stadt zwar von ihren unmenschlichen Peinigern befreit, aber schon Ende August 1632 wieder von den berüchtigten Holkischen Freischaren heimgesucht, welche ganz fürchterlich hausten. Abermals ward Gustav Adolf der Befreier aus dieser Drangsal. Später traten jedoch auch die Schweden unter Baner und Königsmark wiederholt als Feinde und Plünderer auf; aber auch die Kaiserlichen erschienen wieder als unliebsame Gäste.

Nach dem am 9. Oktober 1656 erfolgten Tode des Kurfürsten Johann Georg erhielt sein zweiter Sohn August, der Administrator des Erzstifts Magdeburg, als Erbteil das Herzogtum Sachsen-Weißenfels, zu dem auch Freyburg geschlagen worden war.[1]) Dieser begann im Jahre 1666 die Wiederherstellung der Neuenburg, die er mit einem Kornhause versah, wie er auch die Schloßkapelle neu herstellen ließ, welche im September 1675 der heil. Dreifaltigkeit geweiht wurde. Sein großartigstes Werk aber war die Erbauung des Schloßbrunnens, von dem noch Näheres mitgeteilt werden wird; seitdem brauchte das für die Burg erforderliche Wasser nicht mehr wie früher (auf dem Eselswege) durch Esel heraufgeschafft zu werden.

---

[1]) Die Herzöge von Sachsen-Weißenfels-Querfurt regierten gerade 90 Jahre, von 1656–1746. Es waren: August 1656–1680, Johann Adolf I. 1680–1697, Johann Georg 1697–1712, Christian 1712–1736, Johann Adolf II. 1736–1746.

Am 21. Juni 1682 legte ein Brand außer 96 Wohnhäusern in der Stadt auch das Rathaus und das Amtshaus in Asche, und am 27. April 1694 fielen abermals 70 Wohnhäuser den gefräßigen Flammen zum Opfer. Gleichwohl haben sich hier und da noch ältere Wohnhäuser erhalten.

Der Ausbau der Neuenburg wurde von dem Nachfolger und ältesten Sohne des zweiten Herzogs Johann Adolfs I. (1680—1697), Johann Georg (1697—1712), bis zum Jahre 1704 fortgesetzt, welcher auch, da er an der Neuenburg und deren Umgebung besonderes Wohlgefallen hatte, im Walde bei Pödelist das Jagdschloß Klein-Friedental anlegte, welches am 4. August 1703 feierlich eingeweiht wurde. Im Jahre 1706 erhielt Freyburg anläßlich des nordischen Krieges wieder einmal Truppen (Karls XII. von Schweden) als Einquartierung. Ob der schwedische König Freyburg selbst besucht hat, ist unbekannt.

Auch Herzog Christian, welcher im Jahre 1712 seinem Bruder als Herzog nachfolgte, tat außerordentlich viel für die äußere und innere Verschönerung der Neuenburg. Unter anderem baute er auf der Südseite des Schlosses ein neues Schloßtor und schmückte den Schloßhof mit seinem Reiterstandbilde. Der letzte Herzog des Ländchens, welcher 1736 zur Regierung kam und 1746 die Reihe der Herzöge von Sachsen-Weißenfels beschloß, Johann Adolf, war nicht minder baulustig, denn er baute einen Ostflügel an das Schloß an, der freilich schon 1822 wegen Baufälligkeit wieder niedergelegt werden mußte. Noch während seiner Regierung, am 19. Juni 1740, raffte abermals eine große Feuersbrunst 104 Wohnhäuser in der Stadt dahin.

Nach Johann Adolfs Ableben (1746) fiel

Freyburg mit Weißenfels wieder an den Kurstaat zurück. Die Folge davon war der schmerzlich empfundene Verlust des herzoglichen Hofhaltes. Zu diesem Schaden gesellten sich bald die Verheerungen des siebenjährigen Krieges. Um die Mitte des Oktober 1757 überschritt die französische Armee unter dem Prinzen Soubise und die Reichsarmee unter dem Prinzen von Hildburghausen die Unstrut bei Freyburg, Laucha und Karsdorf und hauste in dem befreundeten, verbündeten Gebiete auf das schrecklichste. Nachdem aber bei Roßbach der Übermut der Franzosen gedemütigt worden war, sah Freyburg die unliebsamen Gäste in anderer Verfassung wieder. Noch am Abend des Schlachttages, des 5. November, erreichte die flüchtige französische Reiterei Freiburg und jagte in wilder Flucht über die dortige Unstrutbrücke; das vollständig aufgelöste Fußvolk überschritt den Fluß in der darauffolgenden Nacht. Am Morgen des 6. November war schon kein Franzose mehr auf dem linken Ufer der Unstrut zu sehen. Die Unstrutbrücke hatten die Flüchtenden niedergebrannt, um die nachsetzenden Preußen aufzuhalten. Einen kurzen Aufenthalt in Freyburg hatte übrigens Prinz Soubise dazu benutzt, sich seinen von einem pommerschen Dragoner braun und blau geschlagenen prinzlichen Rücken zur Linderung seiner Schmerzen mit heißem Wein waschen und sich eine leichte Wunde am Ohr von einem Bader verbinden zu lassen. Bereits am frühen Morgen des 6. November war auch der große König Friedrich, der sich selbst an die Spitze seiner Reiterei gesetzt hatte und auf demselben Wege nachgerückt war, zur Stelle und ließ seine Truppen auf den Feldern nach Groß-Jena zu lagern. Freyburg selbst, wo sich der Generalfeldmarschall Keith und der Prinz Moritz von Dessau eingelagert hatten, betrat er nicht. An dem Dölitz, einer Rißmitz gegenüber gelegenen ehemaligen Dorfstätte, ließ er innerhalb einer Stunde eine Notbrücke schlagen. Als der gesamte Rat der Stadt Freyburg dort erschien, um den König zu begrüßen, verlangte dieser statt der Rede, die man ihm zu halten beabsichtigte, etwas zu essen, da er heute noch keinen Bissen gegessen habe. Eine zinnerne Schüssel mit Butterbroten und kaltem Braten, die man in der Eile nur mit Mühe hatte auftreiben können, wurde herbeigebracht. Nachdem der König selber zugelangt, reichte er die Schüssel dem General Seydlitz mit den Worten: „Da, eſſ' Er!“ und dieser dann den übrigen Generalen. Der Übergang erfolgte schnell und vom Abend dieses Sonntags bis Dienstag früh 10 Uhr nahm Friedrich in der Pfarre zu Lißdorf sein Hauptquartier, wo ihm der Pfarrer zu seinem Siege Glück wünschte, was den König zu der Bemerkung veranlaßte, vielleicht habe auch des Pfarrers Gebet zu dem Siege mitgeholfen.

Einen nicht minder merkwürdigen Besuch erhielt Freyburg samt der Neuenburg in dem Unglücksjahre 1806. Am 30. September dieses Jahres nämlich kam König Friedrich Wilhelm von Preußen mit seiner Gemahlin Luise und zahlreichem Gefolge von Naumburg hierher. Die Königin namentlich erfreute sich an der herrlichen Aussicht von einem Eckzimmer des Schlosses, welches seitdem ihren Namen trägt. Natürlich wurde Freyburg nach der Schlacht bei Jena und Auerstedt und auch in den folgenden Jahren wiederholt von den Franzosen heimgesucht; die denkwürdigsten Ereignisse aber brachte ihm das Jahr 1813. Als nämlich Napoleon am 16.—18. Oktober d. J. in der Völkerschlacht geschlagen worden war, leitete er den Rückzug seiner Truppen von Weißenfels aus nicht etwa über Naumburg und Kösen, denn der dortige Paß war bereits von den Österreichern besetzt, sondern über Freiburg und die Unstrut, ein höchst gefährliches Unternehmen, welches bei der Kessellage Freiburgs zur völligen Vernichtung des französischen Heeres hätte führen können, wenn die umliegenden Höhen rechtzeitig von den Truppen der Verbündeten hätten besetzt werden können.

Da die Österreicher unter Gyulay am 19. Oktober um 1 Uhr morgens die überbaute Unstrutbrücke angezündet hatten, wogegen sie thörichterweise die zweite Brücke oberhalb Freiburg bei Zeddenbach unversehrt gelassen hatten, so begannen schon mit Tagesanbruch französische Pioniere oberhalb der abgebrannten Freiburger Brücke eine Notbrücke über die Unstrut zu schlagen und stellten die nur wenig beschädigte Zeddenbacher Brücke ebenfalls eiligst wieder her. Gegen Mittag zeigte sich auf den Bergen im Norden der Stadt die Vorflut der fliehenden französischen Armee, deren Scharen hastig und schier endlos in das tiefe Unstruttal hinabstiegen. Man sah, wie ein Augenzeuge sagt,[1]) nur Himmel und Franzosen. Für eine Masse, welche, ganz abgesehen von der Artillerie, den Munitionswagen und dem Train, noch etwa 111000 Mann an Flüchtigen betrug, konnten die beiden Brücken unmöglich genügen, zumal die Zeddenbacher Brücke ausschließlich für die Überfahrt der Geschütze und der Heerwagen Tag und Nacht in Anspruch genommen war. Auch am 20. Oktober dauerte der Rückzug

[1]) Gabler, Stadt und Schloß Freyburg.

der Franzosen über beide Brücken ununterbrochen fort. Zum Glück für sein Heer nahm der Kaiser Napoleon selbst seinen Weg über Freiburg. Die Nacht des 20. zum 21. Oktober hatte er in dem Rolleschen Weinbergshäuschen bei Weißenfels auf dem linken Saaleufer zugebracht, aber schon gegen 2 Uhr morgens die Weiterreise angetreten und teils zu Wagen, teils zu Pferde über Markwerben, Uichteritz und Markröhlitz fortgesetzt. Als er 6 Uhr morgens in Freiburg anlangte, übernahm er sofort persönlich die Leitung des Überganges, in steter Begleitung des Königs Murat und des Marschalls Berthier. Vor allem ließ er noch zwei Notbrücken schlagen, die eine unterhalb der Freiburger Mühle, die andere unterhalb der Mündung der Hasel in die Unstrut, Balgstedt gegenüber. Überall leitend und anordnend, besichtigte er sämtliche Brücken und ritt so bis in die Zeddenbacher Mühle. Unterdessen hatte ein französisches Corps die rechte Flanke gegen das von Halle und Merseburg herandringende Corps des Generals York zu decken. Um dort selbst nach dem Rechten zu sehen, ritt Napoleon den Schloßberg hinauf nach dem Friedenstal und Pödelist, wo er Batterien gegen die herandrängenden Preußen auffahren ließ, kehrte dann nach Freiburg zurück und frühstückte daselbst unter merkwürdigen Gesprächen mit dem Superintendenten Polykarp Keil auf der Superintendentur. Nachdem er gegen 12 Uhr mittags wiederum beide Notbrücken besichtigt hatte, entsendete der umsichtige Schlachtenmeister Truppen gegen die von Baumersrode und Münchenrode herandringenden Preußen und besetzte die außerordentlich wichtigen Schweigenberge zum Schutze des Übergangs mit Infanterie und zahlreicher Artillerie. Ins Tal zurückgekehrt, besichtigte er nochmals den Rückzug über die Brücken und schlug endlich gegen 2 Uhr nachmittags den Weg nach Eckartsberge über Balgstedt, das Harthaus und Burkersrode ein, nachdem er bei seinem Verweilen auf dem rechten Ufer der Unstrut gegenüber der Zeddenbacher Brücke, durch die Kugeln der in dem Reußen-Wäldchen bei Zscheiplitz aufgestellten preußischen Batterien wiederholt in Lebensgefahr geraten war. Infolge seiner vorzüglichen Leitung des Überganges fielen den nachrückenden Preußen nur 18 Kanonen und 1200 Gefangene in die Hände.

Mit den ersten Truppen der Verbündeten, welche erst am 22. Oktober früh nach 7 Uhr in Freyburg einrückten, kam auch der Feldmarschall Blücher und Prinz Wilhelm von Preußen, der am 3. Juli 1783 geborene jüngste Bruder des Königs Friedrich Wilhelm III., der im Blücherschen Corps eine Brigade führte. Letzterer nahm auf der Superintendentur sein Quartier, während Blücher im Amtshause wohnte. Große Heeresmassen der Verbündeten zogen nun ebenfalls durch Freyburg über die Unstrut.

In Nachwirkung dieser großen Ereignisse wurde am 22. Mai 1815 mit den übrigen von Sachsen abgetretenen Landesteilen auch Freyburg nebst der Neuenburg dem Königreiche Preußen einverleibt.

Einen letzten glänzenden Tag erlebte die Neuenburg, als am 7. September 1853 König Friedrich Wilhelm IV. nach Abhaltung einer Parade bei Roßbach, wo sein Ahnherr die Franzosen besiegt hatte, mit glänzendem Gefolge auf der Neuenburg sein Nachtlager nahm.

Nehmen wir nun zunächst die Stadt und sodann das Schloß etwas näher in Augenschein.

Da die Stadt, wie schon bemerkt worden, wiederholt durch große Brände heimgesucht worden ist, so kann es nicht wunder nehmen, daß der Eindruck, den sie macht, im allgemeinen kein altertümlicher ist. Von den ehemaligen Mauern und Türmen der Stadt finden sich, wie schon bemerkt worden, noch Reste; die meisten Häuser aber sind jüngeren Ursprungs. Das ältere Rathaus, dessen Bau die Bürgerschaft im Jahre 1425 begonnen hatte, war bei einem großen Brande, welcher im Jahre 1551 fast die ganze Stadt vernichtete, mit abgebrannt. Nachdem es, vermutlich in den nächsten Jahren danach, wieder aufgebaut worden war, wurde es durch einen Brand am 21. Juni 1682 abermals in Asche gelegt. Das jetzige Gebäude, welches nichts Merkwürdiges aufzuweisen hat, stammt daher im wesentlichen aus den letzten Jahrzehnten des 17. Jahrhunderts.

Älteren Ursprungs sind einige Privathäuser, welche, wie die an ihnen angebrachte Jahreszahl beweist, 1551 mit abgebrannt sein müssen und bald danach wieder aufgebaut sind. Zu diesen gehört das Haus Marienstraße Nr. 4, nicht weit vom Rathause, an welchem folgende Inschrift in römischer, gotisierender Majuskel steht:

DOMINVS ⁝ CVSTODIAT . INTROITVM .
TVVM . ET . EXITVM . TVVM . EX . HOC .
NVNC . ET VSQVE IN . SECVLVM .
AMEN . S. P (!) CXX .

(Sollte heißen: . . . ex hoc tempore vsque in secvlum und Ps. 121 !) Darunter befinden sich zwei Wappen und die Jahreszahl 15 - 52.

Schräg dem Rathause gegenüber steht ein Eckhaus, Markt Nr. 14, welches nur einige Jahre jünger ist. Auch dieses hat eine Inschrift in gotisierender römischer Majuskel, welche folgendermaßen lautet:

SJ DEVS PRO NOBJS, QVJS CONTRA NOS. RO. VIII.
SANGBVJS DOMJNJ | LAWBJT - AB OMNJBVS
NOSTRJ. JESV. CRIST(J) | PECCATJS - JOH. I. † 15 . 54.

Diese Inschrift enthält sinnentstellende Fehler, welche vermutlich auf Rechnung des mit der Auffrischung derselben beauftragten, der lateinischen Sprache unkundigen Malers zu setzen sind.

Sofort fällt jedem Fremden eine in der Mitte des Marktes aufgestellte Reiterstatue, die des Herzogs Christian von Sachsen-Weißenfels, in die Augen. Ursprünglich war dieselbe, wie schon bemerkt worden, im Jahre 1722 auf dem Schloßhofe der Neuenburg aufgestellt worden. Jedoch schon 1744 wurde dieselbe, um den Schloßhof frei zu machen, auf Befehl des Herzogs Johann Adolf II. nach dem Jagdschlosse Friedental bei Pödelist gebracht. Als aber dieses Jagdschloß, von welchem eine Abbildung in einem nach der Stadt zu gelegenen Zimmer des Schlosses hängt, im Jahre 1774 niedergerissen wurde, kauften die Bürger der Stadt Freyburg, die dem lebenslustigen Herzog Christian ein treues Andenken bewahrt hatten, seine Reiterstatue für ganze 2 Taler 20 Silbergroschen, gewiß der billigste Preis, der je für ein Werk dieser Art gezahlt worden ist, und stellten sie, um das Bild ihres ehemaligen Landesvaters immer vor Augen zu haben, auf dem Markte auf. Gleichwohl kam ihnen dieser Akt der Dankbarkeit doch nicht ganz billig zu stehen, denn die Neuaufstellung und die Erneuerung der Vergoldung verursachte der Stadt noch einen Kostenaufwand von 200 Talern.

Das Standbild zeigt den Herzog gestiefelt und gespornt zu Rosse sitzend, einen Hirschfänger an der Seite und das Faustrohr über den Sattel gelegt, eine Figur, welche den Neid darstellen soll, überreitend. Der Unterbau des Denkmals trägt an der Ostseite folgende chronostichische Inschrift:

Sta VIator aC pIIs VotIs pro ChrIstIano DeVM adI.	Deutsch: Bleib' stehen, Wanderer, und sende fromme Bitten empor zu Gott für Christian!

Die Zahlbuchstaben MDCCVVVIIIIII ergeben die Jahreszahl 1722, das Jahr der Aufstellung des Denkmals im Schloßhofe der Neuenburg. Auf der Westseite steht:

pIe optIMe Ve prInCeps VIVe DeI gratIa nobIs Constanter.	Deutsch: Lieber, bester Fürst, lebe, so Gott will, noch lange für uns!

Auch hier ergiebt die Zusammenstellung der Zahlbuchstaben MDCCVVVIIIIII das vorerwähnte Jahr 1722. Diese Spielerei mit Zahlbuchstaben, die schon einmal im Mittelalter Mode gewesen war, entsprach übrigens ganz dem Geschmacke der Zeit, welcher das Denkmal seine Entstehung verdankt. Auch anderswo finden sich gerade aus dieser Zeit, namentlich auf Glocken, derartige Inschriften.

Bei weitem das merkwürdigste Gebäude der Stadt, ein zugleich ehrwürdiger und herrlicher Schmuck derselben, ist die an der Hauptstraße unfern vom Markte auf erhöhter Fläche gelegene, in Form eines lateinischen Kreuzes erbaute, teils romanische, teils gotische Stadtkirche Unserer lieben Frauen (Beatae Mariae Virginis). Man nahm früher an, daß sie der h. Anna, der Mutter der Jungfrau Maria, gewidmet sei, aber diese Annahme ist falsch, schon aus dem Grunde, weil die Verehrung der h. Anna erst lange nach der Erbauungszeit der Kirche in Aufnahme gekommen ist. Auch der kunstvoll ausgeführte Hochaltar im Ostchor aus dem Jahre 1499, welcher verschiedene Scenen aus dem Leben der Jungfrau Maria darstellt, spricht für diese als Schutzpatronin der Kirche, obwohl über diesen Scenen auch die h. Anna, die Kinder Maria und Jesus auf den Armen haltend, aber nicht an hervorragender Stelle, dargestellt ist. Überdies aber wird die Kirche auch im Jahre 1464 ausdrücklich vom Rate der Stadt als Kirche Unserer lieben Frauen bezeichnet.[1]) Die h. Anna besaß in der Kirche nur einen Altar, welcher 1505 erwähnt wird.

Obwohl Urkunden über die Zeit der Gründung der Kirche und der späteren Um- und Anbauten nicht erhalten sind, so läßt sich doch aus dem Baustile selbst hierüber mit einiger Sicherheit urteilen. Auf Grund desselben nehmen die meisten an, daß sie von den ersten Landgrafen, vielleicht schon von Ludwig dem Springer (1090 bis 1123), sicher aber, wenn von diesem nicht, von Ludwig dem Eisernen (1140—1172) gegründet worden sei. Die damals noch sehr kleine, eben erst gegründete Stadt Freyburg war ja auch keinesfalls imstande, die Mittel zu einem so bedeutenden Baue aufzubringen. Allerdings läßt sich nicht verhehlen, daß gewisse Eigentümlichkeiten des Gebäudes auf die Übergangszeit vom

[1]) Urkundenbuch im Freyburger Ratsarch. S. 150—153. (Vergl. den Aufsatz von Nebe in der Harzzeitschr. XIX, S. 127, Jahrg. 1886.)

romanischen zum gotischen Stile, also etwa auf die Zeit des Landgrafen Ludwigs IV. (1217—27) und seiner Gemahlin, der h. Elisabeth, hindeuten, aus denen sich schließen läßt, daß die Kirche in der ersten Hälfte oder gegen Anfang des 13. Jahrhunderts umgebaut worden ist. Dahin sind zu rechnen: die auf Konsolen ruhenden Bogenfriese; die Teilung der Außenseite der beiden Kreuzarme (nach Norden und Süden zu) in zwei Hälften durch eine senkrecht niedergehende Lisene; die Besäumung der Schenkel der Giebelfelder ebenda mit Staffelfriesen; das Vorhandensein eines niedrigen, viereckigen, nicht eigens fundamentierten, sondern auf vier Schwibbogen ruhenden Mittelturmes, lauter Erscheinungen, die ganz ebenso an der ebenfalls der ersten Hälfte des 13. Jahrhunderts angehörenden Memleber Klosterkirche wiederkehren.

Zu diesem ursprünglich romanischen Baue mit Spuren des Übergangsstiles gehören die beiden Kreuzflügel, der zwischen beiden über der Vierung sich erhebende Turm, der Anfang des anstoßenden Chors bis zum ersten Strebepfeiler, die beiden westlichen Türme und die innere Vorhalle. In allen diesen Teilen herrscht durchgängig der spätromanische Stil, kenntlich an den rundbogigen Fenstern der Kreuzarme und der Türme, ferner an den Bogenfriesen unter den Gesimsen u. a. m. Auch die Säulen in den Turmöffnungen gehören in diese Zeit. Daß das Hauptschiff nicht das gleiche Alter wie die genannten Teile hat, beweisen nicht nur die spitzbogigen Fenster desselben und die demselben vorgesetzten Strebepfeiler, welche bei keinem romanischen Baue vorkommen, sondern auch der Umstand, daß die Seitenschiffe die gleiche Höhe mit dem Hauptschiffe haben, eine Bauweise, die erst der spätgotischen Zeit eigen ist. Auch die Überspannung des Langhauses mit einem Netzgewölbe entspricht nicht der romanischen Zeit. Endlich gehört auch der schöngeschmückte Chor, wie auf den ersten Blick zu erkennen ist, der späteren gotischen Zeit an. Der romanische Fries unter dem Dachgesims des Langhauses ist offenbar an den gotischen Teilen nur angebracht worden, um das Alte und Neue wenigstens in einige Übereinstimmung zu bringen. Es war gegen Ende des 15. Jahrhunderts, als die Stadtgemeinde an den Umbau der alten Liebfrauenkirche ging, wie nicht nur die Jahreszahl 1497 über dem Hauptportal (in gotischer Minuskelschrift), sondern auch urkundliche Aufzeichnungen beweisen. Nach diesen wurde 1494 der — jetzt glücklich wieder beseitigte — Gang zwischen den beiden Türmen erbaut, 1496 wurden drei Pfeiler an der Kirche aufgeführt, 1499 wurden Altar, Pfeiler und Gewölbe verdingt. Jedesfalls kann man sagen, daß die Umbauten, welche der Kirche ihre heutige Gestalt gegeben haben, etwa um das Jahr 1500 beendet worden sind.

Das Innere der Kirche ist durch zwei Reihen achteckiger Pfeiler in ein Schiff mit zwei gleich hohen Seitenschiffen geteilt und mit einem Netzgewölbe überspannt. Hier finden sich auch noch manche Merkwürdigkeiten.

Gleich rechts an der Innenwand des Nordportals ist der sehr altertümliche Grabstein einer Frau befestigt, welchem leider keine Inschrift beigegeben ist. Weiter hin an der Westwand, dicht neben dem Westportal, steht der Grabstein des „Hauptmanns in Doringen und Amptmanns zu Freborg“, Christophs von Taubenheim, in ganzer Figur, welcher sein Wappen beigegeben ist. Außerdem verdienen auch Beachtung die Grabsteine der Anna von Wolstrop vom Jahre 1558 und des Laurentius Fürstenauer vom Jahre 1566.

Über dem zwischen den beiden Türmen gelegenen spätgotischen Westportal bezw. über der Spindel einer Turmtreppe war früher ein höchst merkwürdiger, uralter, übertünchter Bildstein eingemauert, nach Aussage des Oberpfarrers der einzige Überrest der alten, im Jahre 1799 abgetragenen S. Kilianskirche.[1]) Man nahm bisher an, daß er, soweit das sehr undeutlich gewordene Bildwerk dies erkennen ließ, Daniel in der Löwengrube darstelle. Seitdem aber der Stein auf Veranlassung des Provinzialkonservators gereinigt, an einer Wand im südlichen Querschiffarme befestigt und so wieder zu voller Geltung gebracht ist, sieht man deutlich, daß es die Verehrung der Jungfrau Maria und des auf ihrem Schoße sitzenden Jesuskindes durch zwei Engel, welche Weihrauchfässer schwingen, darstellt. Sämtliche Häupter sind von einem starken Heiligenscheine umgeben.[2])

An der Nordwand des nördlichen Kreuzarmes steht der alte Kirchenstuhl der Herzöge von

---

[1]) Die Kilianskirche stand am Abhange des Schloßbergs nicht weit oberhalb des Jahnhauses. Sie war einstmals die Pfarrkirche des eingegangenen Dörfchens Erau und sicherlich eine der ältesten Stätten christlicher Gottesverehrung im Unstruttale, da der h. Kilian, dem sie geweiht war, schon ein Menschenalter vor Bonifatius in Thüringen als Missionar gewirkt hat. Noch 1424 diente der S. Kilianskirchhof als Begräbnisplatz; um 1550 brannte die Kirche ab und wurde sicher seit 1573 nicht mehr zum Gottesdienste benutzt, wohl aber — ein wunderlicher Lauf der Dinge! — als Bärenzwinger, wovon sie den Nebennamen Bärkirche erhielt.

[2]) Eine Abbildung des Tympanons ist (zwischen S. 38 u. 39) dem 7. Jahresberichte des Vereins zur Erhaltung der Denkmäler der Prov. Sachsen für 1899—1900 beigegeben.

Sachsen-Weißenfels aus dem Jahre 1668, und über demselben hängt das Bildnis des Superintendenten Polykarp Keil, mit welchem sich der Kaiser Napoleon am Vormittage des 21. Oktober 1813, während die französischen Truppen ihren Rückzug über die Unstrut bewerkstelligten und der Donner der Yorkschen Kanonen die Luft erschütterte, über das in der evangelischen Kirche noch übliche Beichtgeld und den Unterschied der evangelischen und katholischen Beichte in lateinischer Sprache unterhalten hat. Gewiß ein überzeugendes Beispiel von der unerschütterlichen Gemütsruhe des großen Feldherrn.

Auf dem Altar, dessen Aufsatz, wie schon bemerkt, Beachtung verdient, liegt eine mit Silber beschlagene Bibel, auch noch ein Andenken an einen ehemaligen Landesherrn. Herzog Christian Wilhelm von Sachsen-Weißenfels hat dieselbe mit eigenhändiger, auf dem Vorstoßblatte eingetragener Widmung am 2. November 1692 übereignet.

Ganz nahe bei der Kirche, ihr nördlich gegenüber, liegt ein Haus von geschichtlicher Bedeutung, die Superintendentur, deren jetziger Bau laut einer zwischen zwei Fenstern des Erdgeschosses (im Zimmer rechts vom Eingange) befindlichen Inschrift im Jahre 1626 aufgeführt worden ist. Dieses Haus hat den Kaiser Napoleon, den König Murat und den Prinzen Wilhelm von Preußen, den jüngsten Bruder des Königs Friedrich Wilhelm III., unter seinem Dache beherbergt. Noch zeigt man das Zimmer, in welchem Napoleon geschlafen, und das, in welchem er gewohnt und empfangen hat; noch ist unversehrt der Treppenflur erhalten, auf welchem seine ihn bewachenden Leibmamelucken sich häuslich eingerichtet hatten.

In neuerer Zeit hat Freyburg durch den

Umstand, daß der von der preußischen Regierung mit argwöhnischem Auge betrachtete, von der deutschen Jugend aber hoch gefeierte Turnvater Jahn (seit 1825) in dem damals noch sehr abgelegenen, stillen Städtchen seinen Wohnsitz genommen hat und dort gestorben ist, von neuem eine gewisse Berühmtheit erlangt. Sein am Fuße des Schloßberges gelegenes Wohnhaus und sein auf dem alten Gottesacker in der Oberstadt befindliches Grab sind das Wallfahrtsziel zahlloser Turnerscharen geworden, die gehobenen Herzens die Stätten aufsuchen, wo der Altvater der Turnkunst und zugleich Vertreter kerndeutschen Wesens gelebt hat und gestorben ist.

Das Haus des Turnvaters Jahn wird von der Unstrutbrücke aus in wenigen Minuten erreicht, wenn man die östlich bergan nach dem Schlosse zu führende Straße hinaufgeht. 1860 wurde dasselbe als Hauptgewinn für die Schillerlotterie angekauft und ist nun in eine Restauration verwandelt, von deren schattigen Lauben ein hübscher Blick auf die dicht darunter vorbeifließende Unstrut zu haben ist.

Besuchen wir nun die auf dem alten Gottesacker auf Kosten der deutschen Turnerschaft erbaute „Erinnerungs-Turnhalle für Vater Jahn“, welche auch Ruhmeshalle genannt wird und sich von W nach O erstreckt. Sie besteht außer der Turnhalle selbst, die den größeren (östlichen) Teil bildet, aus einem westlichen Vorbau mit 2 kleineren Nebenbauen nach N und S. Die nach W gewendete Stirnseite dieses Vorbaues bildet eine romanische Loggia, in welcher sich das hierher verlegte Grab Jahns befindet. Über ihm steht auf einem einfachen Granitsockel die von dem Dresdener Bildhauer Joh. Schilling gefertigte

Büste Jahns. Auf der Vorderseite des Unterbaues steht:

Friedrich Ludwig
Jahn,
geb. d. 11. Aug. 1778,
gest. d. 15. Okt. 1852.
Seinem Andenken
die deutschen
Turner.
Spr. Salom. 10 V. 7.

An der Hinterseite der Büste steht:

Guß v. Lenz u. Heroldt in Nürnberg.
Johannes Schilling fec. Dresden 1859.

Das Tympanon hinter der Büste Jahns nimmt der deutsche Reichsadler ein; auf dem Bogen darüber steht in gotischen Majuskeln: „Die Nachwelt setzt jeden in sein Ehrenrecht“, ein Ausspruch Jahns, der sich an ihm selbst auf das schönste bewahrheitet hat.

Durch den nördlichen Vorbau gelangt man geradeaus in das einstweilige Jahn-Museum und links in die Turnhalle, in welcher von Einheimischen und Fremden geturnt wird. In dem Museum sind Widmungstafeln, Kränze mit Schleifen, Urkunden und Druckschriften niedergelegt; auch Büsten von Georgi, Angerstein und Götz sind daselbst aufgestellt. Eine besondere Merkwürdigkeit ist das zu Weihnachten 1812 dem Turnvater von den Berliner Turnern geschenkte Schwingpferd, welches später in der Berliner Turnlehrer-Bildungsanstalt aufbewahrt und schließlich durch Erlaß des Herrn Kultusministers vom 17. Dezbr. 1897 dem Jahn-Museum zur Aufbewahrung überwiesen worden ist.[1])

[1]) Gütige Mitteilung des Herrn Stadtrat Schadewell in Freyburg.

Das in der Richtung SN während der Jahre 1902 und 1903 aus Freyburger Kalkstein (Mehlpetze) erbaute und am 27. September 1903 eingeweihte Jahn-Museum ist eine Halle, deren Südgiebel in rechtem Winkel mit einer fensterlosen Nische in romanischem Stil abschließt, über deren Ausschmückung noch kein Beschluß gefaßt ist. Vielleicht wird dort eine Portraitfigur Jahns in Überlebensgröße aufgestellt werden; jedesfalls aber sollen die Porträtbüsten von Jahn, Georgi und Dr. Götz hier ihren Platz erhalten.[1]) Die in flachem Bogen heraustretende ebenfalls romanische Nordapsis dagegen wird von fünf Fenstern mit Glasmalerei erleuchtet. Die Halle, welche zwischen Nische und Apsis liegt, wird auf jeder Seite durch vier gemalte Fenster erleuchtet (sodaß ihre Gesamtzahl 13 beträgt) und ist flach eingedeckt. Die Mittelfelder ihrer kassettierten Decke sind von einem Eichenkranze umschlossen, dessen Mitte von dem vierfachen F der Turner überdeckt wird.

Die gemalten Fenster zeigen außer dem Wappen des Turnvaters Jahn die Wappen derjenigen Städte, in welchen die deutschen Turnfeste gefeiert worden sind. Die beigefügten Jahreszahlen bezeichnen dasjenige Jahr, in welchem in der betr. Stadt das deutsche Turnfest gefeiert worden ist. Die Reihenfolge ist, wenn man mit dem linken Fenster der Apsis, welches dem Eintretenden zunächst liegt, beginnt, folgende:

1. Das Wappen Jahns, ein h. nach rechts springender Hund mit der Überschrift: Fr. Ludw. Jahn 1778. 1852. Darunter: Gestiftet von Martha Hecker.
2. Das Wappen der Stadt Coburg, mit der

[1]) Mitteilung von Herrn Stadtrat Schadewell.

Überschrift: Coburg, ANNO D. 1860. Darunter: Gestiftet von den Turnern Coburgs.

3. Das Turnerzeichen, das vierfache F, mit übermäßig langen Schenkeln des vorderen Abschlußstriches. Darüber der Turnergruß: Gut Heil!
4. Das Wappen der Stadt Bonn mit der Überschrift: Bonn, ANNO D. 1872. Darunter: Gestiftet vom Turnverein Bonn.
5. Das Wappen der Stadt Freyburg a. d. U., darüber: Freyburg a. d. Unstrut A. D. 1903. Darunter: Gestiftet von W. Schadewell, Alfr. Bendix, Ferd. Goetz.

Die Ostseite der Halle enthält folgende Fenster bezw. Wappen:

6. Berlin, 1861; gestiftet von der Stadt Berlin.
7. Leipzig, 1863; gestiftet von der Stadt Leipzig.
8. Frankfurt a. M., 1880; gestiftet von der Stadt Frankfurt.
9. Dresden, 1885; gestiftet von der Stadt Dresden.

Auf der Westseite erblickt man:

10. München, 1889; gestiftet v. Turng. München.
11. Breslau, 1894; gestiftet v. Turng. Breslau.
12. Hamburg, 1898; gestiftet von den Hamburger Turnvereinen.
13. Nürnberg, 1903; gestiftet von der Stadt Nürnberg.

Auf das Landgrafenschloß oder die Neuenburg (1890: 33 Einwohner) führt ein steiler, aber nicht besonders beschwerlicher, von Linden überschatteter Fahrweg. Doch kann der Aufstieg auch von dem unweit der Stadtkirche gelegenen Schützenhause stattfinden. Durch dichtes Niederholz, welches bereits guten Schatten spendet, ersteigt hier der Wanderer auf vielfach gewundenen, bequemen Wegen, deren Annehmlichkeit durch zahlreiche Ruhebänke, von welchen man herrliche Blicke auf das Tal und die zu Füßen liegende Stadt hat, erhöht wird, den Scheitelpunkt des Spittelberges, auf welchem in südlicher Richtung das Schloß bald erreicht wird. Des Urhebers des der Stadt zur Zierde gereichenden Stadtparkes — so heißen die Anlagen auf dem Spittelsberge — gedenkt eine auf der Höhe des Berges angebrachte Marmortafel, welche in Goldbuchstabenschrift vermeldet:

„Großmanns Mühen schuf durch den
Wald dir liebliche Pfade.
Wenn du vorüber hier gehst, dankbar
verehre den Mann!“

Eine berechtigte Mahnung, der wir gern nachkommen.

Die Neuenburg, welche im Laufe der Jahrhunderte die mannigfachsten Umbauten erfahren hat, liegt auf einem in das Unstruttal weit vorvorspringenden, auf drei Seiten stark abfallenden Bergrücken, und war von der östlich angrenzenden Hochebene durch einen sehr breiten Graben geschieden, welcher nach und nach teilweise ausgefüllt worden ist, namentlich im Jahre 1719, als man das an jener Seite befindliche äußere Tor neben dem in Ruinen liegenden Wartturme erbaute. Der ursprüngliche Haupteingang, zu dem ohne Zweifel eine Zugbrücke führte, war das sehr versteckt liegende Tor zwischen dem neugebauten Zeughause und jetzigen Schafstalle. Später wurde nach der Stadt Freyburg zu auch ein westliches Tor angebracht, dessen Entstehungszeit und Erneuerung die daselbst wahrnehmbaren Jahreszahlen 1557 und 1673 andeuten. Über einem anderen südöstlichen Tore, zu welchem um die Nordseite des Schlosses herum eine über hundertjährige Lindenallee führt, steht folgende Inschrift:

„Viam. hac. Porta. Nova. perviam. Sereniss. princeps. Dominus. Dmn. Christianus. Dux. Sax J. Cl. Mont. ac W. etc. Ao Dni. MDCCXIX. F."

Es ist dies das von dem Herzog Christian im Jahre 1719 neugebaute und hier als das neue Tor bezeichnete Schloßtor.

Wenn man den Schloßhof durch das westliche Tor betritt, zeigt sich gleich hinter demselben zur linken Seite eine schmale Steintreppe, welche zur Wohnung des Kastellans führt. Derselbe öffnet den Besuchern zunächst die Schloßkapelle, welche früher ohne Zweifel inmitten des Schloßhofes gestanden hat, jetzt aber mit dem südlichen Flügel des Schlosses in Verbindung gebracht worden ist. Diese herrliche, in zwei Stockwerken aufgeführte romanische Doppelkapelle läßt schon äußerlich in den glatt aufsteigenden Mauern, den rundbogigen Fenstern und dem bogenförmigen Friese unter dem Dache das Ende des 11. Jahrhunderts als die Zeit ihrer Erbauung erkennen. Die Spitzbogenfenster in der oberen Kapelle sind erst später eingebrochen worden, um derselben mehr Licht zu verschaffen.

Wenn man nun den Vorflur der unteren Kapelle betritt, so beansprucht das an der Wand rechts stehende, sehr sauber ausgeführte Wappen des Herzogs August von Sachsen-Weißenfels aus dem Jahre 1668 zunächst die Aufmerksamkeit des Besuchers. Der Steinmetzmeister, welcher dieses schöne Stück ausgeführt hat, erhielt seinerzeit dafür 5 Gulden und 8 Groschen. Ein Steinmetz der Jetztzeit würde die Arbeit für hundert Taler schwerlich liefern.

Die Kapelle selbst zeigt schöngeformte, schlanke

Säulen in altromanischem Stil mit würfelförmigen, unten abgerundeten Knäufen, welche schön verziert sind. Die Ecken der Würfel sind mit Blattzieraten bedeckt. Die Säulenfüße zeigen die attische Base. Im östlichen Teile der unteren Kapelle steht auch ein alter romanischer Taufbrunnen ohne jeglichen Bilderschmuck. Zu der oberen Kapelle führt eine wunderschöne Wendeltreppe mit zierlicher Spindel empor, welche in neuerer Zeit ohne Beeinträchtigung des ursprünglichen romanischen Stils in verständnisvoller Weise repariert worden ist. Das merkwürdigste in der oberen Kapelle ist der mittlere Träger, bestehend aus einem viereckigen Pfeiler, an dessen Seiten vier Säulen freistehen, welche von einem gemeinschaftlichen Kapitäl von sehr eigenartiger Form gekrönt werden. Von diesem Säulenbündel in der Mitte gehen die in arabischer Weise ausgezackten Gurtbogen des Gewölbes aus, ein glänzendes Werk des Übergangsstils. Die Säulen in der oberen Kapelle sind von schön poliertem, schwarzem Basalt, die Kapitäle sind vergoldet. Besonders anziehend sind die Kapitäle zweier Ecksäulen, an welchen ein Geier mit ausgebreiteten Flügeln sich über die abgerundeten Ecken des Würfels herabbiegt und einen Hasen so bedeckt, daß der Schnabel auf dem Halse, die Klauen auf den Pfoten des Hasen aufliegen. Zeichnung und Arbeit sind vortrefflich.

In dem östlichen, auf dem Untergewölbe ruhenden Teile der Oberkapelle ist ein gotischer Altarschrein mit fünf Figuren aufgestellt. In der Mitte erblickt man die Gottesmutter, ihr zur Seite (links vom Beschauer) eine nicht näher zu bestimmende gekrönte Heilige, deren Hauptkennzeichen verloren gegangen ist, und weiterhin die

h. Barbara mit dem Kelch. Rechts stehen eine zweite Heilige mit Kelch und sodann die h. Margareta, einen Drachen erstechend. Die auf der Rückseite der Schreinklappen befindlichen Gemälde sind erloschen.

In der Nähe der Kapelle liegt ein Zimmer, von dessen Fenster aus man am bequemsten den sogenannten Haingott, ein in Stein gehauenes, plumpes, auf dem benachbarten Hainberge gefundenes und über dem Eingange zur Wohnung des Kastellans ziemlich dicht unter dem Dachsims eingemauertes Bildwerk, betrachten kann. In älterer Zeit erklärte man dasselbe für das Bildnis eines alten thüringischen Götzen; nach jüngerer, aber zweifellos irriger Annahme ist es „der Püsterich". Allerdings hat das Bildwerk mit der auf der Rotenburg am Kyffhäusergebirge im Schutt aufgefundenen Püsterich-Figur, von welcher eine getreue Nachbildung im Provinzial-Museum zu Halle zu finden ist, Ähnlichkeit; gleichwohl aber ist der Unterschied zwischen beiden Bildwerken ein deutlich erkennbarer. Das zu Freyburg stellt eine auf einem fußbankähnlichen Sitze hockende männliche Figur mit dickem, rundem, völlig kahlem Kopfe, aufgedunsenem Leibe und kurzen Beinen dar, deren rechter Arm rechtwinkelig gekrümmt ist, während von dem linken nichts wahrzunehmen ist. Während nun aber der eine ähnliche Leibesbeschaffenheit zur Schau tragende Püsterich sicher mit mehreren anderen gleichgebildeten Figuren als Fuß oder Träger eines Taufkessels gedient hat, scheint betreffs des „Haingottes" die ältere Annahme, die auf Volksüberlieferung beruht, insofern das Rechte zu treffen, als das Bildwerk noch aus heidnischer Zeit herrührt.

An den Wänden des nun folgenden großen

Saales im südlichen Flügel hängen die Bildnisse mehrerer Herzöge von Sachsen, welche erst im Jahre 1887 aus der Querfurter Schloßkirche nach der Neuenburg übergeführt worden sind. An der Wand links von der Eingangstür erblickt man das Bild des Herzogs Georg von Sachsen († 1539), des Gegners Luthers, mit einer Ansicht von Dresden im Hintergrunde. Die nächstanschließende Wand zeigt die Bildnisse zweier Herzöge von Sachsen-Weißenfels, nämlich des ersten Herzogs August (1656—1680) mit einer Ansicht des von ihm erbauten Schlosses Augustusburg und der Stadt Weißenfels im Hintergrunde, und des letzten Johann Adolf II., mit einer Ansicht der Stadt Sangerhausen. Endlich auf der gegenüberliegenden Wand das Bildnis des Kurfürsten August des Starken.

Auf dem Sturz der einen Tür dieses Saales steht die Jahreszahl 1552 mit einem Steinmetzzeichen und über ihr folgende Inschrift in gotisierender römischer Majuskel:

VON . GOTTES . GNADEN . AVGVSTVS . HERZOGK .
ZV . SACHSSEN . VNND . VONN . DENSELBENN .
GNADEN / FRAWE . ANNA . GEBORNNE . AVS .
KOVNIGLICHEM . STAM . ZV . DENNE-
MARCK . HERCZOGIN . ZV . SACHSEN.

Eins der anziehendsten Zimmer des Schlosses ist das Erkerzimmer, in welchem am 30. September 1806 die unvergeßliche Königin Luise von Preußen vor der Schlacht bei Jena und Auerstedt geweilt und von dessen Erker aus sie die zwar beschränkte, aber wahrhaft entzückende Aussicht auf das Unstruttal aufwärts und abwärts genossen hat, weshalb dasselbe jetzt auch das Luisenzimmer heißt. Nach Westen zu schaut man von hier oben wie aus der Vogelschau in die Straßen und Gassen der tief unten liegenden Stadt Freyburg hinein; mit einem Blick umfaßt von hier aus das Auge den herrlichen Bau der Liebfrauenkirche in all seiner Eigenart. Weiterhin erhebt sich am Ende des steil abfallenden Geländes der Schweigenberge oberhalb der heraufblinkenden Unstrut das hochthronende Zscheiplitz, die Weißenburg der Volkssage. Noch weiter im Hintergrunde schließt der waldige Bergrücken des Orlas mit den auf ihm sichtbaren Gasthöfen Wespe und Kalter Hase den Gesichtskreis ab. Burgscheidungen und die Vitzenburg werden durch die sich vorschiebenden Unstrutberge dem Blicke entzogen. Nach Süden zu erblickt man längs der vielfach gewundenen Unstrut die Dörfer Nismitz, Klein-Jena, Groß-Jena, Roßbach und zuletzt die Stadt Naumburg mit ihren hochragenden Domtürmen, ein Bild von unvergleichlicher Mannigfaltigkeit und Schönheit, von dem sich der Beschauer nur schwer losreißen kann.

In dem Luisenzimmer steht auch noch der denkwürdige, zum Teil schon von Würmern angefressene Armsessel, in welchem die Königin geruht hat. Zwei kleine Büsten, Kopieen der im Mausoleum zu Charlottenburg befindlichen Originale Friedrich Wilhelms III. und der Königin Luise (von Rauch), schmücken die Wände des Erkers, während die des Wohnzimmers, welches mit Möbeln aus dem Berliner Hohenzollernmuseum ausgestattet ist, die jugendlichen Bildnisse des Königs und seiner Gemahlin (letzteres von besonders edlem Profil) nach Schadow zeigen.

Mit diesen Räumen hat die Besichtigung der Merkwürdigkeiten des Schlosses, welche den Besucher aus der Zeit des frühen Mittelalters bis in die Neuzeit geführt hat, ein Ende. Falls jedoch die Luft klar ist, kann man auch noch den Schloßturm besteigen, den letzten von sieben Brüdern, der an der nordöstlichen Ecke des Schlosses steht. Dieser runde, aus der Enstehungszeit des Schlosses herrührende Bergfried hat eine Mauerstärke von über drei Meter, einen Durchmesser von fast 14 und eine Höhe von ungefähr 45 Metern. In der Mitte dieser Mauer führen im unteren Teile gegen 60 steinerne, über 1 Meter breite Stufen in die Höhe, welchen weiter oben 43 hölzerne nachfolgen. Der alte, am oberen Ende des ersten Längenviertels befindliche Haupteingang ist jetzt zugeschlagen; die jetzt gangbaren Türen sind später durchgebrochen. Wie umfassend und genußreich die Aussicht von der Höhe dieses Turmes ist, möge folgende von dem Turnvater Jahn ins Fremdenbuch der Neuenburg am 5. Okt. 1828 eingetragene Bemerkung andeuten:

„Bei günstiger Witterung erkenne ich Fünfzigjähriger mit unbewaffnetem Auge vom Schloßturme in der Rundsicht: den Petersberg, die Thürme von Halle, Landsberg, Merseburg; die Sternwarte von Leipzig; Lützen, Weißenfels, Hohenmölsen; die Gleitzburg (jetzt Kunitzburg genannt. D. V.), den Landgrafen und den Fuchsthurm bei Jena; den Ettersberg, Ausläufer der Finne; Burkersroda, einen der hochliegendsten (!) Orte im ebenen Thüringen; den Kyffhäuser und den Brocken, letzteren über Münchenroda.“

Übrigens ist die Tor- oder Brunnenwärterwohnung, namentlich der untere Stock dieses nördlich neben dem äußersten westlichen Tore stehenden Gebäudes, einer der ältesten Teile des Schlosses aus der Zeit des Wartturmes und der Burgkapelle, wie noch einige kleine romanische

Fensterchen in ihm beweisen. Ihm gegenüber befindet sich der im Jahre 1668 auf Befehl des Herzogs August begonnene, 1704 vollendete, in den Felsen gehauene Schloßbrunnen, ein gewaltiges und nur wenige seinesgleichen findendes Werk. Bei einem Durchmesser von reichlich 12 Fuß rhein. erreicht er mit seiner unter den Unstrutspiegel hinabgehenden Sohle nach älterer Angabe eine Tiefe von mehr als 200 sächsischen Ellen, nach neuerer von 129—130 Metern, ist aber gleichwohl nicht so tief, als der berühmte Brunnen auf dem Königstein in Sachsen, welcher angeblich eine Tiefe von 586 Ellen hat. Gegenwärtig beträgt der Wasserstand des Freyburger Schloßbrunnens, weil derselbe nicht mehr benutzt und das Schloß durch eine Leitung mit Dampfbetrieb aus dem Tale mit Wasser versorgt wird, 20—26 Fuß. Der Brunnenschacht ist abwechselnd teils gemauert, teils in das gewachsene Gestein gehauen, jenachdem feste Bänke letzteres gestatteten. Der verstorbene Kastellan hat ihn einmal, auf einem Buchenknüppel reitend und fest an das Fördertau geschnallt, in halbstündiger Reise befahren. Eine Vorstellung von der ungeheuren Tiefe dieses Brunnenschachtes erhält der Besucher durch einen von dem Brunnenwärter in den Schacht hinabgelassenen, mit 4 brennenden Lichtern ausgestatteten Schwimmer, deren Glanz aus der nächtlichen Tiefe nur schwach heraufschimmert. Als der Brunnen noch im Gange war, brauchten die an das Drehrad aus den Amtsdörfern entbotenen Handfröhner bei unablässigem Drehen jedesmal 9 Minuten, um den vollgeschöpften Kübel von der Wasserfläche bis zum oberen Rande des Brunnenschachtes emporzuwinden.

Ehe man nun aber den Schloßberg mit seiner

immer von neuem fesselnden Aussicht verläßt, lohnt es noch, die denkwürdige, unweit des Schlosses gelegene Stätte aufzusuchen, auf der nach der Volkssage der eiserne Landgraf seine hartherzigen Vasallen gezüchtigt hat, nämlich den Edelacker. Dieses 3—4 Morgen umfassende Ackerstück, welches früher von einer Steinmauer eingehegt war und in dessen Nähe jetzt die Restauration „zum Edelacker" steht (prächtige Aussicht ins Tal!), erreicht man von dem östlichen Schloßtore aus in wenigen Minuten, wenn man den meist mit Vogelbeerbäumen bepflanzten, nordwärts zur Merseburger Straße führenden Promenadenweg einschlägt. Auf diesem gelangt man bald an einen Wegweiser, dessen Schilder teils „nach Freyburg durch den Stadtpark", teils „nach Friedenthal und Pödelist", teils „nach dem Edelacker" weisen. Schon von diesem Wegweiser aus erblickt man in geringer Entfernung an der rechten Seite der Straße zwei weiß angestrichene Steine, welche die Aufschrift „Edelacker" tragen. Das zwischen denselben sich hinziehende, östlich von beiden gelegene Ackerstück ist die Stelle, wo der eiserne Landgraf nach der Sage seine ihre Untertanen schindenden, von ihm vor den Pflug gespannten Vasallen mit Geiselhieben genötigt hat, den Boden im Schweiße ihres Angesichts umzupflügen, damit sie am eigenen Leibe erführen, wie bei solcher Behandlung ihren Bauern zu Mute gewesen.

Von diesem Edelacker sind mehrere große Steine als Beitrag der Freyburger Turnerschaft zu dem Jahndenkmal in der Hasenhaide nach Berlin geschickt worden, ein überaus glücklicher und sinniger Gedanke.

Vom Edelacker nimmt man den Rückweg zur Stadt am besten auf dem vielfach gewundenen, im sogenannten „Schlifter“ hinabführenden Fußwege, auf welchen der erwähnte Wegweiser „nach Freyburg durch den Stadtpark“ verweist. Dieser Fußweg gewährt nicht nur wiederholt herrliche Ausblicke ins obere Unstruttal, sondern führt auch in kürzester Zeit in die Stadt zu der Stadtkirche und dem Markte zurück.

Da die nördlichen und östlichen Berghänge in der Umgebung Freyburgs, namentlich die Schweigen- und Erauberge, gegen rauhe Winde ausgezeichnet geschützt und den erwärmenden Strahlen der Sonne zugekehrt sind, so ist hier der Weinbau, wie überhaupt im unteren Unstruttale, sehr alt und die Rebe liefert in den meisten Lagen ein recht trinkbares, in besonders guten Jahren sogar vortreffliches Gewächs.

Wer so viel Zeit erübrigen kann und leibliche Erquickung mit landschaftlichem Genuß vereinigen möchte, versäume daher nicht, die Schaumweinfabrik nebst Kellerei von Kloß & Förster, deren Erzeugnisse einen wohlbegründeten Ruf haben, aufzusuchen. Sie wurde 1856 gegründet, 1861 an die jetzige Stelle verlegt und ist aus bescheidenen Anfängen zu einem riesenhaften Unternehmen emporgewachsen. Außer einem bedeutenden Weinbergsareal in ihrer Heimatstadt besitzt die Firma noch eines der schönsten Weingüter Lothringens — das Gut St. Nicolas in Scy bei Metz —, sowie eigene Keltereien am Rhein und an der Mosel, um die in großen Mengen erstandenen Trauben an Ort und Stelle zu Most zu verarbeiten. Eine Besichtigung der Kellereien, welche bereitwilligst gestattet wird, ist von größtem Interesse, denn man bekommt dadurch einen Überblick über die ganze Größe des Unternehmens. Bewundert wird von allen Besuchern das zum

Mischen dienende **große Faß**, ein Meisterwerk der Faßbaukunst. Dasselbe lagert in einem eigens dazu gebauten domartigen Keller und faßt 130000 Liter, übertrifft also das weithin berühmte Heidelberger Faß, welches nur 122000 Liter aufzunehmen vermag, noch an Größe. Von dem Umfange der Kellereien kann man sich ungefähr einen Begriff machen, wenn man bedenkt, daß das ganze Betriebsgrundstück 190000 Quadratfuß Bodenfläche hat. Die Aussicht vom Garten des Restaurants aus auf Schloß und Stadt und weiterhin in das Unstrut- und Saaletal bis Naumburg ist wunderschön.

Zum Schluß sei noch bemerkt, daß die Freyburger Berge, nachdem der darüber befindlich gewesene mittlere Muschelkalk infolge seiner Weichheit größtenteils weggeschwemmt worden ist, aus unterem **Muschelkalk** bestehen, der durch härtere Schaumkalkbänke deutlich in zwei bis drei Stufen gegliedert ist. Doch haben die stetig wehenden Westwinde auf die nach dieser Richtung abfallenden Hänge eine dicke Lößschicht aufgeweht. Der Schaumkalk läßt sich leicht bearbeiten, darum verwendet man ihn gern zum Hausbau. Auch ist er reich an organischen Resten, um deren Sammlung sich besonders Herr Dr. Schmerbitz in Freyburg verdient gemacht hat.

Groß-Jena.

Der auf ehemals slawischem Boden ziemlich häufig vorkommende Name dieses Ortes deutet auf Slawen als Namengeber, doch ist gleichwohl möglich, daß der Platz schon vor der Ankunft der Slawen von germanischen Ansiedlern besetzt war. Auf frühe Bekehrung der Einwohner zum Christentum dürfte die Wahl des h. Rupert, eines nur in der Frühzeit der christl. Kirche beliebten Heiligen, zum Patron der Kirche hindeuten. Ihre Lage weit außerhalb des Dorfes bestätigt die Überlieferung, daß Groß-Jena vorzeiten viel größere Ausdehnung hatte, als jetzt. Außer einer Burg (urbs oder civitas) gab es daselbst auch ein Kloster, welches im Jahre 1021 als eine Abtei bezeichnet wird. Die Stelle der Burg, welche auf der über dem Dorfe gleich hinter der Pfarre sich erhebenden Höhe lag und nach welcher die Restauration zum Ratskeller auch der Burgkeller heißt, heißt jetzt der Hausberg und läßt noch heute Spuren ehemaliger Umwallung erkennen. Sie war mindestens schon im 10. Jahrhundert der Haupt- oder doch Stammsitz eines Zweiges des Kevernburger Grafenhauses, von welchem Glieder damals nicht nur das Gaugrafenamt in mehreren ostthüringischen Gauen verwalteten, sondern auch die Markgrafschaft Meißen besaßen. Das Kloster oder die Abtei, welche in der Nähe der Kirche gelegen haben dürfte, war ohne Zweifel von den Vorfahren der Grundherren mindestens schon im 10. Jahrhundert gegründet worden, da in ihm Markgraf Ekkard I., nachdem er im Jahre 1002 in Pöhlde ermordet worden war, bei vielen seiner Geschlechtsvorfahren (cum multis de eadem progenie) beigesetzt wurde. Dieses Kloster (abbatia in Jhene) bestand noch 1021, in welchem Jahre Markgraf Eckard II. mit dem Gedanken umging, es dem Bischof Bruno von Merseburg zuzuweisen, ein Plan, der jedoch nicht verwirklicht wurde. Daß Groß-Jena im Beginn des 11. Jahrhunderts nicht ein bloßes Dorf, sondern zum mindesten ein mit Markt-, Zoll- und Münzrecht ausgestatteter Marktflecken war, erhellt schon daraus, daß im Jahre 1029 Kaiser Konrad II. Genea als ein oppidum mit städtischem Rechte bezeichnet, ferner auch daraus, daß es ein Platz war, an welchem sich Handel- und Gewerbetreibende in größerer Zahl befanden. Denn im Jahre 1033 versprach der Bischof Cadalus von Naumburg allen Handel- und Gewerbetreibenden der Stadt (civitas) Gena, die sich in Naumburg ansiedeln würden, Befreiung von allen Abgaben. Groß-Jena (sonst im Gegensatz zu Klein- oder Deutschen-Jena, auch Wendischen-Jena genannt) hatte sonach als Residenz eines Fürsten, als Stätte einer größeren geistlichen Stiftung und als Wohnsitz von Handel- und Gewerbetreibenden die beste Aussicht, sich zu einer eigentlichen Stadt zu erheben, wenn ihm nicht in der von den Eckardingen selbst gegründeten und auf alle Weise geförderten Stadt Naumburg eine höchst gefährliche Nebenbuhlerin entstanden wäre. Die von den Söhnen Eckards I., den Markgrafen Hermann und Eckard II., betriebene Verlegung des bischöflichen Sitzes von Zeitz nach Naumburg (1028), der Wegzug der Grund- und Landesherren von Jena nach Naumburg, die Überführung der im Kloster zu Jena beigesetzten Vorfahren der markgräflichen Brüder in das zum Erbbegräbnis ihrer Familie erhobene Kloster S. Georg vor Naumburg, welche das letzte Band der Pietät zerschnitt, das die Markgrafen noch an ihren Stammort hätte binden können; endlich die Weglockung der Kaufleute und Handwerker von Jena ebendahin durch den Bischof Cadalus übten auf den Wohlstand und die Bedeutung Groß-Jenas einen verhängnisvollen Einfluß aus. Mit der Burg auf dem Hausberge, mit dem Kloster in der Aue verfiel auch die Stadt und sank allmählich zu einem

Dorfe herab, während Naumburg einen immer größeren Aufschwung nahm. Durch die Erbtochter Mathilde aus Eckards Stamm kam 1046 Jena an das Haus Wettin. Markgraf Dietrich der Bedrängte, ein Sproß desselben, verkaufte im Jahre 1271 die beiden Dörfer Deutschen- (= Klein-) und Wendischen- (= Groß-)Jena an das Kloster S. Georg vor Naumburg.

Auf dem Wege von Groß-Jena nach Naumburg, den die Unstrut auf der rechten Seite begleitet, während auf der linken die rebenbepflanzten Höhen bis dicht an den Weg herantreten, verdient der links vom Wege gelegene, ehemals Steinauer'sche Weinberg (früherer Besitzer bis 1890 Stadtrat Oßke in Naumburg, seit 1890 Dr. med. Schenkel in Leipzig) besondere Beachtung. Etwa in halber Höhe des Weinberges erblickt man eine Seltenheit, die schwerlich ihres Gleichen hat, nämlich ein in den Felsen gehauenes Stammbuch.[1])

So habe ich eine Reihe nicht unkünstlerischer, in den anstehenden Sandstein gehauener, dem Andenken eines früheren Besitzers gewidmeter Bildertafeln genannt, deren Inhalt der biblischen Geschichte entlehnt ist, und welche sich gemäß dem Orte, wo sie sich befinden, auf die Geschichte des Weinbaues und die Wirkung des Weines beziehen. Sie sind zum Teil gut erhalten, zum Teil beschädigt. In der Umgebung waren sie zwar bekannt, sind aber meines Wissens vor mir weder genau beschrieben, noch auch sind die beigegebe-

---

[1]) Früher veröffentlicht unter dem Titel: Größler, Ein in den Felsen gehauenes Stammbuch bei Naumburg, im 1. Jahrgange des Archivs für Landes- und Volkskunde der Provinz Sachsen. Halle 1891. S. 150—154. Nachtrag dazu ebenda, 3. Jahrg. Halle 1893. S. 138.

nen Inschriften entziffert worden, was freilich wegen ihrer an manchen Stellen weitgehenden Beschädigung keine ganz leichte Sache war.

Das erste dieser im Westen beginnenden Bilder stellt Moses dar, mit einem Stabe an den Felsen schlagend, und Durstige, welche von dem heraussprudelnden Naß trinken. Vermutlich sollte damit auf den Durst, als den Urgrund des Weinbaues, zugleich aber wohl auch auf das Wunder, daß aus Felsenboden der feurige, belebende Saft des Weinstockes quillt, hingedeutet werden.

Das zweite Bild stellt die Verfolgung des schlimmsten Weinräubers, des Fuchses, vor. Ein den Jägern bereits zur Beute gewordener Fuchs hängt erwürgt, mit einer Schlinge um den Hals, an dem Aste eines Baumes, ein anderer wird soeben ausgeräuchert.

Das dritte Bild stellt einen Reiter dar, den folgende Inschrift kennzeichnet:

CHRISTIAN. H. Z. S. J. C. B. E. & W. —
QVERFVRTH VND WEISSENFFLS.

Dieser Herzog Christian, derselbe, dessen Standbild auf dem Marktplatze der Stadt Freyburg steht, der Landesherr des Weinbergsbesitzers, war am 23. Februar 1680 in Weißenfels geboren und im Jahre 1712 als vierter Beherrscher des kleinen Herzogtums seinem Bruder Johann Georg in der Regierung nachgefolgt. Er war ein großer Liebhaber der Jagd und hielt sich daher häufig auf der Neuenburg bei Freyburg und in dem nicht weit davon nach Pödelist zu gelegenen, jetzt aber bis auf den Grund wieder abgebrochenen Jagdschlosse Friedenthal auf, weil die dortigen Forsten zahlreiches Hochwild enthielten.

Da er im Jahre 1736 gestorben ist, so erhellt schon hieraus, daß die Anfertigung der Bilder in die Jahre 1712–1736 fallen muß; doch läßt sie sich noch genauer bestimmen. Von der dem Bilde des Herzogs beigegebenen Inschrift sind nur noch die Anfangsworte: "Hoc monumentum amoris..." lesbar, doch kann man aus ihnen mit ziemlicher Sicherheit entnehmen, daß der Besitzer des Weinbergs durch dieses Bild der Liebe zu seinem Landesvater Ausdruck hat geben wollen.

Das *vierte* Bild zeigt den *König David*, *auf einer Harfe spielend*, der da gesungen: „Der Wein erfreut des Menschen Herz“, wohl um anzudeuten, daß Wein und Gesang zu einander gehören. Das beigefügte Citat: Ps. 128 feiert bekanntlich die Freuden der Häuslichkeit. Im besonderen kommt hier, vermutlich in Anspielung auf die Familienverhältnisse des Besitzers, Vers 3 in Betracht, welcher lautet:

> „Dein Weib wird sein, wie ein fruchtbarer *Weinstock* um dein Haus herum | und die Kinder wie die Ölzweige um den Tisch her.“

Kleine Knaben, Trauben in den Händen haltend, drehen sich im Ringeltanze um den König, die Wirkung des Weines verkörpernd. Unter dem Bildwerk erblickt man ein Wappen mit zwei gleicharmigen Kreuzen, vermutlich das Wappen des unbekannten Freundes, der das Bildwerk als Stammbuchblatt gestiftet.

Auf dem *fünften* Bilde ist die *Hochzeit zu Kana* dargestellt, auf welcher bekanntlich Wasser in Wein verwandelt wurde. Eine Frau trägt einen Braten auf die Hochzeitstafel; andere Personen schütten Wasser in die Krüge; Christus, welcher an der Tafel obenan sitzt, wendet sich an den Speisemeister, welcher den Wein kostet. Darunter steht:

Dieses hat p. t. Herr Aug. Wilhelm Roder
vorm: Handelsm: in Augsburg dem p. t.
Besitzer Joh. Chr. Steinauern in den Felßen
zu Ehren einhauen lassen.

Über dem Bilde befindet sich noch eine zweite, jetzt aber unleserlich gewordene Inschrift, vermutlich eine Bibelstelle.

Nach einem bedeutenden Zwischenraume, in welchem früher vielleicht ein jetzt abgesprengtes Bildwerk zu sehen war, oder der wegen der Beschaffenheit des Felsens ungeeignet erschien, folgt als sechstes Bild die Berauschung Lots durch seine Töchter. Links erblickt man eine brennende, in hochauflodernde Flammen gehüllte Stadt, vor derselben eine weibliche Figur stehend, offenbar Lots Weib, welches durch den Blick auf das brennende Sodom zur Salzsäule erstarrt ist. Rechts geben in einer Höhle zwei weibliche Gestalten einem bejahrten Manne zu trinken, offenbar Lots Töchter, welche ihren Vater durch Wein berauschen. Unter diesem vielleicht eine freundschaftliche Anspielung bezweckenden Bilde steht:

Dieses hat zum Andenken ge(stiftet)
Herr
Christian Andreas Hiemann
Handelsmann in Berlin.
1722 d. .. Aug.

Auch über diesem Bilde steht eine unleserlich gewordene Inschrift, vermutlich wiederum eine Bibelstelle.

Nunmehr folgen als siebentes Stück zwei musizierende Engel, welche zugleich eine Inschrifttafel halten. Der eine bläst eine Posaune, der andere schlägt einen Triangel. Auf der Tafel steht:

Ehre sey Gott in der Höhe und Friede
auff Erden und den Menschen
ein Wohlgefallen.

Zu beiden Seiten der Tafel sitzen überdies, von Schafen umgeben, auch noch zwei musizierende Schäfer, von welchen der eine, unter einem Weinstocke mit riesigen Trauben sitzend, eine Schalmei, der andere dagegen einen Dudelsack bläst. Musikalische Kräfte himmlischen und irdischen Ursprungs wirken also hier zusammen zur Ehre Gottes.

Unter der Tafel steht:

Johann Christian Steinauer
in Naumburg.
Anno 1722, d. 17. Martii.

Diese Inschrift nennt uns, wie sich aus der Inschrift zu Nummer 5 ergibt, den Besitzer des Weinbergs und die Zeit, in welcher die Bildwerke entstanden sind. Steinauer muß ein reicher Mann[1]) und ein Freund fröhlicher Geselligkeit gewesen sein, denn dafür ist ein sprechendes Beweisstück da. Im Naumburger Ratsarchive nämlich wird ein Krug von grünlich-grauem, gebranntem Ton aufbewahrt, der mit gepreßtem Weinlaub und Arabesken verziert ist und auf dessen Deckel, welcher den geräumigen Hals bedeckt, eine weibliche Gestalt in der Tracht früherer Zeit, zierlich von Bronze gearbeitet, angebracht ist, welche jedenfalls dem Gefäße, welches das Weibernösel heißt, seinen Namen gegeben hat, obgleich derselbe auch davon

[1]) Eine Eintragung im Totenregister der S. Wenzelskirche zu Naumburg a. S. vom 5. Aug. 1724 nennt ihn „Hochfürstlich Sachsen-Weißenfelsischen Geheimen Camerirer und Hof-Jubelier, wie auch Kauff- und Handelßmann allhier."

herrühren kann, daß der Krug zum Dienst der Frauen bestimmt war. Denn auf einer an den Krug angebundenen Zinn- oder Bleitafel steht folgende Inschrift zu lesen:

Anno 1600.

In Naumburg Trinck man gerne Wein,
In mich gehet just ein Nößel ein,
Viel Weiber haben mich visiret,
Herr Steinaver aber Renoviret
Zu ehren der brafen Weiberschaar
Im siebzehnhundert drei und zwanzigsten Jahr.

Da das Weibernösel 8 bis 10 preußische Quart faßt, so scheinen die Leistungen der Naumburger Frauen betreffs der Würdigung des heimatlichen Traubensaftes recht anerkennenswerte gewesen zu sein.

Nunmehr folgt als achtes Stück eine Darstellung der Weinlese. Weiber und Kinder tragen in Bütten den Traubensegen zur Kelter, in welche sie ihre Last entleeren. Darunter steht die einen neuen Gastfreund des Besitzers einführende Inschrift:

Dieses haben mit Mangnificentz der Herr Oberhoff-Prediger, Kirchen- und Consist.-Rat, auch General-Superint. des ... (die folgenden Wörter sind verwischt) Joh. Basil. Sleuter zu Weißenfels dem p. t. Besitzer Joh. Steinauern zum Andenken einhauen lassen. Anno 1722, d. 17. Martii.

Die darüber stehende Inschrift, vermutlich abermals eine Bibelstelle, ist nur silbenweise noch lesbar.

Zu neunt ist nach dem bekannten Gleichnisse Jesu der Weinbergsherr dargestellt, wie er den mit dem Karste antretenden Arbeitern im Weinberge den Lohn austeilt. Ein mit seinem Lohne Unzufriedener wischt sich betrübt die Augen. Die darunter befindliche Inschrift ist nicht mehr lesbar.

Das zehnte Bildnis zeigt uns den ersten Weinbauer Noah, mit der Hand einen Weinstock haltend. Zu seinen Füßen stehen zwei rundliche Gegenstände, anscheinend Kürbisflaschen. Eine Inschrift ist nicht mehr wahrzunehmen und anscheinend auch nicht dagewesen.

Das elfte Bild führt Josua und Caleb vor, die berühmte Weintraube tragend. Unter ihnen steht zu lesen.

> Dieses haben die Herren Joh. (die folgenden Namen sind leider nicht mehr zu lesen) in Augspurg dem p. t. besitzer Joh. Christian Steinauern zu beständigem andencken (einhauen lassen).

Die eingeklammerten Worte sind nicht mehr erkennbar.

Das den Schluß machende zwölfte Bild zeigt die in der Wüste am Kreuz erhöhte Schlange. Vor derselben ist das Zeltlager der Israeliten abgebildet. Moses mit langem Kinnbart kniet vor einer von reicher Gewandung umflossenen Gestalt, vermutlich Gott, bei dem er Fürbitte einlegt. Man wird wohl kaum irren, wenn man annimmt, daß in diesem Bilde für den auch vom Schlangenbiß der Sünde ereilten Weinbergsbesitzer bei Gott Vergebung erfleht werden soll.

Auf alle Fälle sind diese Bildwerke, welche kein geringes künstlerisches Können verraten, eines Besuches wert, der um so leichter auszuführen ist, als man nur wenige Hundert Schritt von dem Fahrwege aufwärts zu steigen hat. Steinauer muß auf seinem Weinberge eine weitgehende Gastfreundschaft gepflegt haben, wie sich aus den von seinen Gastfreunden aus Berlin, Weißenfels und Augsburg (und vielleicht auch noch aus anderen Orten) gestifteten eigenartigen Stammbuchtafeln mit Sicherheit ergibt, und es müssen viele fröhliche Tage gewesen sein, die sie da gefeiert haben, sonst hätten sie sich die Widmung schwerlich so viel Geld kosten lassen.

Nach einer von dem Vorbesitzer Oßke angelegten kleinen Chronik hat auch der Dichter Chr. Fürchtegott Gellert im Herbste 1740 als Gast auf dem Steinauerschen Weinberge geweilt und ihn durch ein Gedicht gefeiert, welches unter Glas und Rahmen (gedruckt) in dem Weinbergshäuschen aufbewahrt wird und mit den Worten beginnt:

„Hügel an dem flachen Thale,
Wo die Unstrut mit der Saale
Sich vertraut zusammenschließt!"

Einer der größten Weinberge, der sich noch jetzt vor anderen durch sein stattliches Haus auszeichnet, war vormals im Besitze des berüchtigten kursächsischen Premierministers, des im Jahre 1765 gestorbenen Reichsgrafen von Brühl, welcher einst als Page des mehrerwähnten Herzogs Christian von Sachsen-Weißenfels in dieser Gegend manchen frohen Tag verlebt und darum für sie eine besondere Vorliebe bewahrt hatte. Auch auf seinem Weinberge sind oftmals von ihm glänzende Winzerfeste gegeben worden, bei denen es natürlich viel verschwenderischer und ungebundener zugegangen sein wird, als in dem Steinauer'schen Weinberge.

An den Weinbergen hin gelangt man nach wenigen Minuten an die unterhalb der Unstrutmündung gelegene Saalfähre (3 Pf. Fährgeld), von welcher der Wanderer Naumburg in einer halben Stunde durch die Aue erreichen kann.

Mit der Mündung der Unstrut ist das Ende der Wanderung erreicht; dem Wanderer aber möge das freundliche, eine Fülle von schönen Landschaften und geschichtlich merkwürdigen Stätten bietende Tal dauernd in dankbarer Erinnerung bleiben.

Orts-Verzeichnis.

Für historisch und kunsthistorisch interessierte Leser

Joachim Jahns

Große Querfurter und mit Querfurt verbundene Persönlichkeiten

ISBN 3-928498-00-2

72 Seiten, kt., 27 Schwarzweißfotos, 3 Zeichnungen, der vierfarbige Umschlag zeigt eine der größten und historisch interessantesten Burgen Mitteleuropas – die Querfurter Burg mit ihren drei Bergfrieden, 10×19 cm, DM 11,40

Mit der Stadt Querfurt und ihren Bürgern ist es wie mit dem Goldesel aus dem bekannten Märchen – auch wenn statt Golddukaten Geschichten und Histörchen purzeln. In all den Jahrhunderten, die über die Stadt im Harzvorland hinzogen, brachte sie stets bedeutende Persönlichkeiten hervor. Zu ihnen zählen der Diplomat und Missionar Brun von Querfurt, Kaiser Lothar III. von Supplinburg, der kaiserliche Kanzler und Bischof Konrad III. von Querfurt, der Pfarrer Nicolaus Krumpach – ein Zeitgenosse Martin Luthers –, der Wissenschaftler und Erfinder Jakob Christian Schaeffer, der Dichter Johannes Schlaf, der Maler Georg Muche, der Afrikaforscher Hans Schomburgk und der Atomphysiker Walter Herrmann. Das hervorragend gestaltete Büchlein läßt neue Seiten der Geschichte der Stadt Querfurt, die auf vielfältige Weise mit der deutschen Geschichte verwoben ist, sichtbar werden.

DINGSDA

Für historisch und kunsthistorisch interessierte Leser

Joachim Jahns (Hrsg.)
Vergessene Geschichte(n).
Aus der Provinz Sachsen und Thüringen

In der Reihe „Vergessene Geschichte(n). Aus der Provinz Sachsen und Thüringen“ kommen Autoren zu Wort, die mit ihren Geschichten bereits vor Jahrzehnten in deutschen Archiven abgelegt wurden, weil sie keine Lobby mehr hatten. Nun erhalten sie eine neue Chance, von Personen und Ereignissen, die längst Geschichte sind und fast vergessen schienen, Intimes und Zartes, Unvollkommenes und Banales, Unscheinbares und Aufsehenerregendes zu erzählen.
Die Gunst der Zeit kommt ihnen entgegen, denn viele Menschen sind zu neuen Entdeckungen bereit.

Louise von François
Vergessene Geschichte(n). Erster Band
etwa 130 Seiten, kt., DM 15,80
ISBN 3-928498-01-0

Der Band enthält u. a. die reizvollen landeskundlichen Texte „Erinnerungen aus einer kleinen Stadt“, „Napoleon in Weißenfels“ und „Etwas von Brauch und Glauben in sächsischen Landen“.

DINGSDA